"十二五"辽宁省重点图书出版规划项目

三友会计论丛 第19辑

内部控制评价研究

张宜霞 著

东北财经大学出版社 大连
Dongbei University of Finance & Economics Press

U0674870

图书在版编目（CIP）数据

内部控制评价研究 / 张宜霞著. —大连：东北财经大学出版社，2024.10. —（三友会计论丛·第19辑）. —ISBN 978-7-5654-5409-7

Ⅰ. F270

中国国家版本馆 CIP 数据核字第 20240BT245 号

东北财经大学出版社出版

（大连市黑石礁尖山街 217 号　邮政编码　116025）

网　　址：http://www.dufep.cn

读者信箱：dufep@dufe.edu.cn

大连永盛印业有限公司印刷　　东北财经大学出版社发行

幅面尺寸：170mm×240mm　字数：260 千字　印张：18　插页：1

2024 年 10 月第 1 版　　　　　2024 年 10 月第 1 次印刷

责任编辑：王　莹　吴　焕　　　　责任校对：那　欣
　　　　　田玉海

封面设计：原　皓　　　　　　　　版式设计：原　皓

定价：89.00 元

本书得到了财政部全国会计领军人才培养项目资助、中国博士后科学基金一等资助和特等资助、浙江省自然科学基金项目资助，以及浙江工商大学工商管理学科培育项目资助，特此感谢。

随着我国以社会主义市场经济体制为取向的会计改革与发展的不断深入，会计基础理论研究的薄弱和滞后已经产生了越来越明显的"瓶颈"效应。这对于广大会计研究人员而言，既是严峻的挑战，又是难得的机遇。说它是"挑战"，主要是强调相关理论研究的紧迫性和艰巨性，因为许多实践问题急需相应的理论指导，而这些实践和理论在我国又都是新生的，没有现成的经验和理论可资借鉴；说它是"机遇"，主要是强调在经济体制转轨的特定时期，往往最有可能出现"百花齐放，百家争鸣"的昌明景象，步入"名家辈出，名作纷呈"的理论研究繁荣期和活跃期。

迎接"挑战"，抓住"机遇"，是每一个中国会计改革与发展的参与者和支持者义不容辞的责任。为此，我们与中国会计学会财务成本分会、东北财经大学会计学院联合创办了一个非营利的学术研究机构——三友会计研究所，力求实现学术团体、教学单位、出版机构三方的优势互补，密切联系老、中、青三代会计工作者，发挥理论界、实务界、教育界三方面的积极性，致力于会计、财务、审计三个领域的科学研究和专业服务，以期为我国的会计改革与发展作出应有的贡献。

三友会计研究所的重大行动之一就是设立了"三友会计著作基金"，用于资助出版"三友会计论丛"。它旨在荟萃名人力作及新人佳作，传播会计、财务、审计研究与实践的最新成果与动态。"三友会计论丛"于1996年推出第一批著作；自1997年起，本论丛定期遴选并分辑推出。

采取这种多方联合、协同运作的方法，如此大规模地遴选、出版会计著作，在国内尚属首次，其艰难程度不言而喻。为此，我们殷切地希望广大会计界同仁给予热情支持和扶助，无论作为作者、读者，还是作为评论者、建议者，您的付出都将激励我们把"三友会计论丛"的出版工作坚持下去，越做越好！

东北财经大学出版社

三友会计论丛编审委员会

内部控制评价是一个历久弥新的问题，我们无法一劳永逸地解决它，因此，我们一直在努力。

本书试图采用定性和定量的方法深入剖析内部控制和内部控制评价，拨开笼罩其上的层层迷雾，使我们对其实质和实务有更准确的认识和了解。

本书定性研究部分（第1~10章），主要采用规范研究方法，在对企业内部控制评价的监管要求进行分析的基础上，探讨了企业内部控制的范围、性质和体系、企业内部控制的有效性、企业内部控制缺陷识别与评估等核心概念，然后深入剖析了企业内部控制评价的方法和模式，阐述了企业内部控制评价的内容，设计了财务报告内部控制评价的程序和IT内部控制评价的程序，讨论了企业内部控制评价的工作底稿与报告。

本书定量研究部分（第11~14章），主要采用实证研究方法，在对财务报告内部控制有效性的影响因素、财务报告重大错报风险的识别与评估等问题进行深入研究的基础上，探讨了财务指标相对偏差与财务报告重大错报风险、财务报告重大错报风险与财务报告内部控制风险、财务报告内部控制风险与财务指标相对偏差之间的内在逻辑关系，建立了通过财务指标相对偏差识别和评估财务报告重大错报风险，进而识别财务报告内部控制风险的理论框架，在此基础上构建了通过财务指标相对偏差识别和评估财务报告重大错报风险的条件逻辑回归验证模型和行业均值调整的一般逻辑回归应用模型，最终基于财务指标相对偏差与财务报告重大错报风险的识别和评估构建了财务报告内部控制风险的评估模型，并根据合理保证和风险基础的理念对财务报告内部控制风险进行分级，从而设计了一种定量评估财务报告内部控制风险、评价内部控制有效性的方法。此外，本书还延伸分析了企业内部控制缺陷对内部控制审计收费的影响和作用机制。

张宜霞

2024 年 8 月

目录

企业内部控制评价的监管要求

在美国 2002 年颁布实施《萨班斯－奥克斯利法案》之前，企业内部控制有效性的评价基本上都是自发或自愿进行的。美国 2002 年颁布实施了《萨班斯－奥克斯利法案》，要求对上市公司的财务报告内部控制进行评价和审计，并对外披露评价报告和审计报告。此后，世界其他国家相继出台了类似的法规，要求对企业的内部控制进行评价、审计和报告，虽然不尽相同，但基本的思想都是强化上市公司对内部控制的责任，要求上市公司定期评价内部控制的有效性，并对内和对外报告评价结果，从而使得内部控制的评价逐渐由自愿变成了强制。

1.1 ———美国对上市公司内部控制评价的要求———

《萨班斯－奥克斯利法案》的改革措施涉及公司财务报告与审计体制的各个方面，对会计职业监管的框架进行了重构。为了确保公司财务报告的可靠性，除了改造公司财务报表审计的传统运作方式之外，更是对上市公司的内部控制提出了更多、更高的要求，构建了一个完整的上市公司内部控制的评价与报告体系。

1.1.1 《萨班斯–奥克斯利法案》颁布的背景

在美国，最先对公司内部控制提出明确要求的是 1934 年《证券交易法》，该法规定：证券发行人应设计并维护一套能为下列目的提供合理保证的内部会计控制系统（Internal Accounting Control System）：

（1）交易依据管理部门的一般和特殊授权执行；

（2）交易的记录必须满足公认会计原则（GAAP）或其他适当标准编制财务报表和落实资产责任的需要；

（3）接触资产必须经过管理部门的一般和特殊授权；

（4）按适当时间间隔，将财产的账面记录与实物资产进行对比，并对差异采取适当的补救措施。

1977 年 12 月，根据美国证券交易委员会（SEC）的建议，美国国会通过了《反海外腐败法》（Foreign Corrupt Practices Act，FCPA），把上述对内部控制的要求变成了 FCPA 中的法律条文。根据 FCPA 的要求，那些拥有根据《证券交易法》12 节（Section 12）进行登记的证券的公司或根据《证券交易法》第 15（d）节要求提交定期报告的公司必须：（1）保持适当详细的记录，准确而公允地反映公司的财务活动；（2）设计和维护一套内部会计控制系统，除了其他要求外，应当足以就交易已经过适当授权、记录和核算提供合理保证。

2002 年 7 月 30 日，时任美国总统小布什签署了被誉为美国自富兰克林·罗斯福总统时代以来"最彻底的公司改革法案"——《萨班斯–奥克斯利法案》，对美国会计监管体制以及公司财务报告制度进行了大刀阔斧的改革，也引起了国际金融市场的普遍关注。该法案的背景是美国公司愈演愈烈的财务欺诈案的曝光。以安然、世通为代表的美国大公司轰然坍塌，投资者损失惨重。而安达信会计师行销毁审计证据、最终因被定罪为"妨碍司法"而解体的一幕更令公众对资本市场的信心严重受挫。一度被视为美国经济骄子的大公司管理层、负责公司财务报表的会计师、华尔街投资银行以及承担证券市场监管之职的美国证券交易委员会都受到广泛而强烈的批评。美国上下要求加强会计监管、严厉打击公司财务造假的呼声日益高涨。2002 年 1 月，美国证券交易委员会发表了题为"会计职业的监管"的政策声明，提出建立一个新的、由社会公众代表成员主导的监管框架，其核心是一个"强有力的、理性的、完全透明的惩罚机制"。美国国会两党也表现出前所未有的迅捷反应和灵活性。2002年4月24日，美国众议院通过了共和党人奥克斯利提交的《2002公司与审计的责任、义务和透明度法案》，提出了设立公众公司会计监督委员会、限制部分非审计业务等改革措施。民主党人认为其改革措施过于温和，于2002年7月15日在参议院通过了萨班斯议员提交的《2002公众公司会计改革与投资者保护法案》，大幅度提高公司欺诈的刑事责任。尽管两个法案对会计职业以及公司财务报告体制的改革力度相去甚远，但是，面对着强大的公众压力，短短半个月内双方的分歧迅速得到调和，最终形成了以民主党人的激进改革法案为主体的《萨班斯-奥克斯利法案》。2002年7月25日，众议院和参议院先后表决通过该法案，由小布什总统签署发布。

1.1.2　《萨班斯-奥克斯利法案》302条款和404条款的规定

1)《萨班斯-奥克斯利法案》302条款"公司对财务报告的责任"的规定

（1）对制定规章的要求——SEC应颁布规定，要求按照1934年《证券交易法》13（a）或15（d）部分编制定期报告的公司，其主要执行官或官员和主要财务官或官员，或履行同样职能的人，在根据《证券交易法》任一条款申报或提交的每一年度或季度报告中保证（Certify）如下内容：

①签字的官员已审阅过该报告。

②根据该官员的了解，该报告没有包含重要事实的错报，没有遗漏在当时特定的情形下为了使报表不令人误解所必需的重要事实。

③根据该官员的了解，报告中的会计报表和其他财务信息在所有重大方面公允地反映了公司在该年度期末的财务状况及该报告期间的经营成果。

④签字官员：对建立和保持内部控制负责；已经设计了这种内部控制，以确保这些官员能够通过公司内的其他人知道与该公司及其合并子公司有关的重要信息，尤其是定期报告编制期间的重要信息；已经评价了公

司内部控制截至报告前 90 天内的有效性；已经根据他们的评价在该报告中提出了他们有关内部控制有效性的结论。

⑤ 签字官员已向公司的审计师及董事会的审计委员会（或履行相同职能的人员）披露了如下内容：在内部控制的设计或运行中对公司记录、处理、汇总及报告财务数据的能力产生不利影响的所有重要缺陷（Significant Deficiencies），并已经向公司的审计师指出内部控制的所有重大缺陷（Material Weakness）；涉及在公司内部控制中担任重要职位的管理层或其他雇员的所有舞弊，不论是否重要（Material）。

⑥ 签字官员已在报告中指明在他们评价内部控制的日期之后，内部控制或其他能够对内部控制产生重大影响的因素是否发生了重大变化，包括对内部控制重要缺陷或重大缺陷的更正措施。

（2）公司迁址至国外不影响本法案的效力——即使发行证券的公司通过再合并或其他交易使公司的注册地或办公地迁至国外，也不能减少本节规定的法律效力。本节规定对该公司依然适用，且全部适用。

（3）最终期限——本节（a）部分的规定应在本法案颁布后 30 日内生效。

2）《萨班斯-奥克斯利法案》404 条款"管理层对内部控制的评估"的规定

（1）要求的规则。SEC 应当制定规则，要求按 1934 年《证券交易法》第 13 节（a）或 15 节（d）编制的每一个年度报告中包括内部控制报告，内容包括：①说明公司管理层对建立和维持一个适当（Adequate）财务报告内部控制结构和程序的责任；②包含一个证券发行人管理层对截至最近财务年度末财务报告内部控制结构和程序有效性的评估。

（2）内部控制评价和报告。关于本节（a）中要求的管理层对内部控制的评估，为证券发行人编制或出具审计报告的每一个注册公共会计公司应当对证券发行人管理层所做的评估进行鉴证（Attest）和报告。根据本要求进行鉴证应当遵照委员会发布或通过的鉴证业务准则。任何这种鉴证不应当成为一项单独的业务。

1.1.3 美国证券交易委员会（SEC）的规则

美国SEC发布的规则对财务报告内部控制评价的依据、方法和报告作出了一些原则性的要求。

1）评价依据

根据SEC于2003年6月发布的《最终规则：管理层对财务报告内部控制的报告和交易法案定期报告中披露的确认》（Final Rule：Management's Report on Internal Control over Financial Reporting and Certification of Disclosure in Exchange Act Periodic Reports）的要求，管理层对公司财务报告内部控制有效性的评价必须依据一个适当的、公认的控制框架，这个框架应是由一个团体或组织按照应有过程（Due-process）的程序（包括框架要广泛地征求公众的评论）建立的。SEC指出，COSO框架满足它们的标准，可以用作管理层内部控制年度评价和披露所要求的评价框架。但是，SEC没有要求应用某一个特定的框架，如COSO框架，因为，SEC认识到这样一个事实——在美国之外可能存在其他评价标准[1]，并且将来在美国也会发展出除COSO以外的框架，它们符合法令的意图而不会减少投资者的利益。使用可以公开得到的衡量标准将会提高内部控制报告的质量，将会促进不同公司内部控制报告的可比性。SEC要求管理层的报告要确定管理层对公司财务报告内部控制的有效性进行评估时所用的评价框架。

SEC认为，具体来说，一个适当的框架必须满足以下条件：没有偏见；允许适当一致地定性和定量衡量公司的内部控制；充分完整，没有忽略那些会改变公司内部控制有效性结论的相关要素；与评价财务报告内部控制相关。

对于公司财务报告内部控制有效性的评价，SEC没有提出管理层可以据以断定公司财务报告内部控制有效的具体标准，但是，SEC设定了一个管理层断定公司财务报告内部控制有效的限度（Threshold）：如果管理层识别出公司财务报告内部控制中的一个或多个重大缺陷，管理层就不能断

---

[1] SEC指出，加拿大特许会计师协会发布的《评估控制指引》和英格兰及威尔士特许会计师协会发布的《Turnbull报告》都是其他适当框架的例子。

定公司的财务报告内部控制是有效的。而且，SEC 也要求管理层的报告必须包含对管理层在评价过程中确定的公司财务报告内部控制中所有重要缺陷的披露。

2）评价方法与范围

SEC 认为，对财务报告内部控制实施评价的方法对不同的公司来说将会并且应当是不同的，因此，SEC 的规则没有明确说明管理层评价财务报告内部控制应当应用的方法和程序。对公司财务报告内部控制的评估必须根据足以既能评价内部控制的设计又能测试内部控制运行有效性的程序进行。要进行这种评估的控制包括但不限于：

（1）对发起交易、记录、处理和调节账户余额、交易分类和披露以及财务报表中包含的相关认定的控制；

（2）与非常规和非系统交易的动议和处理相关的控制；

（3）与适当会计政策的选择和应用相关的控制；

（4）与防止、识别和发现舞弊相关的控制。

此外，公司在实施评价并形成有关财务报告内部控制有效性的评价结论时，必须保存证据（包括记录），为管理层对财务报告内部控制有效性的评价结论提供合理的支持。形成和保存这些证据是有效内部控制的一个固有要素。对财务报告内部控制有效性的评估必须得到与内部控制设计和测试程序相关的证据（包括记录）的支持。这些证据应当为下列事项提供合理的支持：

（1）对内部控制是否用来防止或发现重大错报或遗漏的评价；

（2）对测试进行了适当的规划和实施；

（3）测试的结果得到了适当考虑。

3）评价报告

根据 SEC 于 2003 年 6 月发布的《最终规则：管理层对财务报告内部控制的报告和交易法案定期报告中披露的确认》的要求，每一个美国或非美国证券发行人的管理层要在发行人首席执行官和首席财务官（或履行类似职能的人）的参与下，评价发行人每一财务年度末财务报告内部控制的有效性。此外，还要求公司的年度报告要包括管理层的一个内部控制报告，这个报告主要包括：

（1）陈述管理层为公司建立和维持充分的财务报告内部控制的责任。

（2）一项陈述，确定管理层对公司财务报告内部控制的有效性执行要求的评价时所采用的框架。

（3）管理层对公司的财务报告内部控制在最近财务年度的有效性的评估，包括一项有关公司的财务报告内部控制是否有效的陈述。这项评估必须包括对管理层识别的公司财务报告内部控制重大缺陷的披露。如果在公司的财务报告内部控制中存在一项或多项重大缺陷，就不允许管理层得出结论，认为公司的财务报告内部控制是有效的。

（4）一项陈述，说明审计财务报表（包括在年度报告中）的已注册公共会计公司已经就管理层对财务报告内部控制的评价出具了鉴证报告。

根据《萨班斯–奥克斯利法案》以及 SEC 的相关规则，公司管理层不但要定期对外报出财务报告内部控制的报告，还要向公司的审计委员会报告内部控制的以下相关情况：

（1）内部控制的设计或运行中，对公司记录、处理、汇总及编报财务数据的职能产生负面影响的所有重大缺陷，并向公司的审计师指出内部控制的重大缺陷。

（2）在内部控制中担任重要职位的人员或其他雇员的欺诈行为，不论行为的影响是否重大。

1.1.4 PCAOB 的审计准则

根据《萨班斯–奥克斯利法案》，审计上市公司年度财务报告的注册会计师要对财务报告内部控制进行审计，对公司财务报告内部控制的有效性发表审计意见。

1）审计依据

根据《萨班斯–奥克斯利法案》，对财务报告内部控制的审计是与财务报表审计结合在一起进行的。注册会计师接受委托审计上市公司的财务报告内部控制主要是依据公众公司会计监督委员会（PCAOB）2007年发布的《第5号审计准则——与财务报表审计相整合的财务报告内部控制审计》，后重新编号为《审计准则第2201号：与财务报表审计相整合的财务报告内部控制审计》。

一般公认审计准则适用于财务报告内部控制的审计。这些准则规定了：技术培训，审计师的熟练程度，独立性，以及运用应有的职业关注，包括职业怀疑。这个准则制定的外勤和报告标准适用于财务报告内部控制的审计。

审计师应当使用适当的、公认的控制框架来实施其财务报告内部控制审计，它要与管理层在对公司财务报告内部控制有效性进行年度评价时使用的框架相同。

2）审计范围与方法

注册会计师审计的内部控制与公司管理层定期评价与报告的内部控制范围一致，都是财务报告内部控制，而不是COSO完整的内部控制。

企业内部控制的审计主要采用自上而下、风险基础的审计方法，并据此设计内部控制审计的程序。自上而下、风险基础的审计方法主要是基于内部控制的特点和成本效益的考虑。审计师对财务报告内部控制审计应当采用自上而下的方法来选择要测试的控制。自上而下的方法始于财务报表层次和审计师对财务报告内部控制总体风险的了解。然后，审计师集中关注企业层次的控制，并向下展开工作直至重要账户和披露以及它们的相关认定。这种方法把审计师的注意力引向以相当的可能性造成财务报表和相关披露发生重大错报的那些账户、披露和认定。接着，审计师要证实其对公司流程内风险的了解，并选择测试那些充分应对每一相关认定评估的错报风险的控制。风险评估是整个审计过程的基础，包括确定重要账户和披露及相关认定、选择要测试的控制、确定某一特定控制所必需的证据。

自上而下的方法描述了审计师识别风险与要测试控制的连续思考过程，不一定是审计师将要实施的审计程序的顺序。

3）审计报告

审计师在财务报告内部控制审计中的目标是对公司财务报告内部控制的有效性发表意见，所以，财务报告内部控制审计的报告主要是说明"根据控制标准，公司在特定日期是否在所有重大方面保持了有效的财务报告内部控制"。

1.1.5 美国上市公司内部控制评价与报告体系

根据《萨班斯-奥克斯利法案》302条款"公司对财务报告的责任"和404条款"管理层对内部控制的评估"以及SEC的相关规定和PCAOB的第2201号审计准则（原第5号审计准则），美国上市公司内部控制的评价与报告体系包括：（1）公司管理层对财务报告内部控制的有效性进行评价，对内向审计委员会报告，对外发布公开报告；（2）注册会计师对财务报告内部控制进行的审计，对公司财务报告内部控制的有效性发表审计意见。

美国上市公司内部控制评价与报告的体系如图1-1所示。

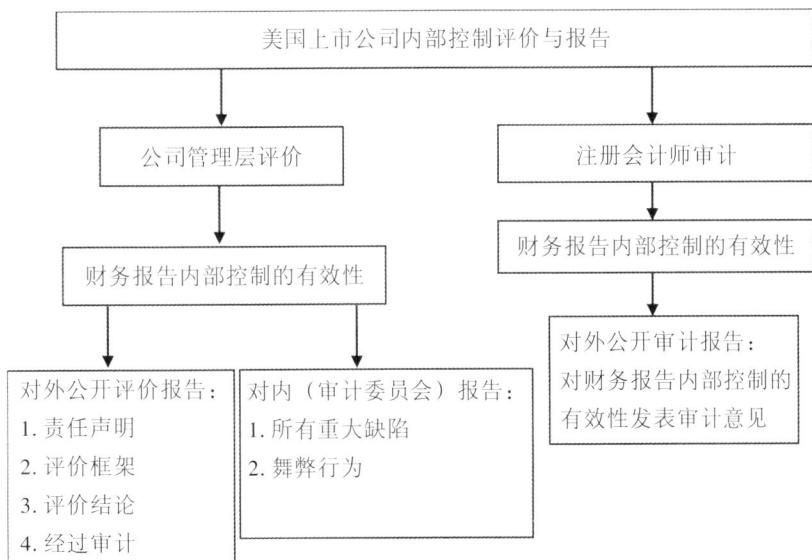

图1-1　美国上市公司内部控制评价与报告的体系

1.2 ——英国对上市公司内部控制评价的要求——

英国内部控制的监管要求涉及的法律法规和指南主要有：（1）英国《公司法》；（2）《披露指引和透明规则》；（3）《上市规则》；（4）《英国公司治理守则》（UK Corporate Governance Code）及《英国公司治理守则指

引》（UK Corporate Governance Code Guidance）；（5）《风险管理、内部控制与相关财务和经营报告的指引》（Guidance on Risk Management, Internal Control and Related Financial and Business Reporting）。这些要求起始于《公司法》规定的董事、公司和审计师的相关责任；《披露指引和透明规则》提出了在公司治理声明中披露内部控制与风险管理的要求；《上市规则》要求上市公司报告其对《英国公司治理守则》的遵守情况；《英国公司治理守则》列出了对风险管理与内部控制的原则性要求，《英国公司治理守则指引》进行了更具体的解释。《风险管理、内部控制与相关财务和经营报告的指引》则是对风险管理与内部控制的最佳实践的集合和反映。

1.2.1 英国《公司法》的规定

董事及公司的相关责任在《公司法》的相关条款中进行了规定。

《公司法》（2006）第171—177条规定了"董事的基本责任"，包括：（1）在权力范围内行事的责任；（2）促进公司成功的责任；（3）行使独立判断的责任；（4）行使合理谨慎、技能和勤勉的责任；（5）避免利益冲突的责任；（6）不接受第三方利益的责任；（7）在拟议交易或安排中申报权益的责任。

关于促进公司成功的责任，《公司法》（2006）第172条"促进公司成功的责任"规定：

（1）公司的董事必须为了全体成员的利益以他认为最有可能促进公司成功的方式行事，并在这样做时（除其他事项外）考虑：（a）从长远来看，任何决定的可能后果；（b）公司员工的利益；（c）需要促进公司与供应商、客户和其他人的业务关系；（d）公司运营对社区和环境的影响；（e）公司保持高标准商业行为声誉的可取性；（f）在公司成员之间公平行事的需要。

（2）如果公司的目的由其成员利益以外的目的组成或包括其成员利益以外的目的，则第（1）款的效力就好像为成员的利益而促进公司的成功是为了实现这些目的一样。

（3）本条所规定的责任受任何成文法例或法律规则的约束，要求董事在某些情况下考虑或为公司债权人的利益行事。

《公司法》还规定了"保存会计记录的责任"。根据《公司法》（2006）第386条要求：

（1）每家公司必须保持充分的会计记录。

（2）充分的会计记录意味着这些记录要足以：（a）显示并解释公司的交易；（b）在任何时候合理准确地披露公司当时的财务状况；（c）使董事能够确保所需准备的任何账目符合本《公司法》的要求。

（3）会计记录必须特别包含：（a）公司每天收到和支出的所有金额的记录，以及发生收支的相关事项；（b）公司资产和负债的记录。

（4）如果公司的业务涉及商品交易，会计记录必须包含：（a）公司每个财务年度末持有的库存声明；（b）所有库存盘点的声明，这些盘点用于准备或将要准备上述第（a）款提到的库存声明；（c）除了通过普通零售方式销售的商品外，所有售出和购买的商品的声明，显示商品及买卖双方的充分细节以能够识别所有这些内容。

（5）如果母公司有一个子公司，而上述要求不适用于该子公司，母公司必须采取合理措施确保该子公司保持此类会计记录，以使母公司的董事能够确保根据本部分的要求准备的任何账目符合本法的要求。

《公司法》还对账目提出了要求。《公司法》（2006）第393条"真实公允视角的账目"规定：

（1）公司董事不得批准本章所述目的账目，除非他们确信这些账目真实、公允地反映了资产、负债、财务状况和利润或亏损：（a）如果是公司的单个账目，则为公司的；（b）如果是公司的集团账目，则为纳入合并范围的事业整体的，仅涉及公司的相关成员。

（2）公司的审计师在履行本法规定的与公司年度账目有关的职能时，必须考虑到第（1）款规定的董事职责。

《公司法》还提出了"编制战略报告的责任"。《公司法》（2006）第414A条规定：

（1）公司的董事必须为公司每一个财务年度编制一个战略报告；

（2）如果公司符合小公司豁免的资格，则条款（1）不适用；

（3）在一个财务年度，（a）公司是一个母公司，（b）公司的董事编制集团账目，战略报告必须是一个与纳入合并范围的事业（Undertaking）相关的合并报告（"集团战略报告"）。

（4）在适当的情况下，集团战略报告要更加强调对纳入合并范围的事业整体上重要的事项。

（5）如果未能遵守编制战略报告的要求，以下每个人都犯有罪行：（a）在提交所涉及财务年度的账目和报告的期间结束前，是公司的董事；（b）未采取所有合理措施确保符合该要求的人。

（6）根据本条款犯罪的人将承担以下责任：（a）经审理定罪的，将被处以罚金；（b）经简易程序定罪的，将被处以不超过法定最高限额的罚金。

关于"战略报告的内容"，根据《公司法》（2006）第414C条，战略报告的目的是为公司成员提供信息并帮助他们评估董事们如何履行《公司法》第172条规定的职责（促进公司成功的责任）。战略报告必须包括：（1）对公司业务的公平审查；（2）对公司面临的主要风险和不确定性的描述。这项审查应平衡和全面地分析：（a）公司经营在财务年度的发展和业绩；（b）公司经营在年末的状况。

关于"审计师的责任"，《公司法》（2006）第498条规定：

（1）公司的审计师在编制报告时，必须进行调查，以便就以下方面形成意见：（a）该公司是否保存充分的会计记录，以及是否从审计师没有到访的分支机构收到足以进行审计的申报表；（b）该公司的单独账目是否与会计记录和申报表相符；（c）如果是上市公司或非上市交易公司，公司董事薪酬报告的可审计部分是否与会计记录和申报表一致。

（2）如果审计师认为：（a）公司没有保存充分的会计记录，或者没有从审计师没有访问过的分支机构收到足以进行审计的申报表；或（b）公司的单独账户与会计记录和申报表不一致；或（c）如果是上市公司或未上市交易公司，其董事薪酬报告的可审计部分与会计记录和申报表不一致，审计师应在其报告中说明这一事实。

（3）如果审计师未能获得尽其所知所信认为审计必需的所有资料和解释，他应在其报告中说明这一事实。

（4）如果（a）第412条（董事福利的披露：薪酬、退休金和离职补偿）规定的要求未在年度账目中得到遵守，或（b）就上市公司而言，第421条关于构成董事薪酬报告须审计部分的信息的法规要求在该报告中没有得到遵守，审计师必须在其合理能力的范围内，在其报告中包括一份说明，提供所需细节。

（5）如果公司的董事，（a）已根据小公司制度编制账目，或（b）在编写董事报告时利用小公司的豁免无需遵守编写战略报告的要求；如果审计师认为公司的董事没有资格这样做，审计师应在其报告中说明这一事实。

（6）如果多于一人被任命为审计师，报告必须包括一份声明，说明所有被任命的人是否同意根据第（2）至（5）款作出的陈述，如果他们不能同意这些陈述，报告必须包括每个被任命的人的意见，并说明不同意的理由。

（7）在本节中，"未上市交易公司"是指被交易的（定义见第360C条）非上市公司。

1.2.2　《披露指引和透明规则》的规定

根据金融行为监管局（Financial Conduct Authority，FCA）的《披露指引和透明规则》（Disclosure Guidance and Transparency Rules，DTR）第7.2.5R 条款，所有其证券在受监管市场交易的公司（包括在英国的所有优质或标准上市公司）都必须在其年度报告和报表中包含的公司治理声明中"描述公司与财务报告过程相关的内部控制与风险管理系统的主要特征"。

另外，《披露指引和透明规则》还要求公司在其半年度财务报告中包括对该年度剩余六个月主要风险和不确定性的描述（DTR 4.2.7），以及在后续年度财务报表中将会变更会计政策时，遵循新的政策并披露变更及其原因（DTR 4.2.6）。

1.2.3　上市规则（Listing Rules，LR）

根据FCA的《上市规则》9.8.6R（3），在英国注册成立的上市公司必须在其年度财务报告中包括由董事作出的声明：（1）采用会计的持续经营基础的适当性（包含《英国公司治理守则》的规定 30 列出的信息）；
（2）对公司前景的评估（包含《英国公司治理守则》的规定 31 列出的信息。该声明根据财务报告委员会 2014 年 9 月发布的《风险管理、内部控制与相关财务和经营报告的指引》（Guidance on Risk Management, Internal Control and Related Financial and Business Reporting）来准备。

根据《上市规则》9.8.6R（5），在英国注册成立的上市公司必须在其年度财务报告中包括一项陈述：上市公司如何以一种使股东能够评价其如何被应用的方式应用了《英国公司治理守则》中规定的原则。

根据《上市规则》9.8.6R（6），在英国注册成立的上市公司必须在其年度财务报告中包括一项陈述：

（1）上市公司已经在整个会计期间遵守了《英国公司治理守则》中的所有相关规定。

（2）上市公司在整个会计期间没有遵守《英国公司治理守则》中的所有相关规定，并列出：①那些规定，如果没有遵守任何一条；②在持续性要求的规定中（如果有），其所在的期间不符合这些规定的部分或全部要求；③公司不遵守的原因。

根据《上市规则》9.8.10R，上市公司必须确保审计师在年度报告公开前审核了下列每项内容：①《上市规则》9.8.6R（3）（董事有关持续经营和长期生存能力的声明）；②《上市规则》9.8.6R（6）要求的部分声明（公司治理），这些声明与《英国公司治理守则》的规定 6 以及规定 24 至 29 相关。

1.2.4 《英国公司治理守则》的要求

财务报告委员会（Financial Reporting Council，FRC）的《英国公司治理守则》（2024）共分为 5 个部分：董事会领导和公司目的；责任分工；组成、继任和评价；审计、风险和内部控制；报酬。其中第 4 部分"审计、风险和内部控制"对风险管理和内部控制提出了要求。①

---

① 财务报告委员会.英国公司治理守则［S］.2024.

1）原则的要求

根据《英国公司治理守则》（2024）的原则 O，董事会应建立和保持一个有效的风险管理和内部控制框架，并确定公司为实现其长期战略目标而愿意承担的主要风险的性质及程度。

2）规定的要求

根据《英国公司治理守则》（2024）规定 25，审计委员会的主要角色和职责应包括：

（1）审核本公司的风险管理与内部控制框架，除非明确由独立非执行董事组成一个单独董事会风险委员会或董事会本身来处理。

（2）监督和审核本公司内部审计职能的有效性，或者，如果没有内部审计职能，则每年考虑是否需要内部审计，并向董事会提出建议。

（3）向董事会报告其如何已经履行了职责。

根据《英国公司治理守则》（2024）规定 26，年度报告应描述审计委员会的工作，包括：

（1）《审计委员会和外部审计：最低标准》所列事项；

（2）如果没有内部审计职能，对没有内部审计的解释，如何实现内部保证，以及这如何影响外部审计工作。

根据《英国公司治理守则》（2024）规定 27，董事应在年度报告中解释其编制年度报告与报表的责任，并说明其认为年度报告与报表整体上是公允、平衡和可理解的，并为股东评估公司的状况、绩效、业务模式和战略提供了必要的信息。

根据《英国公司治理守则》（2024）规定 28，董事会应对公司的新风险和主要风险进行稳健的评估。董事会应在年度报告中确认其已完成评估，包括对公司主要风险的描述以及如何管理或减轻这些风险的解释。董事会应解释有哪些程序来识别和管理新出现的风险。

根据《英国公司治理守则》（2024）规定 29，董事会应监督公司的风险管理和内部控制框架，并至少每年对其有效性进行一次审核。监督和审核应涵盖所有重大（Material）控制，包括财务、经营、报告和合规控制。董事会应在年报中提供：

（1）董事会如何监督和审核框架有效性的描述；

（2）重要控制在资产负债表日有效性的声明；

（3）描述截至资产负债表日尚未有效运行的任何重要控制，为改进这些控制而采取或建议采取的行动，以及为解决以前报告的问题而采取的任何行动。

根据《英国公司治理守则》（2024）规定30，在年度和中期财务报表中，董事会应说明其认为在编制财务报表时采用持续经营会计基础是否合适，并确定公司在财务报表批准之日起至少12个月内继续这样做的能力的任何重大不确定性。

根据《英国公司治理守则》（2024）规定31，考虑到公司的现状和主要风险，董事会应在年报中解释其如何评估公司的前景，在什么期间这样做，以及为什么认为该期间是合适的。董事会应说明其是否合理预期公司将能够继续经营并履行公司在评估期内到期的负债，并在必要时提请注意任何保留条件或假设。

此外，根据FRC的"技术问题与回答"（Technical Q & A），董事们不必对所有的内部控制作出声明，他们只需要对那些被认为重要的控制的有效性作出声明。每个董事都会来确定什么是重要控制。重要控制是公司特有的，从而对每一个公司来说，重要控制都是不同的。什么是重要控制取决于公司的特点和情况，比如公司规模、商业模式、经营、结构和复杂性等。合规、经营和报告控制指的是用于企业合规、经营和报告方面的内部控制。合规、经营和报告控制会因为公司的商业需求、行业、管辖权、规模和复杂性而具有特定性。《英国公司治理守则》（2018）的规定29已经要求董事会监督、审核和报告财务、经营和控制。《英国公司治理守则》（2024）要求董事会对这些控制的有效性作出声明，并将这些控制扩展到包括那些对报告的控制，比如叙述和ESG报告控制。

关于董事会是否必须寻求对控制的保证，《英国公司治理守则》（2024）的规定29要求董事会应当监督公司的风险管理和内部控制框架，并至少每年对其有效性实施一次审核。一个有效的风险管理和内部控制框架要包括监督和审核构成要素，因此，董事会可能为了报告和作出声明要依赖内部收集的信息。董事会要决定是否需要对控制的外部保证，以及到什么程度。

1.2.5　《英国公司治理守则指引》的具体要求

《英国公司治理守则指引》（2024）对《英国公司治理守则》（2024）中有关风险管理与内部控制的要求进行了进一步的解释和说明。

1）职责界定

董事会对组织整体的风险管理和内部控制方法负有最终责任，包括：（1）建立和维护有效的风险管理和内部控制框架。（2）确定主要风险的性质和程度，以及组织在实现其战略目标时愿意承担的风险（确定其"风险偏好"）。（3）就如何管理或减轻主要风险以降低其发生或影响的可能性达成一致。（4）监督和审核风险管理和内部控制框架，以及管理层对这些工作的流程，并确信它们有效运作，并在必要时采取纠正措施。（5）确保在风险管理和内部控制方面进行有效的外部沟通。

该指引并未详细列明公司设计、实施和运行其风险管理和内部控制框架的程序或框架。董事会可以使用公认的框架或标准（例如COSO、ISO、COBIT等）作为其设计和保持风险管理和内部控制框架有效性的过程的一部分，但在根据《英国公司治理守则》的原则和规定进行报告时，该框架或标准应与一些要求的领域（例如财务报告、技术等）相关。

审计委员会应审核公司的内部财务控制，即为识别、评估、管理和监督财务风险而建立的系统，作为其在《英国公司治理守则》中的期望角色和责任的一部分。

管理层的角色是实施和承担对董事会风险管理和内部控制政策的日常职责。在履行其职责时，管理层可以识别和评估公司面临的风险供董事会考虑，并设计、运营和监督一个适当的风险管理和内部控制框架，以实施董事会所采用的政策。在董事会的监督下，管理层可以建立适当的结构和报告关系，并明确界定角色、责任和权限。应明确所有关键职能部门和个人在风险管理和内部控制方面的作用和责任。应该对框架的设计和运行进行独立和客观的监督。董事会可以通过建设性的挑战、战略指导和专家建议来支持管理层，并追究其责任。董事会需要确信管理层及时向董事会提供信息，以便董事会能够履行自己的职责。

2）建立风险管理与内部控制框架

风险管理和内部控制框架包括公司的政策、文化、组织、行为、流程、系统和其他方面，这些方面一起：（1）支持公司实现其战略目标；（2）通过使风险管理和内部控制框架能够评估当前和新出现的风险，并保护公司资产免受不当使用或损失和欺诈，促进该框架有效和高效运营；（3）帮助确保内部和外部报告的质量，包括维护适当的记录和流程，以产生及时、相关和来自组织内部和外部的可靠信息；（4）帮助确保遵守适用的法律和法规，以及与业务开展有关的内部政策。

风险管理和内部控制框架：（1）应为公司量身定做；（2）应被视为公司宗旨、战略、商业模式和治理的一部分；（3）应融入公司的运营，并成为公司文化的一部分；（4）应能够快速应对不断变化的业务风险，无论这些风险是由公司内部因素还是业务环境的变化引起的；（5）应根据公司目标和其他内部和外部因素的变化进行更改和调整；（6）不应被视为定期的合规活动，而应是公司日常业务和治理流程的一个组成部分；（7）应包括立即向适当的管理层报告所发现的任何重大问题的程序，以及正在采取的适当行动的细节。

一个有效的框架不能消除决策中糟糕判断的可能性、人为错误、员工和其他人故意规避的控制流程、管理层凌驾于控制之上以及不可预见情况的发生。框架的作用是适当地管理风险，而不是消除风险。

3）保持风险管理与内部控制框架的有效性

风险管理和内部控制框架的存在本身并不意味着对风险的有效管理。有效的监督和审核是有效的风险管理和内部控制框架的重要组成部分。对风险管理和内部控制的监督和审核旨在使董事会能够得出该框架是否与战略目标适当一致的结论，并使董事会明确该框架是否应对了公司的风险、公司是否正在适当地开发、应用和维护这一框架。监督和审核旨在识别和评价框架的设计、实施和运行需要改进的领域。

在公司层面，公司应建立制度来实施对"风险管理和内部控制框架的设计、实施和运行"的持续监督。公司的目标、经营环境和面临的风险都在不断变化，监督应评价公司的风险管理和内部控制框架面对这些变化对公司来说是否仍然充分和适当。一个有效的框架必须具有响应能力并能够适应变化。如果发现重大问题，即使已采取补救措施，也应向董事会报告，包括采取的行动。公司还可以考虑是否提高监督频率或者是否应该改变现有的控制措施。所有改变都应当考虑资源的有效分配。

在董事会层面，董事会不能仅仅依靠公司内部的嵌入式监督流程来履行其职责。董事会应根据定期报告和与管理层、内部审计、外部审计和其他适当职能机构和单位的沟通进行自我监督。这包括在公司层面对为了监督而建立的程序实施的监督。董事会将在公司层面行使其与监督相关的治理职责，通过了解组织目标的风险、管理层为减轻风险而实施的控制措施以及管理层如何监督以帮助确保内部控制系统继续有效运行。董事会可能希望界定他们希望如何运行对该框架的监督，包括具体规定公司内部单位或个人、子公司和其他相关方（例如外部服务提供商）报告的要求、范围和频率。重要的是，向董事会提交的报告必须提供一个对框架的设计、实施和运行，风险以及风险管理和内部控制框架在管理这些风险方面的有效性的平衡评估。及时、可靠和相关的信息将使有效的监督能够得以进行，并使董事会能够作出平衡的评估。

董事会应收到高级管理层关于风险管理框架的整体设计和运行的报告。报告应提供来自公司内部专业职能部门——例如合规、财务、税务、网络、人力资源等——的信息。如果公司设有专业风险职能部门或管理层面的风险委员会，董事会可以考虑在该部门与董事会和/或相关董事会委员会之间建立直接的沟通和报告渠道。董事会将运用其专业判断和怀疑态度，结合从其他来源收到的信息和报告，考虑从管理层收到的报告。发现的任何重大控制失误或弱点都可以在报告中讨论，包括它们对公司已经或可能产生的影响以及为纠正它们而采取的行动。

董事会还可以审核子公司董事关于董事会的政策、程序和结构在子公司层面的有效性的报告或与子公司董事联络，以管理风险。在年中审核报告时，董事会可以考虑：（1）如何有效地评估风险并确定主要风险。（2）主要风险是什么，以及如何管理或减轻这些主要风险。（3）相关控制在管理主要风险方面的有效性，并特别考虑可能已经报告过的任何内部控制重大失误或弱点。（4）如何在决策中监督、更新和考虑当前和新出现的风险。（5）是否迅速采取必要行动来纠正任何重大失误或弱点，以及缺陷的原因是否表明决策不力、需要更广泛的监督或重新评估管理层持续流程的有效性。（6）框架和程序是否符合当前的市场标准或惯例。

董事会应监督和审核公司的重大控制。重大控制将因公司而异，因此每个公司的董事会都应根据公司自身的特点和情况，包括规模、商业模式、战略、运营、结构和复杂性等，监督和审核自己公司的重大控制。在确定哪些控制"重要"时，董事会应考虑控制缺陷如何影响公司、股东和其他利益相关者的利益。

董事会决定哪些控制措施是重要的，这些控制措施包括但不限于对以下方面的控制：（1）可能威胁公司商业模式、未来业绩、偿付能力或流动性和声誉的风险（即主要风险）。（2）对价格敏感或可能导致投资者作出投资决策的对外报告（External Reporting），无论是在公司内部还是其他方面。（3）欺诈，包括对控制的凌驾。（4）信息和技术风险，包括网络安全、数据保护和新技术（比如人工智能）。

4）对风险管理与内部控制框架的审核

董事会应至少每年审核一次风险管理与内部控制框架的有效性，但董事会可依据公司的情况，考虑更频繁地审核整个框架或部分架构。审核应识别优势、差距、缺陷和需要改进的领域，董事会随后应制订一项计划以采取进一步行动。

没有单一的实施审核的方式。董事会可能希望确定将要采用的流程，包括利用董事会持续流程的结果，以便获得可靠、有适当记录的证据，以支持其在公司年度报告和报表中的报告（Reporting）。董事会应确保审核已经考虑了框架的所有重要方面。

审核应考虑公司整体的风险管理和内部控制框架，也要评价该框架持续监督流程的有效性。在进行审核时，一套标准可能是有益的。这套标准可以检验单项控制措施的有效性、这些控制与潜在风险的相关性以及更广泛的框架本身。

董事会委员会在审核过程中的角色由董事会决定，这些角色将取决于董事会的规模和组成、公司运营的规模、多样性和复杂性以及公司面临的主要风险的性质等因素。

审核应考虑：董事会本年度审核的报告中涉及的问题，以及确保董事会已考虑被审核年度及截至资产负债表日的风险和内部控制框架的所有重要方面所需的任何其他资料。

董事会可能希望收到管理层关于已建立框架有效性的报告，以及管理层或内部或外部审计师实施的任何测试、评估或其他工作的结论。如果公司内部的管理层或其他职能部门为了遵守其他监管要求，包括外国监管要求，已经审核了框架的某些方面，则董事会在审核框架的有效性时可以使用为此目的实施的工作和产生的信息。

在审核时，董事会可能希望查看框架的设计和运作，确定这些框架是否适合公司的需求和情况，以及如何有效地识别、评估、监督和管理或减轻风险。

在进行审核时，重要的是要考虑：（1）董事会在年内审核的报告中处理的问题。（2）公司承担风险的意愿（其风险偏好）、公司内部期望的文化以及这种文化是否已经嵌入。（3）风险管理和内部控制框架的运行，包括设计、实施、监督、审核和风险的识别，以及确定哪些是对公司重要的。（4）识别和管理新出现风险的程序。（5）基础控制措施在减轻已识别风险方面的有效性。（6）将风险管理和内部控制与战略和业务模式的考虑以及业务规划流程相整合。（7）管理层持续监督风险的范围和质量，内部控制系统的范围和质量，以及（如适用）内部审计职能和其他保证提供者的工作的范围和质量。（8）自上次审核以来，主要风险的性质、可能性和影响以及公司应对其业务和外部环境变化的能力的任何变化。（9）框架有效应对变化和外部事件的能力。（10）向董事会（或董事会委员会）传达管理层监督结果的范围、频率和质量，使董事会（或董事会委员会）能够对公司的控制状况以及管理或减轻风险的有效性进行累积评估。（11）将重大问题或疑虑上报给董事会的流程。（12）在此期间任何时候发现的重大控制失误或弱点的发生率，以及它们已经或可能会导致不可预见的结果或意外事件的程度，这些不可预见的结果或意外事件已经、可能会或将来会对公司的财务业绩或状况产生重大影响。（13）为改进任何未有效运行的重大控制而采取的行动。（14）公司公开报告流程的有效性。

董事会的职责应侧重于按照约定审核重大控制。风险是动态的，会随着时间的推移而变化，因此重大控制需要适应这种变化。

21

当董事会确定控制有效时，并不意味着风险消除了。控制存在局限性，其中可能包括超出公司控制范围的内部、外部事项和不确定性，例如与人性相关的因素（例如错误、判断、疏忽、不当行为等）或意外的地缘政治事件。

如果发现任何需要改进的重要领域，董事会应确定这些领域是如何产生的，这对公司的影响，以及补救任何缺陷的有效措施。董事会应重新评价公司的持续监督流程，并检查缺陷的发现是否表明需要改进这些流程。

5）在年度报告中的报告与声明

这些评估和流程可以为年度报告和报表中的披露提供信息，主要包括：（1）就与财务报告流程相关的公司风险管理和内部控制框架的主要特征（根据 FCA 的《披露指南和透明规则》）作出报告。（2）就董事会如何监督和审核风险管理与内部控制框架的有效性（按照《英国公司治理守则》的规定）作出报告。（3）提供重大控制在资产负债表日的有效性的声明，以及如果重大控制无效，描述这些重大控制、为改进这些控制而采取或建议采取的行动以及为解决先前报告的问题而采取的任何行动。（4）就公司面临的主要风险以及如何管理或减轻这些风险（根据《公司法》（2006）和《英国公司治理守则》的要求）作出报告。（5）就用于识别和管理新出现风险的程序作出报告。

董事会应描述该框架的主要特征，包括概述现有的相关治理结构、公司如何评估风险、如何管理或减轻风险、如何在整个组织内共享信息以及不同部门如何互动和沟通。董事会应概述其在报告所述期间如何监督和审核框架的有效性。这可能包括董事会收到和审核的信息的类型、与哪些单位和个人进行了磋商、收到的任何内部或外部保证，以及（如相关）董事会用于审核有效性的公认框架、标准或指引的名称。

关于重大控制的有效性的声明，董事会应根据所取得的证据，行使董事在履行职责时普遍适用的谨慎标准，就重大控制的有效性形成自己的意见。年度报告应包括关于资产负债表日重大控制有效性的声明。董事会只能根据所开展的工作和获得的证据，就控制的有效性提供一个合理的结论。如果重大控制在资产负债表日没有有效运行，董事会应在年度报告中披露这一点，并披露为改善控制而采取或建议采取的任何行动。这可以形成《英国公司治理守则》的规定 29 的声明的一部分。在确定控制是否有效运行时，董事会还应考虑控制的有效的设计和实施。年度报告还应提供董事会如何处理之前报告的问题的摘要。当董事会无法确定重大控制的有效性和/或就其有效性作出声明时，董事会可以利用《英国公司治理守则》的"遵守或解释"性质，并在年度报告中对此作出解释。

在报告需要改进的领域或已经或正在采取的行动时，董事会不应提供任何根据其专业判断包含机密信息或任何其他信息的披露，如果公开报告这些信息，可能会无意中影响公司的利益。

该声明涵盖在资产负债表日之前和资产负债表日收集的信息。公司可能需要执行进一步的程序，作为其内部控制框架的一部分，这些程序发生在资产负债表日之后，并且可能与就重大控制的有效性作出声明有关。

1.2.6 《风险管理、内部控制与相关财务和经营报告的指引》

财务报告委员会（FRC）2014 年发布的《风险管理、内部控制与相关财务和经营报告的指引》，修改、整合和替代了《内部控制：修订的关于联合规则的董事指引》《持续经营和流动性风险：对英国公司董事的指引》，并反映对《英国公司治理守则》作出的改变。《风险管理、内部控制与相关财务和经营报告的指引》旨在汇集风险管理的最佳实践元素；促使董事会考虑如何履行其对公司面临的现有和新兴主要风险的责任；反映出良好的业务实践，即公司通过将风险管理和内部控制嵌入业务过程来实现其目标；并强调相关的报告责任。

根据《风险管理、内部控制与相关财务和经营报告的指引》，董事会对组织风险管理与内部控制的总体方法负责，董事会的职责有：

（1）确保设计和实施适当的风险管理和内部控制系统，该系统要识别公司面临的风险，使董事会能够对主要风险作出稳健的评估。

（2）确定面临的主要风险的性质和程度以及组织在实现其战略目标的过程中愿意承担的风险（确定组织的风险偏好）。

（3）确保适当的文化和报酬制度已经嵌入组织。

（4）就应当如何管理或降低主要风险以降低发生的概率或减轻影响达成一致。

（5）监督和审核风险管理与内部控制系统以及管理层的监督和审核流程，确信它们有效发挥职能作用并在必要时采取了纠正措施。

（6）确保健全的内部和外部信息与沟通流程，并承担对外沟通风险管理与内部控制的职责。

风险管理与内部控制系统包括公司的政策、文化、组织、行为、流程、制度和其他方面，它们一起：

（1）使公司能够评估当前和潜在的风险、对风险和重大控制失效作出适当反应和保护资产，从而促进公司有效果和有效率地（Effectively and Efficiently）运行。

（2）有助于降低决策中的错误判断、公司承受的风险超过董事会通过的水平、人为错误以及控制流程被蓄意绕过的可能性和影响。

（3）有助于确保内部和外部报告的质量。

（4）有助于确保遵守相关的法律和规章制度，以及与商业行为有关的内部政策。

由于《风险管理、内部控制与相关财务和经营报告的指引》制定和发布于2014年，依据的还是2014年版的《英国公司治理守则》，但2024年版的《英国公司治理守则》相对于2014年版的《英国公司治理守则》在具体的原则和规定上发生了较大变化，因此，只能从实务的角度参考和借鉴一下这个指引。

1.3 ———日本对上市公司内部控制评价的要求———

1.3.1 内部控制的相关法规

在美国《萨班斯–奥克斯利法案》之前，日本相关部门已经对企业内部控制问题有所关注，2003年6月，日本经济产业省制定发布了《新风险时代的内部控制——与风险管理一起发挥作用的内部控制的指南》。自2004年3月31日或之后结束的财务年度起，公司代表对年度报告公允披露的确认一直作为自愿制度实施，这要求管理层评估财务报告内部控制是否有效运行。根据 2006 年 6 月颁布的《金融商品交易法》，上市公司管理层应当对财务报告内部控制实施评估，而且这项评估要由注册会计师进行审计（内部控制报告制度）。该制度自 2008 年 4 月 1 日或之后开始的财务年度生效。

2007 年 2 月 15 日，日本企业会计审议会发布了《关于财务报告内部控制评价与审计准则以及财务报告内部控制评价与审计实施准则的制定（意见书）》。日本企业会计审议会是日本金融厅下属机构，公布的《财务报告内部控制评价与审计准则》和《财务报告内部控制评价与审计实施准则》是为了配合《金融商品交易法》规定的内部控制报告制度的实施而制定的。

1.3.2 内部控制的目标与构成要素

根据《财务报告内部控制评价与审计准则》，内部控制是组织中每个人为实现四个公司目标（业务运营的效果和效率、财务报告的可靠性、遵守与业务活动相关的适用法律法规、资产保护）而实施的过程，它由六个基本要素组成，即控制环境、风险评估和应对、控制活动、信息与沟通、监督、对信息技术（IT）的应对。①

《财务报告内部控制评价与审计准则》以"财务报告内部控制"的形式定义了确保财务报告可靠性的内部控制，并描述了管理层评估财务报告内部控制有效性和注册会计师审计此类评估时可以实施的方法和程序。财务报告的可靠性目标是指确保财务报表及可能会对财务报表产生重大影响的信息的可靠性。

将"资产保护"作为有别于其他目标的一个目标，是因为在日本高度强调资产的取得、使用和处置应当通过适当程序和授权进行。资产保护目标是指确保资产的取得、使用和处置遵守适当的程序和审批。

考虑到当前信息技术深入渗透到业务组织的现实，并得到了自 COSO 报告发布以来信息技术环境的快速发展的支持，基本要素中增加了"对信息技术（IT）的应对"。对信息技术的应对是要提前制定适当的政策和程

---

① 日本企业会计审议会. 关于财务报告内部控制评价与审计准则以及财务报告内部控制评价与审计实施准则的制定（意见书）[S]. 2007.

序以实现组织目标，并基于政策和程序对业务活动过程中组织内部或外部的信息技术作出适当应对。对信息技术的应对不总是独立于内部控制的其他要素，但如果组织的业务严重依赖信息技术或信息系统高度利用信息技术，则作为内部控制有效性的评估标准，对信息技术的应对是实现内部控制目标的重要组成部分。对信息技术的应对包括对信息技术环境的应对、信息技术和信息技术控制的应用。

四个内部控制目标相互重叠，公司将通过设计和运行有效的内部控制来实现这些目标。至于财务报告的可靠性，管理层很难准确了解公司的所有活动和所有公司人员的行为。通过在公司内部设计和运行有效的内部控制系统，管理层可以确保财务报告列报的公允性。通过设计和运行内部控制系统来确保财务报告的可靠性，公司获得了一定的优势，例如通过提高业务运营的效果和效率来降低信息处理成本，扩大筹集资金的市场机会以及降低资本采购成本。

1.3.3 管理层对内部控制的评价与报告

管理层负责设计和运行内部控制，而且，就财务报告内部控制而言，公司必须评估其有效性并向公众报告评估结果。

公司应从对财务报告可靠性影响的重要性角度，在必要的范围内进行评估。管理层应考虑对财务报告定量和定性影响的重要性，就评估范围作出合理的决定。因此，如果发现其中任何一个账户、子公司或关联公司无关紧要，管理层就可以将它从评估范围中删除。

管理层在评估内部控制的有效性时，首先需要评估对合并基础上的财务报告的可靠性有明显影响的内部控制（"公司层面控制"）。考虑这些评估的结果，然后，管理层应评估流程层面的控制。这体现的是一种自上而下和风险基础的方法。在这种方法中，管理层首先评估公司层面的控制，并就有效控制是否在公司层面运行得出某些结论，并根据这一结论评估流程层面重点关注的那些可能导致财务报告过程中重大错报的风险的控制。将内部控制缺陷按它们对财务报告的影响分为"重大缺陷"和"其他缺陷"两类。

管理层应准备一份"内部控制报告"，并说明上述对财务报告等内部控制有效性的评估结果。

1.3.4 财务报告内部控制的审计

负责审计公司财务报表的注册会计师通过审计评估结果是否公允陈述（在内部控制报告中）来对财务报告内部控制有效性的管理层评估提供保证。

内部控制审计应由审计公司财务报表的同一审计师执行（不仅是审计公司，而且业务合作伙伴也应相同）。将内部控制审计与财务报表审计相结合，可以通过在两种审计中使用相同的审计证据实现有效和高效的审计。

审计师应了解公司的情况，充分了解管理层对内部控制设计和运行的评估，并组织审计，注意审计的重要性。审计师在审计管理层对内部控制的评估结果时，应首先检查管理层确定的评估范围是否适当，然后根据对公司层面控制的评估结果，审查管理层对公司层面控制的评估以及管理层对流程层面控制的评估。

审计师应编制《内部控制审计报告》，并就管理层对财务报告内部控制有效性的评估发表意见，原则上应与审计师关于财务报表的报告合并。

27

1.4　————中国对上市公司内部控制评价的要求————

我国相关部门从 2000 年前后就开始关注企业内部控制问题。2006 年，中国企业内部控制的发展进入了快车道，各相关部门积极从事内部控制法规和标准的制定工作，陆续完成了内部控制规范及配套指引的发布和实施工作。

1.4.1 中国上市公司内部控制评价的相关法规

2006 年 6 月，国务院国有资产监督管理委员会发布了《中央企业全面风险管理指引》。2006 年 7 月 15 日，财政部会同有关部门发起成立了企业内部控制标准委员会。2006年6月，上海证券交易所发布了《上海证券交易所上市公司内部控制指引》。2006年9月，深圳证券交易所发布了《深圳证券交易所上市公司内部控制指引》。2007年3月，财政部企业内部控制标准委员会发布了《企业内部控制规范——基本规范》和17项具体规范（征求意见稿）。2008年6月，财政部、证监会、审计署、银监会、保监会在北京联合召开企业内部控制基本规范发布会暨首届企业内部控制高层论坛，会议发布了《企业内部控制基本规范》以及企业内部控制配套指引的征求意见稿。2010年4月，财政部、证监会、审计署、银监会、保监会联合发布了《企业内部控制配套指引》。该配套指引包括18项《企业内部控制应用指引》、《企业内部控制评价指引》和《企业内部控制审计指引》。2014年1月，中国证券监督管理委员会、财政部发布了《公开发行证券的公司信息披露编报规则第21号——年度内部控制评价报告的一般规定》（中国证券监督管理委员会、财政部公告〔2014〕1号），对公开发行证券的公司内部控制信息披露行为进行了规范。

1.4.2 中国上市公司内部控制评价的推进

根据《关于印发企业内部控制配套指引的通知》（财会〔2010〕11号），《企业内部控制应用指引第1号——组织架构》等18项应用指引、《企业内部控制评价指引》和《企业内部控制审计指引》（以下简称企业内部控制配套指引），自2011年1月1日起在境内外同时上市的公司施行，自2012年1月1日起在上海证券交易所、深圳证券交易所主板上市公司施行；在此基础上，择机在中小板和创业板上市公司施行。鼓励非上市大中型企业提前执行。执行《企业内部控制基本规范》及企业内部控制配套指引的上市公司和非上市大中型企业，应当对内部控制的有效性进行自我评价，披露年度自我评价报告，同时应当聘请会计师事务所对财务报告内部控制的有效性进行审计并出具审计报告。上市公司聘请的会计师事务所应当具有证券、期货业务资格；非上市大中型企业聘请的会计师事务所也可以是不具有证券、期货业务资格的大中型会计师事务所。

根据《关于2012年主板上市公司分类分批实施企业内部控制规范体系的通知》（财办会〔2012〕30号），在主板上市公司分类分批推进实施企业内部控制规范体系。

（1）中央和地方国有控股上市公司，应于2012年全面实施企业内部控制规范体系，并在披露2012年公司年报的同时，披露董事会对公司内部控制的自我评价报告以及注册会计师出具的财务报告内部控制审计报告。

（2）非国有控股主板上市公司，且于2011年12月31日公司总市值（证监会算法）在50亿元以上，同时2009年至2011年平均净利润在3 000万元以上的，应在披露2013年公司年报的同时，披露董事会对公司内部控制的自我评价报告以及注册会计师出具的财务报告内部控制审计报告。

（3）其他主板上市公司，应在披露2014年公司年报的同时，披露董事会对公司内部控制的自我评价报告以及注册会计师出具的财务报告内部控制审计报告。

1.4.3　中国上市公司内部控制评价的全面实施

2023年12月，财政部、中国证券监督管理委员会联合发布《关于强化上市公司及拟上市企业内部控制建设推进内部控制评价和审计的通知》（财会〔2023〕30号），推动上市公司及拟上市企业加强内部控制建设，开展内部控制评价，聘请会计师事务所实施财务报告内部控制审计。[①]

（1）各上市公司应严格按照《企业内部控制基本规范》（财会〔2008〕7号）及企业内部控制配套指引（以下合称企业内部控制规范体系）的有关要求，持续优化内部控制制度，完善风险评估机制，加强内部控制评价和审计，科学认定内部控制缺陷，强化内部控制缺陷整改，促进公司内部控制的持续改进，不断提升内部控制的有效性。目前尚未全面实施企业内部控制规范体系的上市公司，应根据企业内部控制规范体系的要求开展内部控制评价，聘请会计师事务所对财务报告内部控制进行审计。

（2）各上市公司应严格执行企业内部控制规范体系和《公开发行证券

---

① 财政部，中国证券监督管理委员会. 关于强化上市公司及拟上市企业内部控制建设推进内部控制评价和审计的通知〔S〕. 2023.

的公司信息披露编报规则第 21 号——年度内部控制评价报告的一般规定》（中国证券监督管理委员会、财政部公告〔2014〕1 号）有关要求，真实、准确、完整披露公司内部控制相关信息，每年在披露公司年度报告（以下简称年报）的同时，披露经董事会批准的公司内部控制评价报告以及会计师事务所出具的财务报告内部控制审计报告。目前尚未按照企业内部控制规范体系要求实施内部控制审计的创业板和北京证券交易所上市公司，应自披露公司 2024 年年报开始，披露经董事会批准的公司内部控制评价报告以及会计师事务所出具的财务报告内部控制审计报告。

（3）拟上市企业应自提交以 2024 年 12 月 31 日为审计截止日的申报材料开始，提供会计师事务所出具的无保留意见的财务报告内部控制审计报告。已经在审的拟上市企业，应于更新 2024 年年报材料时提供上述材料。

（4）通过发行上市审核并于本通知发布当年上市的公司，最迟应在披露上市后下一个会计年度的年报的同时，披露经董事会批准的公司内部控制评价报告以及会计师事务所出具的财务报告内部控制审计报告；通过发行上市审核并于本通知发布次年上市的公司，应在披露上市当年度的年报的同时，披露经董事会批准的公司内部控制评价报告以及会计师事务所出具的财务报告内部控制审计报告。

（5）因进行破产重整、重组上市或重大资产重组，无法按照规定时间披露公司内部控制相关信息的上市公司，应在相关交易完成后的下一个会计年度的年报披露的同时，披露经董事会批准的公司内部控制评价报告以及会计师事务所出具的财务报告内部控制审计报告。

（6）注册会计师应严格遵照《企业内部控制审计指引》（财会〔2010〕11 号文件附件 3）和《企业内部控制审计指引实施意见》（会协〔2011〕66 号）等相关规范要求对上市公司及拟上市企业财务报告内部控制实施审计，勤勉尽责，充分了解和掌握上市公司及拟上市企业财务报告内部控制建设和实施情况，综合判断上市公司及拟上市企业财务报告内部控制有效性，独立客观公正发表审计意见，提高内部控制审计质量。同时，关注非财务报告内部控制重大缺陷情况，督促上市公司及拟上市企业不断完善内部控制体系，提升内部治理水平。

1.4.4　中国上市公司内部控制评价与报告体系

根据中国证券监督管理委员会、财政部公告〔2014〕1 号发布的《公开发行证券的公司信息披露编报规则第 21 号——年度内部控制评价报告的一般规定》，年度内部控制评价报告内部控制评价结论应当分别披露对财务报告内部控制有效性的评价结论，以及是否发现非财务报告内部控制重大缺陷，并披露自内部控制评价报告基准日至内部控制评价报告发出日之间是否发生影响内部控制有效性评价结论的因素。

中国上市公司内部控制评价与报告的体系如图1-2所示。

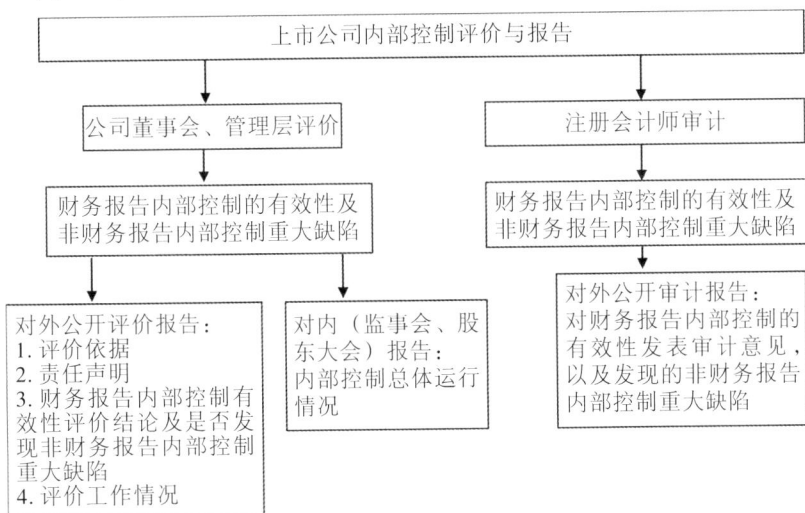

图1-2　中国上市公司内部控制评价与报告的体系

企业内部控制的范围、性质与体系

从最初的内部牵制，发展为内部控制制度，以及后来的内部控制结构，到今天已被人们广泛接受的 COSO（Committee of Sponsoring Organizations of the Treadway Commission，COSO）《内部控制——整合框架》以及《企业风险管理——整合框架》，内部控制理论与实践的产生和发展可以说已有很长一段历史。特别是 2002 年美国颁布《萨班斯-奥克斯利法案》以后，各国纷纷修订或制定与内部控制相关的法规和指南，日本 2003 年制定了类似的内部控制指南，欧盟在考虑通过指令加强对上市公司内部控制的要求，英国重新审查了 1999 年的 Turnbull 指南，加拿大制定了新的内部控制标准《风险管理和治理》并对上市公司采取了与美国相似的要求（FRC，2005），我国于 2006 年成立了企业内部控制标准委员会，也在制定自己的内部控制标准，可以说，世界各国对内部控制的重视达到了前所未有的高度。评价内部控制，首先需要明确内部控制的范围、性质和内容。然而，总体上来看，内部控制的范围、性质和概念体系在理论和实务上还是存在必然和客观的差异和"分歧"的，难以形成完全一致的看法，还处在一个不断发展和演进的过程中。[1]

---

[1] 张宜霞. 企业内部控制的范围、性质与概念体系——基于系统和整体效率视角的研究[J]. 会计研究，2007（7）：36-43；96.

2.1　——企业内部控制的需求差异及所引发的问题——

理论与实践的研究总是源于一定的需求，内部控制也不例外，从总体上来说，内部控制的需求者主要可以分为财务报表审计人员、企业管理者、企业的投资者和潜在的投资者、外部监管者四个方面。

1）财务报表审计人员

审计人员是内部控制理论研究的发起者和推动者，也是该理论发展至今最大的使用者。他们主要是为了提高审计的效率，降低审计的成本，从企业的内部控制中抽出与财务报表审计有关的部分形成自己的概念和框架。其实，审计人员也曾经提出过比较完整的内部控制框架，比如，美国会计师协会所属审计程序委员会1949年给出了一个内部控制的定义，这个定义内容广泛，不局限于与会计和财务部门直接有关的控制方面，还包括预算控制、成本控制、定期报告、统计分析、培训计划和内部审计以及属于其他领域的经营活动，从而赢得了广大经理人的赞成。但是，没过多久美国就把内部控制分为会计控制和管理控制，导致广大经理人认为"将美玉击成了碎片，再也没有一个对管理人员有用、为管理人员所理解的内部控制的定义"。所以，基于审计人员的这种目的以及审计人员自身专业领域的限制，审计角度的内部控制不可能是内部控制的全部，只能是一个完整内部控制定义的组成部分。

2）企业管理者

企业管理者是企业的实际经营者，从企业管理的角度出发，他们需要一整套有效控制所辖资源的制度、程序和方法，以有效地使用企业的各种资源，实现企业的经营目标和战略目标。尽管他们不是内部控制概念的最先提出者，但他们却是内部控制的实际应用者和执行者。很明显，他们首先关注的并不是对外财务报表的可靠性和准确性[①]，他们所期望的内部控制要帮助他们提高经营效率和经济效益，实现企业的经营

33

---
①　因为即使对外的财务报表不可靠，他们自己也能知道真实的财务数据和财务状况。

目标，乃至战略目标。这与审计角度的内部控制关注的重点存在显著的差异。

3）企业的投资者和潜在的投资者

所有权和经营权的分离，职业经理人的出现，使得实际的投资者"沦落"到了"出资者"的地步。实际的投资者对企业经营管理的直接关注越来越少，了解的具体经营情况也越来越少，投资者更多的是面对年度和半年度的财务数据。尽管投资者希望看到真实的财务报表，但他们更希望在企业内部有一套能够有效约束和激励经理人、保护其投资和收益的机制。同样，潜在的投资者除了希望通过可靠的财务报表了解企业的财务状况外，也更希望通过了解企业的内部存在的这种投资保护机制，来分析企业的管理水平和盈利能力，估计投资风险的大小，作出自己的投资决策。企业投资者对企业内部控制的这种需求，通过股东大会或直接的参与管理直接体现出来，或者在资本市场上采取用"脚"投票的方式体现出来。

4）外部监管者

外部监管者也是内部控制理论与实务的一类积极的推动者，外部监管者希望通过企业内部控制促进其监管目标的实现，使企业遵守法律法规，维护投资者和国家的利益，保持良好的市场秩序。外部监管者通过法规的形式对企业的内部控制提出强制性的要求，包括内部控制的建设、评价与报告等。这种强制性对审计人员和企业管理人员产生了直接的影响，也对审计视角的内部控制和管理人员所期望的内部控制产生了很大的影响。

此外，随着社会经济环境的变化，企业的发展越来越离不开更多的利益相关者，如供应商、代理商、债权人等，而且，越来越多的利益相关者不仅关注企业的财务报表，更关注企业的经营运作，他们也就自然产生了对内部控制的需求。

尽管内部控制的不同需求对内部控制理论和实践的发展起到了很大的推动作用，但是我们也要看到这种需求差异和专业领域限制对内部控制理论和实践造成的一些不容回避的问题和矛盾。

（1）无论是审计人员、企业管理者、企业投资者，还是监管者，每一类需求者在现实中都代表一种视角，但每一个视角的内部控制鉴于其需求差异或专业领域限制都只能是围绕自己的需求和专业领域的那一部分内部控制，都不能代表内部控制的全部。正如赫伯特·西蒙指出的那样，人对一个问题的看法是由他或她所接触到的有关该问题的信息的内容和强度所决定的。

（2）对内部控制的界定在范围和性质上存在很大的差异，产生了概念上的混乱，而且，各内部控制概念各自为政，之间并没有清晰的边界，更没有形成内在一致的概念体系。这种状况阻碍了内部控制理论和实务向更高、更深层次的发展。

（3）缺少对企业投资者视角内部控制的充分关注。如上所述，投资者视角的内部控制，指的是企业内部存在的投资者利益保护机制，或者称为公司治理层面的内部控制，关注的是股东大会、董事会如何实现对管理层的有效激励和约束，这是内部控制的动力和源头。以往提出的内部控制概念更多地定位在企业管理的层面，近几年提出的内部控制概念，如COSO的内部控制、风险管理等，更多的是把企业投资者视角这个层面的内部控制视为"环境"要素，也就是说作为一种既有的前提存在，对于企业投资者视角这个层面的内部控制的重要性以及它对整个内部控制系统产生的影响并没有给予足够的重视。

（4）监管者的内部控制要求具有强制性，但实际上它与管理者对内部控制的需求又存在明显的不一致，所以，从实施的后果来看，管理者在企业内部控制建设上的努力在很大程度上成了一种对监管者要求的遵循，而对企业自身经营管理的意义并没有想象的那么大。

（5）缺少一个能够统领各视角内部控制的更广阔视野、更大范围的内部控制，或者称之为内部控制的"母体"。各视角的内部控制应当是这个"母体"的一部分，任何一个视角的内部控制都应当源于这个"母体"。以这个"母体"为框架，可以将不同视角的内部控制概念系统地联系起来，建立一个完整的概念体系。

因此，我们当前对企业内部控制的认识就如同盲人摸象，每个人都紧紧地抓住企业内部控制的某一部分，同时又因为某种局限性认识不到或不愿去认识其余的部分。每个内部控制研究者任意选取他感兴趣的内部控制片段，这虽然促进了理论的"繁荣"，但使得各种理论既在一定程度上相互重叠，又在一定程度上相互独立，既在一定程度上相互协调，又在一定程度上相互矛盾，从而，使得研究更加纷杂，使得内部控制理论形成连贯性和系统性越来越困难。任何一种企业内部控制理论的观点都应当具有弹性，能够涵盖内部控制的本质和发展问题，任何一种企业内部控制理论观点的缺失，也必定在于其领域假设的刚性、虚假性的内容以及逼真性的不足。所以，我们不能奢望通过各个部分的简单拼凑得出内部控制这只完整的"大象"，企业内部控制理论的批判与发展，不得不从本体论着手，从一个更高的高度、更全面的视角来系统地审视企业内部控制这只"大象"的整体以及各个组成部分。

2.2　──企业内部控制的范围、性质与层级结构──

1）内部控制的范围与性质

要想正确地界定内部控制的范围，就必须准确地界定"内部"和"控制"的含义。关于"控制"的含义，《说文解字》认为"控，引也"，"制，裁也"。《现代汉语词典》（第7版）指出，"控"就是"控制"，"制"就是"用强力约束；限定；管束"，对"控制"的解释是"掌握住不使任意活动或越出范围；操纵"以及"使处于自己的占有、管理或影响之下"。应当讲，在传统习惯中，我们对"控制"的理解更多地强调了"制"，即"用强力约束；限定；管束"，掌握住对象不使其任意活动或越出范围。然而，"控"的含义更重要，即"引"，使其按照控制者的意愿活动。"制"只是单纯、消极的约束和限制，而"控"则已经突破了单纯约束和限制的概念，更强调了引导、推动的含义。所以，我们不能将内部控制仅仅理解和定位为约束，它更是激励。

界定"内部"其实是在界定内部控制的范围，而企业内部控制的范围取决于企业的范围或边界。企业是一个人造的经济系统，系统的边界是事物"质"的规定性在人们头脑中的反映，是用以区分系统与环境两个本质不同的系统所包含的要素的界限。企业与市场在本质上是一样的，都是交易的一种组织形式。在经济发展的最初阶段，市场是交易的主要场所，企业等组织形式较少，还没有发展起来。企业的出现是因为在一定条件下，交易在企业内部进行比在一般意义上的市场内进行成本更低，效率更高，所以，出现了所谓的企业对市场的替代。但如果企业内部由于管理水平等原因导致某些交易的交易成本较在市场内进行高，那么这种交易就会选择在市场内进行，比较典型的就是某些品牌经营公司，只有总部负责设计和销售，而没有生产等部门。公司内部各部门之间采用市场价格作为转移价格也是一种市场替代企业的表现。总而言之，企业和市场之间的边界是以交易成本的相对高低来确定的，随着社会经济环境、信息技术、社会政治法律制度、人们素质等因素的变动，交易成本也处于不断的变动之中，从而，企业和市场的边界从理论上来说也处于一个不断变动的状态，是一个动态的界限。因此，从这个角度来看，企业内部控制不应当仅限于企业的物理边界之内，也不应当限于企业的法律边界之内，其范围应取决于企业目标对内部控制的定位和要求，企业内部控制可以在企业的物理边界或法律边界内，也可以超越企业的物理边界和法律边界。所以，这个所谓"内部"的范围可以是一个单独的企业或企业的部门、业务、事业部、分公司或子公司，也可以是几个企业组成的集团公司或几个集团公司组成的集团公司。从这个意义上来说，建立健全内部控制，要立足于整体设计，追求的是整体有效，未必是每一个组成部分形式上有效。

此外，从企业系统与环境之间的关系来看，在企业外面，环境对企业系统的影响可以被称为企业外部控制，它是对（企业）组织的控制（Control of Organizations），是从宏观经济的层面，把企业视为一个市场个体的角度来讨论如何对企业实施控制，如政府监管、市场竞争机制等。在企业内，为了达到企业系统的目标，企业参与主体（或组成要素）之间相互作用、相互制约、相互影响的机制应当才是企业内部控制的本来面目，它是（企业）组织内的控制（Control in Organizations），是通过谋求企业相关参与者之间持续的平衡或均衡来实现企业的有效经营和长期发展。因此，针对企业这个经济系统来说，内部控制是为了实现企业的目标，由存在于企业内部的具有约束、指导、激励功能的规则、制度、程序、氛围等诸多因素有机地组合在一起而形成的经济控制系统。如何协调、控制、激励企业的每一组成部分，以实现企业的目标，是企业内部控制的目的所在，它应当是一种机制，是一种控制系统。

根据系统的整体性原理和控制层次差异，内部控制可以分为三个层次（或子系统）：与所有权相联系的企业治理控制；与经营权相联系的企业管理控制；与岗位职责等相联系的作业控制。控制的表现形式可以是一种程序，如通过控制主体（比如管理者）对控制客体（比如人、物质资源、经营活动）的一种约束、指导；也可以是一种机制，如建立某种激励机制，使经营者的努力与其报酬紧密联系起来，从而激励经营者主动努力工作；也可能是一种氛围，如通过建立企业文化和企业道德来唤起员工的工作热忱。

从契约经济学的角度来看，有着不同偏好和不同资本、技能和信息禀赋的交易主体通过正式契约或非正式契约结合在一起的契约集合就是企业。但企业其实是一个不完备的契约集合，当不同类型的交易主体组成企业时，每个参与人在什么情况下干什么、得到什么，并没有明确的说明。企业契约的这些不确定性以及参与主体的行为特征从本质上决定了各参与主体会选择使自己效用最大化的行为，而不会故意选择效用较低的行为，这便在企业内部产生了冲突的可能性。"企业不是相互合作的要素供应者的暂时联合，而是管理和协调参与者活动的持续经营组织"，在企业内部，如果仅仅是最初形成企业的契约存在，而没有其他相应的控制机制出现以弥补这些不确定性和限制这些个人行为，那么，企业将难以有效运转和发展，最终会消亡。而事实上，企业自产生以来，不但没有消亡，反而是不断地发展和完善，企业已经成为一种不可或缺的市场制度和交易组织形式。所以，在企业内部必定存在一个有效的控制机制，"各参与者利用组织内的控制实现持续的平衡或均衡"（夏恩·桑德，2000），以弥补契约的不完备性，从而保证企业的正常运作和发展，才会有企业今天蓬勃发展的局面。所以，弥补企业契约组合的不完备性，实现企业内部的均衡和有效运作，应当是系统和整体效率视角企业内部控制的真正本质。

2）内部控制的层级结构

经济学对企业的两个基本假定隐含了从"生产"和"规制"两个

方面理解企业的本质：Q=Q(L, K)表明，从"生产"属性上看，企业组织是一个生产性知识集合；R_{MAX}=P(Q)−C(Q)表明，从"规制"属性上看，企业是以股东利润最大化为目的的契约组织。传统意义上的内部控制比较注重管理控制，或者主要从企业"生产"的属性来分析企业问题。新制度经济学把企业看作一种契约性组织，更强调从"规制"属性的角度考虑和分析企业问题，主要涉及企业上层的治理层面的控制。构筑一个系统、有效的内部控制体系，也必须体现企业的这两个本质。"生产"的属性直接与管理控制和作业控制相对应，"规制"的属性直接与治理层面的控制相对应；管理控制直接与合同收入相关，而治理控制直接与剩余收入相关。因此，从企业系统整体效率的角度，为体现企业的两个经济学本质，本书提出以下内部控制的层级结构，如图2-1所示。

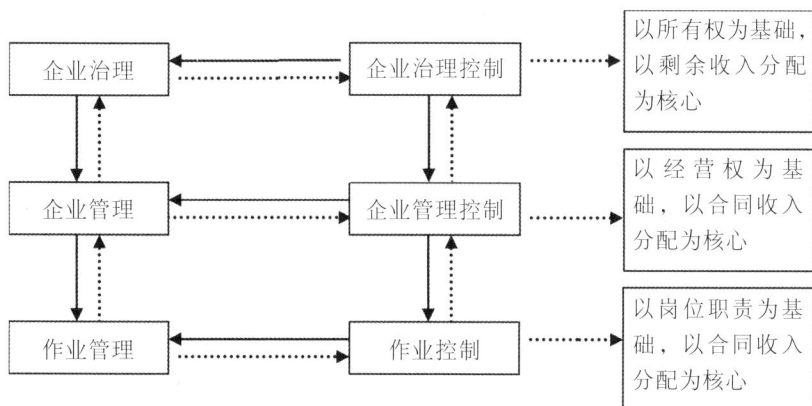

图2-1 内部控制的层级结构

这种从层级结构上对内部控制的划分也是与COSO（2004）《企业风险管理——整合框架》中的两个目标相一致的。在COSO的企业风险管理框架中，一共提到了四类目标：战略、经营、报告和合规。但这四类目标并不是依据一个划分标准，而是"各不相同但却相互交叉"的，从层级结构上来看，只有战略目标的内部控制（即企业治理层面的控制）和经营目标的内部控制（即企业管理控制）才是内部控制的两个组成部分，其他的分类主要是为了反映不同的需求。报告目标的内部控制是当前一些国家的监管者重点关注的内部控制，比如美国的SEC，主要是为了确保对外财务报告的可靠性，它也提出了一个特定的概念，并具有强制性，如财务报告内部控制（SEC，2003）。而合规目标的内部控制目前还没有由监管部门提出具体的概念。所以，报告目标的内部控制和合规目标的内部控制，尤其是报告目标的内部控制尽管也很重要，但它们应当是企业战略目标和经营目标实现的前提条件，也不属于层级结构上的层次。此外，"战略计划的任务是为整体组织设置长期发展的目标，作业控制的任务是确保组织内各项随机任务的实现，管理控制则是联结二者的过程"（安东尼，2004）。如果想把经营目标的内部控制（即企业管理控制）从层级结构上进行更细的划分，可以将企业管理控制中具体作业部分的控制作为第三个层级，即作业控制，但从总体的角度来看，它应当属于企业管理层控制的范围之内，隶属于经营目标的内部控制。

2.3   企业内部控制的概念体系

如上所述，从当前的情况来看，企业内部控制概念体系涉及两个层次的内容：一个层次是，从企业系统和整体效率的视角界定的内部控制概念；另一个层次是内部控制的组成部分或子概念。从内部控制的组成部分或子概念来看，这一层次的内部控制主要包括两个方面：一个方面是按照层级结构来划分的企业治理层面的控制和企业管理控制；另一方面是为满足不同需要而单独界定的内部控制，如财务报告内部控制、会计控制等，目前比较成形和有影响力的是财务报告内部控制。

1）企业治理层面的控制——投资者视角

1999年3月，COSO（1999）发布了一份名为《欺诈财务报告：1987—1997》的研究报告，得出了5点主要结论：（1）实施欺诈的公司通常规模较小，大部分没有在纽约或美国证券交易所上市；（2）欺诈行为转向了组织的高层，在这些案例中，72%的CEO可能与欺诈有关；（3）欺诈公司的审计委员会和董事会看起来很软弱，大部分审计委员会很少开会，而且公司的董事会由内部人和其他与公司有重大关联的人主导；（4）公司的大部分股份是由创立者和董事会成员拥有的；（5）当公司有欺诈行为时，会产生这样几种结果，包括破产、所有权的重大变化和被交易所停止上市。这五点结论除第五点是欺诈行为结果外，其余四点都可以被视为欺诈的原因，那就是有效公司治理的缺失。这一结果表明，内部控制也许并不仅仅是表面上的实施"程序"或"过程"问题，它的根源和深层次问题是公司的战略与公司治理。所以，公司高层（管理层、董事、董事会）方面存在的问题是公司内部控制失效的根本原因，而对公司高层的有效控制也就成为社会经济发展和相关各方对内部控制提出的新要求。

企业治理的概念有广义和狭义之分，在界定这一层次的内部控制时，应当选择的是狭义的公司治理，即在企业的所有权和管理权分离的条件下，公司董事会的结构与功能、董事长与经理的权利和义务以及相应的聘选、激励与监督方面的制度安排等内容。企业治理提供了一种结构用以设置公司目标，确定实现公司目标和监督业绩的方法。好的公司治理能够对董事会和管理层形成适当的激励机制以实现既符合公司利益又符合股东利益的目标，并促进有效监督。我们把这个层面的控制称为治理层面的控制。治理层面的控制是内部控制的第一个层次，是整个企业内部控制的上层建筑，它以所有权为基础，直接影响着下层的企业管理控制。治理层面的控制的一般表现形式是股东会、董事会以及其所属委员会、高级管理人员之间的控制、约束和激励，既包括显性的组织结构上的职权分配控制，又包括隐性的各种激励机制。治理层面的控制要确保企业长期战略目标和计划得以确立，确保整个管理机构能够按部就班地实现这些目标和计划，还要确保整个管理机构能够维护企业的向心力和完整，保持和提高企业的声誉等，它直接面对的是企业的战略规划活动。作为公司治理中控制权合约安排的内部控制无论在目标还是在内容构成上都远远超出了传统的内部控制制度，直接关注影响企业经营效率和效果的根本因素。

具体来讲，在公司治理层面有三类主体：股东、董事、管理层。股东是公司的所有者，应获得公司创造的经济价值，具体形式就是所持股票的增值和股利。[①]董事被认为是在代表股东的利益行事，他们的主要

---

① 当公司亏损时，股东也要遭受损失。

工作就是聘用、监督、评价和解雇公司管理层（OECD，2004）。公司的CEO等是公司的高级管理层，他们负责公司的日常运营。在公司所有权与控制权分离的情况下，在公司的这些利益相关者中，真正制定公司的重大决策、拥有最大权力并实际上控制着公司的在绝大多数情况下都是管理者。[①]在这样的情况下，如果股东不能有效地监督管理者的行为，管理者就可能会利用公司的经营活动和资产来满足个人的目的。所以，必须建立有效的公司治理控制体系来协调股东、董事和管理者之间的关系，实现有效的委托－代理。公司治理控制的目标就是确保董事会对公司的战略性指导、对管理层的有效监督，以及董事会对公司和股东的受托责任。公司治理控制是企业最根本的控制，是为股东和投资者服务的，是各方投资者实现对企业控制的有效工具，通过建立有效的"委托－代理"机制，保证企业投资人的利益能够得到企业内部代理人的有效维护，公司治理控制驾驭着管理控制。

2）企业管理控制——管理者视角

企业管理层关注的主要是战略和计划的有效实施、业务活动的有效进行以及经营目标的实现。因此，企业管理层所要建立的内部控制主要是通过建立、检查和改进有关管理政策和程序，有效控制企业战略和计划的实施以及业务活动的正常进行，不断提高企业的经营效率和效益，实现经营目标，取得预期的利润。

企业管理控制是企业内部控制的第二个层次，所涉及的主要是企业日常生产经营活动的控制与约束，它以经营权为基础。当企业设定了目标之后，就开始制订计划，向各部门分派任务，雇佣人员，对人员进行培训和激励。为了保证业务活动按照既定的计划进行，就需要监控组织的绩效，将实际的表现与预先设定的目标进行比较。如果出现任何显著的偏差，就采取措施使业务活动回到正确的轨道上来。因此，企业管理控制是管理层对企业生产经营中各种资源（包括物质资源和知识资源）的运用进行的约束、控制和激励，直接影响到企业资源的利用效率和效益，影响到企业利润目标的实现，也是企业管理层所关注和实施的内部

42

---

① 管理者能够实际控制企业是因为：（1）公众公司的投资者太多，日常经营无法进行集体决策，必须聘用经营者；（2）大多数股东都是消极的所有者，不愿参与公司经营活动。

控制。企业管理控制是指一般包括高级管理层、中层管理者、内部审计组织、一般员工、生产资源等实体之间的控制机制。企业管理控制直接面对的是企业的战术活动。从范围和内容上来看，企业管理控制包括财务报告内部控制。

作业控制是内部控制系统的第三个层次，它是以部门以及部门内部的职责分工为基础的，是企业员工与作业之间的一种控制关系。作业控制是企业内部控制系统最基础的部分，是最基层的控制。在企业中实际存在的操作方面的规章制度大多是这个层面上的控制。

3）财务报告内部控制——审计人员与监管者视角

如前所述，审计人员在改进审计方法的探索中，逐渐认识到企业内部控制在审计业务中的重要性。审计人员从财务审计的实际需要出发，首先提出了内部控制的概念，并从实践上升为理论。审计人员关注内部控制只是因为研究和评价被审计单位的内部控制有利于合理地确定审计测试的范围和审计程序，提高审计效率，节约审计成本；也可以均衡审计业务的工作量，避免审计业务过多地集中在年终。审计人员对内部控制的研究和认识自然而然地就局限在与财务报表审计有关的内容，而财务报表审计目标不过是对财务报表的合规性、公允性发表意见，所以对与财务报表审计关系不大的其他内容关注较少。

这一视角的内部控制不但满足了财务报表审计人员的需要，同时它也是许多政府监管部门对上市公司提出的基本要求，比如，美国的反海外腐败法、中国的会计法等都提出了建立内部会计控制的类似要求。比较典型的就是美国证券交易委员会（SEC）根据《萨班斯-奥克斯利法案》提出的财务报告内部控制，它是"由公司主要高级管理人员和主要财务负责人或履行类似职能人员设计或在其监督下，由公司董事会、管理层和其他人员实施的，为财务报表的可靠性和根据公认会计原则编制对外财务报表提供合理保证的一个过程"。从内容来看，财务报告内部控制主要包括适当详细的会计记录、财务报表合规、收支授权、资产授权等内容。这一视角的内部控制，我们将它界定为财务报告内部控制，主要是确保对外财务报告的可靠性。从内部控制的层级结构上看，它不是内部控制层级结构的组成部分，但它是一个值得重视和关注的视角，因为无论是注册会计师，还是监管者，都是从这个视角对内部控制提出要求的。尽管在评价这一层面的内部控制时也会考虑公司治理层面的内部控制和企业管理控制，但更多的是将公司治理层面的内部控制和企业管理控制作为既定的环境来考虑的，并没有将它们作为控制的实体内容。从内容上看，这一视角的内部控制制度也是最基本的内部控制，应当属于管理控制的一部分，但又受到公司治理层面控制很大影响。

4）企业内部控制——系统和整体效率角度

从企业整体效率的角度来看，内部控制关注的应当是企业的整体有效[1]，也就是企业这个契约集合的有效性。企业作为一个系统整体，参与这个系统整体的有股东、管理者、员工以及其他利益相关者，各方的投入是否有效以及是否得到了有效的回报：投资者投入资本，要获得收益；管理者进行管理活动，要获得回报；一般员工付出脑力和体力劳动，要获得回报；国家提供了有序的经营环境，要获得回报，企业要缴纳税费等。为了实现这个整体有效，企业内部控制不但要实现管理有效（即管理层有效利用企业的所有资源），实现操作有效（即一般员工有效从事具体业务的操作），更要实现治理有效（即公司治理控制要确保管理层能有效地进行管理活动）。管理有效、操作有效、治理有效三者之间存在有序的逻辑关系，没有管理有效，就没有操作有效，而没有治理有效，就不会有管理有效。从这个意义上讲，审计人员视角的内部控制更多地关注了与财务报告有关的各项操作的有效性，管理者视角的内部控制更多地关注了管理的有效性，股东和投资者视角的内部控制更多地关注公司治理的有效性。

因此，企业整体效率角度的内部控制在范围上包括公司治理层面的控制和管理控制，其有效性取决于公司治理层面控制的有效性和管理控制的有效性。公司治理层面控制的有效性和管理控制的有效性存在着严格的逻辑关系：一方面，如果公司治理层面的控制无效，则管理控制一般不会有效，也就是说管理控制有效的前提是公司治理层面的控制有效；另一方面，如果公司治理层面的控制有效，从长期来看，公司的管

---

① 有效包括两个方面的含义：一是效率，即投入和产出的相对关系；二是效果，即实现预定目标。

理控制也是有效的。所以，从动力学的角度来说，公司治理层面的控制提供了整个企业内部控制的动力，如果公司治理层面的控制有效，那么，自然就把控制的压力和动力推向管理控制，实现管理控制的有效。所以，企业内部控制的整体有效必然表现为公司治理层面的控制与公司的管理控制的同时有效。

由于上层的公司治理控制往往与企业的长期利益和长远发展相联系，因而公司治理控制相对来说更加重要，如果上层的控制不恰当，那它将直接影响到管理控制的效果和效率。正如中国的现实所示，上层公司治理层面控制的不完善最终导致了下层企业管理控制的低效和薄弱，引发企业的低效率和亏损。公司治理层面控制和企业管理控制都是一个企业正常运作和发展不可缺少的控制机制，无论哪一个方面出现问题，企业的目标都很难实现，二者是不可分割的。

从系统和整体效率角度明确界定内部控制的范围、性质，并建立不同层次和视角内部控制的概念体系，一方面，可以很好地解决理论和实践在现实中存在的混乱，使不同层次和视角的内部控制研究人员可以根据自己的需要，在一个母体框架下深入研究内部控制的本质，又可以结合本领域的特点和需要进行有针对性的研究，构建适合各自实际需要的内部控制体系。这样既能避免概念和术语上的混乱，形成体系，相互协调，融为一体，又能促进内部控制理论与实践的发展。另一方面，可以为完善企业内部控制提供明确的思路。企业在完善或评价内部控制体系时，首先，应当考虑的是公司治理层面的控制，因为它是整个内部控制体系的最高层，是内部控制的动力来源，它决定着管理控制的有效性，从而也决定着财务报告内部控制的有效性。其次，考虑管理控制的有效性，其中也包括考虑财务报告内部控制的有效性。最后，从企业整体效率的角度考虑企业内部控制整体的有效性。

内部控制的概念体系以及各层次和视角内部控制之间的关系如图2-2所示。

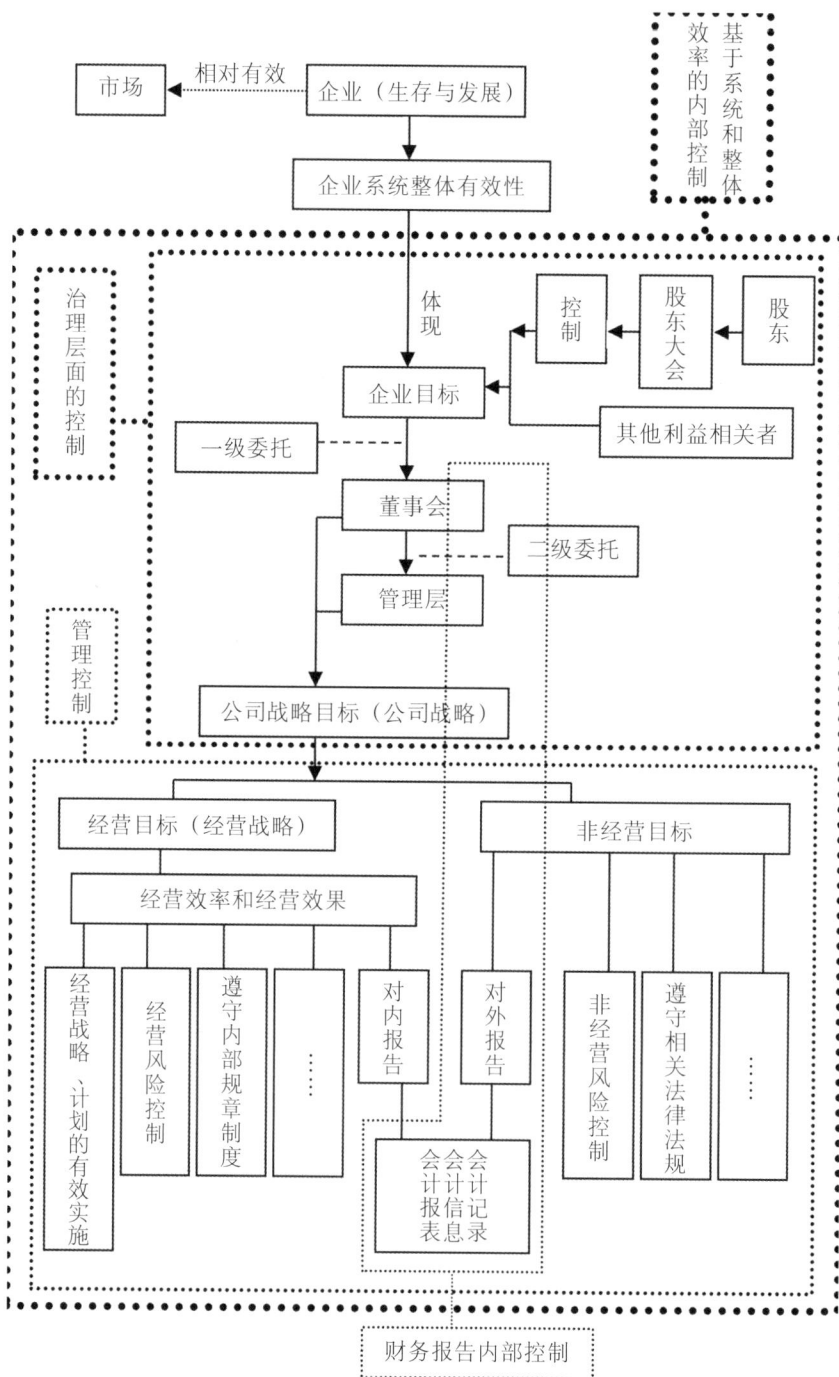

图2-2　企业内部控制的概念体系以及各层次和视角内部控制之间的关系

2.4 ━━━━━━ 公司治理与企业内部控制 ━━━━━━

公司治理，是近20年来西方公司金融（财务）研究领域中最为繁荣的方向，也是近20年来公司经营管理中日益突出的问题。对公司治理问题的关注是与证券市场和经济的发展紧密联系在一起的。证券市场的存在促成了三个前提条件的产生：一是公司可以通过证券市场筹集到所需要的投资资本；二是经济规模的发展使得公司对资本的需求超过了个人或小规模团体所拥有的资源或风险偏好；三是公司可以出售小额的所有权或把借入的资金分成小额的借据来筹集到巨额的资本。而上述三个前提条件的满足最终的结果就是促成了公众公司（Public Company）的出现。公众公司直接带来的一个后果就是，在日常的公司经营中，外部投资者变成了"缺席的所有者"，他们把公司日常的经营交付给了他们的代理者——一个执行管理团队。但是，由于双方所拥有信息的质量和数量上的不均衡和不对称，管理者可能会出于贪婪和自利的动机而错报企业的业绩和状况。因此，证券资本市场和企业经营管理专业化除了带来充足的资本和专业化的管理之外，也带来了代理问题，即由于经营者和所有者分离但二者的利益又不完全一致而对所有者造成损害的可能性。这个问题恰恰就是公司治理（Corporate Governance）所主要关注的问题。随着对公司治理问题关注的深入，也产生了大量的关于公司治理本质的定义。狭义上的定义将公司治理局限于公司及其股东之间的关系层面，"公司治理是某些程序的实施和执行，这些程序的目的是确保那些管理公司的人为了缺席的投资者的最大利益而恰当地利用他们的时间、才能和可利用的资源"。[①]而广义上的定义认为，可以将公司治理看作一张关系网，不仅是一家公司及其所有者（股东）之间的关系，还包括一家公司和其他广泛的利益相关者（如雇员、客户、供应商、债权人等）之间的关系，"公司治理是一种对公司内部和外部的制衡体系，以保证公司对其所有的利益相关者履行问责制，并且以

47

---

① 斯考森，格洛夫，普莱维特. 公司治理与证券交易委员会 [M]. 方红星，译. 大连：东北财经大学出版社，2006.

一种对社会负责的方式开展各地区的业务经营活动"。^①因此，无论是从哪个角度来定义公司治理，无论是狭义，还是广义，本质上都将公司治理定义为公司和利益相关者之间的关系问题，区别只是在于关注的利益相关者范围有大有小。

结合上述关于公司治理的论述以及前面关于内部控制演进的论述和评价，我们可以认为，在内部控制发展的初期，它与公司治理几乎是没有什么联系的，而且，尽管公司治理与内部控制都涉及公司这一实体，但无论是理论界，还是实务界，提出公司治理和提出内部控制的目的和关注点显然是不一样的，因为最初的内部控制更多的是对企业具体经营活动的控制和管理，所以，正如前面所述，在企业的最初阶段，管理与控制的含义几乎是相同的。

但是，注册会计师审计行业对内部控制的发展、公众公司制度的出现，逐渐改变了这种状况，公司治理与内部控制产生了一致性。就美国来说，美国注册会计师协会（AICPA）1953年提出的"内部控制"以及随后的"会计控制"和"管理控制"、1988年提出的"内部控制结构"等概念，主要涉及的是与财务报表相关的控制措施和程序，其根本的目的主要是为注册会计师的财务报表审计服务，为注册会计师提供一个确定审计重点、性质和范围的依据。尽管如此，财务报表的一端是企业及其管理层，另一端则是企业的股东等利益相关者，财务报表是典型的公众公司与其股东等利益相关者进行沟通的主要信息通道，这一点使得内部控制无论是与狭义的公司治理还是与广义的公司治理都产生了一定的联系，尽管在理论研究和实务操作中，内部控制与公司治理是两个独立的方向和学科。注册会计师在长期的财务报表审计实践中，也越来越认识到，内部控制与公司治理存在着密不可分的联系，所以，在"内部控制结构"和《内部控制——整合框架》中都提到了一个构成要素——控制环境。在COSO于2004年9月发布的《企业风险管理——整合框架》中提到了一个构成要素：内部环境。在COSO的《内部控制——整合框架》中，构成要素"控制环境"包括：诚信和道德价值观、胜任能力、董事会和审计委员会、管

---

① 吉尔·所罗门，阿瑞斯·所罗门. 公司治理与问责制［M］. 李维安，周建，译. 大连：东北财经大学出版社，2006.

理层的经营理念和经营风格、组织结构、权限和职责分配、人力资源政策和措施。在COSO的《企业风险管理——整合框架》中，构成要素"内部环境"包括：主体的风险管理理念、风险容量、董事会的监督、主体中人员的诚信、道德价值观和胜任能力、管理当局分配权力和职责、组织和开发其员工的方式。从中我们可以看出，无论是叫"控制环境"，还是叫"内部环境"，它们其实都是在考虑包括公司治理在内的基础环境的影响。

　　另外需要注意的一点就是，在注册会计师行业提出"内部控制""会计控制""管理控制""内部控制结构"的过程中，一直存在对内部控制的不同声音，尤其是企业的管理层、股东以及潜在的投资者，他们心目中的内部控制绝对不是注册会计师提出的这种概念和定位。这种冲突集中体现在COSO的《内部控制——整合框架》和《企业风险管理——整合框架》对目标的单个独立列示中。这些目标都是企业的利益相关者所希望和期待的，也就是说与公司治理是紧密相关的。一方面，通过这个目标列示，我们可以清楚地看到企业的利益相关者对内部控制需求和期望的显著差异；另一方面，整合框架的提出，又是理论界和实务界试图去整合各种需求，提供一个统一平台的努力。

49

2.5　——主体层面的控制与业务活动层面的控制——

　　从其整体架构来看，内部控制又可以分为主体（或企业）层面的控制和业务活动（或流程）层面的控制。业务活动层面的控制是指那些直接与销售、采购、融资、投资、生产、研发等某项具体业务活动相关的控制；主体层面的控制是指建立在主体范围内、与所有的业务活动不直接相关但又有重大影响、构成业务活动层面控制基础的控制。采用自上而下、风险基础的方法对内部控制进行评价和审计时，需要自上而下识别相关控制，即从主体层面识别相关控制，再从业务活动层面识别相关控制。从内部控制构成要素的角度来看，控制环境、风险评估、信息与沟通、监督四个要素基本都属于主体（或企业）层面的控制，而控制活动基本都是与业务活动和流程直接相关的，基本都属于业务活动（或流程）层面的控制。

在我国，根据《企业内部控制审计指引》，注册会计师测试企业层面控制，应当把握重要性原则，至少应当关注：与内部环境相关的控制；针对董事会、经理层凌驾于控制之上的风险而设计的控制；企业的风险评估过程；对内部信息传递和财务报告流程的控制；对控制有效性的内部监督和自我评价。注册会计师测试业务层面控制，应当把握重要性原则，结合企业实际、企业内部控制各项应用指引的要求和企业层面控制的测试情况，重点对企业生产经营活动中的重要业务与事项的控制进行测试。通常包括采购、销售、生产、仓储、研发、投资、筹资等业务活动。

2.6 ————宏观视角的企业内部控制————

内部控制理论由来已久，先后经过了内部牵制、内部控制制度、内部控制结构、内部控制整体框架等多个阶段，然而由于其研究主要是由审计人员和机构为了提高审计效率、明确注册会计师审计时评价内部控制的责任而进行的，不可避免地导致内部控制研究的片面性。内部控制从内容侧重点和形式上都被打上了审计专业或行业的烙印，被定义在与财务审计密切相关的"保证和防护政策、程序、过程"这样一个狭窄的范围内。因此，从宏观的视角，以系统论和契约经济学的观点可以更全面地理解内部控制的本质、内在逻辑、外部效应以及与资本市场的关系。

2.6.1 内部控制的表象与实质

从表象上来看，企业是一个为了达到一定目的，由许多相互关联的要素（各种子系统或分系统）组成，并依靠各个要素之间的相互联系、相互作用有机结合在一起的复杂的、耦合运行的人造经济系统。所以，要对企业实施有效的控制，必须从系统整体的角度来考虑问题，必须从企业整体的角度来定义和设计控制体系。因此，可以根据与企业（系统）相联系的紧密程度、对企业影响的大小，把联系紧密、影响较大的因素作为企业（系统）的构成要素，把联系不太紧密、影响较小的因素作为环境。把企业（系统）构成要素之间为了达到企业目标而相互作用、相互制约的机制定义为企业的内部控制；把环境对企业（系统）的影响称为企业的外部控制（也就是市场机制，主要包括产品市场、资本市场和劳动力市场等）。根据控制机理的差异，还可以把这个意义上的企业内部控制进一步分为企业治理控制和企业管理控制两个部分（或子系统）。这是我们通常看到的内部控制，可视为企业内部控制的表象。

从宏观的视角来看，企业实质上是一系列契约的组合，是个人之间交易产权的一种方式。就契约本身而言，企业与市场的区别主要在于契约的完备性程度不同。尽管绝对完备的契约几乎没有，但是相对而言，市场可以说是一种完备的契约，而企业则是一种不完备的契约。企业是一个不完备的契约就意味着，当不同类型的财产所有者（企业工人是一种特殊财产的所有者）作为参与人组成企业时，每个参与人在什么情况下干什么，得到什么，并没有明确的说明。虽然存在这样的缺陷，但是把交易从市场转移到企业内部可以减少交易成本，所以，企业的存在有其必然性，这种不完备性也就被视为取得减少交易成本的收益的一种代价或成本。为了在取得低交易成本收益的同时弥补企业契约的不完备性，就需要在企业内部存在一个控制机制，来弥补企业契约的不完备性，以保证企业的正常运作和发展。这是我们通常看不到的内部控制，可被视为企业内部控制的本质。

因此，从宏观的视角，打破传统内部控制的狭隘性，拓宽内部控制的内涵，由局部的会计控制、财务控制扩展到整个企业的资源管理控制，从而可以更系统、更全面地理解内部控制和构建内部控制，使内部控制更有效地发挥作用，避免过于狭隘和片面，影响其效果。一些企业的内部控制存在一些很"有趣的"问题，比如，内部控制的各种制度和措施非常齐全，却大量地存在会计信息严重失真、管理者贪污腐化、员工消极怠工等现象；注册会计师对企业内部控制进行测试，认为健全、有效后根据审计准则进行审计仍然要面临很大的审计风险等。这些现象之所以存在，一定程度上就是因为传统意义上的内部控制被局限在一个较小的范围内，其目标没有与企业的整体目标结合起来，从而导致不能从企业整体的角度构建内部控制，使得内部控制流于形式，有其形，无其质。

2.6.2 企业治理控制权分配的最优解和优化

1）企业治理控制权分配的最优解

从有效决策的角度来看，企业治理控制权分配的依据应当是知识和信息，从而它们之间的对应成为企业组织专业化生产的前提和基础。但从当前经济和法律制度来看，企业治理控制权分配最原始和最直接的依据是财产所有权（包括人力资本和非人力资本所有权），两个分配依据分别界定了企业治理控制权的法定拥有者和最有效率的拥有者。从现实来看，企业治理控制权分配的两种依据往往不一致，拥有财产所有权的人不具备知识和信息，而具备知识和信息的人往往又不具有财产所有权。所以，如何实现企业治理控制权与知识和信息的对应是提高企业效率所面临的重要问题。从博弈论的角度来看，我们面临两种选择：一种是财产所有者自己经营企业；另一种是把控制权交于具备知识和信息的人管理。在第一种选择下，财产所有者要承受两方面成本：学习管理知识的学习成本；经营不专业造成的损失，称为自理成本。在第二种选择下，财产所有者需要监督代理人，从而发生代理成本（主要指把控制权交于代理人发生的各种成本，如选择代理人和设计、实施适当的激励与控制制度的成本）。随着代理程度的提高（也就是财产所有者控制程度的降低），自理成本减小，而代理成本增大。此时，我们就需要寻找企业治理控制权分配的最优解。假定财产所有者是理性的，最终权衡比较的结果既不会是完全由所有者自己掌握控制权，也不会是由代理人完全掌握控制权，而是学习成本、自理成本和代理成本之和最小的一点，也就是企业控制权分配的最优解。所以，企业治理控制权，既不能完全分配给经营者，也不能完全分配给股东，最优解应当是二者之间的一种动态均衡。

我国国有企业的发展足以证明这一点。在计划经济条件下，国家统包一切，经营者自主权很小，国有企业长期处于一种"大锅饭"的状态，效率低下。随着经营者自主权越来越大，一些经营者开始利用国有企业大作自己"腰包"的文章，代理成本大幅上升；或者代理人选择低效，企业经营低效，信息严重失真，资产大量流失，走了两个极端。所以，财产所有者和经营者必须确实都能够行使一定的控制权，从而形成一种动态制衡，避免财产所有者和经营者是一家，董事会连"橡皮图章"（卢昌崇，1999）都不是。只有达到了企业治理控制权的最优分配，企业才能有效运作，实现股东利益、经营者利益以及国家和社会利益的最大化。

2）企业治理控制权分配的优化

在现代企业中，委托人拥有财务资本，企业经营决策人员拥有管理企业的知识和能力资本，工人拥有人力资本，企业是各种生产要素所有者为了自身利益的最大化而达成的一种契约。同时，由于企业是一个不完备的契约，它不能消除每个要素所有者行为所具有的外部性，个人价值最优化的选择一般不等于从企业整体角度考虑的价值最优化选择。人是经济人，具有经济理性，因此，要想实现整体价值的最优化，就必须尽可能地实现个体剩余索取权和剩余控制权的对应，并一起与特定生产要素的所有权相对应。企业治理控制权涉及生产经营和收入分配等问题的决策权，即"当一个信号被显示时，决定选择什么的权威"，它可以是明确规定的，也可能是暗含的，但一定是与决策最有关的。部分控制权可以在事前通过合同形式予以明确规定，而其余的控制权则只能说明个大概，其细节需要在执行过程中得到体现，或者说控制权的分配存在着不完备性。在企业治理控制权分配的最优解里，存在代理行为具有一定的必然性，或者说代理成本的存在是必然的，我们要做的是如何降低代理成本，从根本上提高经营效率。所以，最优的内部控制，应当能够提高企业经营效率和效果，实现"企业价值最大化"。而使一个企业价值最大化的内部控制应当能够使企业每个参与人行为的外部效应最小化。为了消除个体行为的外部性，在内部控制建设中也必须贯彻剩余索取权和剩余控制权相对应的原则，只有实现了这种对应，才会形成一种动态的内部制约机制，才能真正有效地起到控制的作用。

但是，剩余索取权和剩余控制权的对应并不等于改变产权，企业效益与产权的归属变化没有必然的联系，而与市场竞争程度有关，市场竞争越激烈，企业提高效率的努力程度就越高。所以，改变产权不等于企业的控制机制一定会向提高效益的方向转变，竞争才是企业内部控制机制向效益改善方向转变的根本保证条件，竞争会促使企业改善机制，提高效益。因此，要使企业改善自身控制机制，基本动力是引入竞争，而变动产权只是

53

改变机制的 种手段。改善激励机制对提高企业效益有很大的作用，而激励机制只有在竞争条件下才能发挥作用，才会驱动企业改善控制机制，提高效益。所以，优化内部控制，不但要实现剩余索取权和剩余控制权的对应，在企业内部建立和完善激励机制，还要有充分竞争的企业内外环境。在我国的一些国有企业中，恰恰就是这种严重的不对应，以及激励和竞争机制的缺乏，导致企业经营的低效率，甚至经营者贪污、腐化、侵吞国有资产等一系列严重问题。因此，把市场调节机制引入企业内部，建立有效的激励和竞争机制，积极培育良好的市场竞争环境，应当是我国国有企业内部控制建设努力的目标。

2.6.3 内部控制的外部效应及其内部化

从经济学的角度来看，内部控制具有一定的公共品性质。内部控制由企业来建设，所需的成本 1[①] 几乎完全由企业来承担，而社会几乎不需要再付出什么成本，建设的私人成本和社会成本是相等的。但内部控制建设的受益者却不仅仅是企业自身，还有审计人员、投资者和潜在的投资者、外部监管者等相关各方。所以，内部控制建设不仅会产生一定的私人收益（企业自身收益），而且会产生一定的正外部效应。一般来说，内部控制建设的社会收益大于私人收益。因此，从整个社会来看，内部控制建设的水平应当是社会边际成本等于社会边际收益的水平。但是，如果一个企业的某种活动可以增进社会福利但自己却得不到报酬，那么它的这种活动必然低于社会最优的水平。内部控制建设由企业承担全部成本，它服从的必然是企业个体的成本-效益原则，企业只可能将内部控制建设到企业边际成本等于企业边际收益的水平。也就是说，如果没有外部管制，那么企业私人收益大于社会收益的现实必然会导致企业内部控制建设水平低于社会福利最大化的水平。而且，单纯的竞争不能解决这种外部效应导致的市场失灵。

所以，最有效的方法是使外部效应内部化，采取有效的措施，使外部效应进入企业决策考虑的范围，与企业利益相联系，实现市场的自我调节。

---

① 如进行新的组织结构和作业流程设计、雇用更多的人员以及其他措施的各种成本等。

（1）对内部控制建设达不到一定水平或者因内部控制失效而造成社会损失的企业实施重罚，使企业产生不按社会收益原则建设内部控制的一种潜在成本，或者说按社会收益原则建设内部控制的一种潜在收益。

（2）倡导社会对内部控制建设较好的企业给予更大的信任，使内部控制建设较好的企业更容易从资本市场筹集到所需资本，更容易与其他企业进行经济业务的往来。

通过这两个措施以及其他相关的措施使企业的边际收益曲线右移，达到社会边际收益曲线，从而使内部控制建设水平上升，实现社会福利的最大化。

2.6.4 内部控制与资本市场

资本市场与企业的内部控制存在很紧密的联系。首先，资本市场直接影响着企业内部控制的利益趋向和控制中心选择。比如，在股市比较发达的英国和美国，企业资本大部分来自股市，从而70%以上的企业经理人认为股东的利益是第一位的；而在德国和日本，企业的资本主要来自银行和其他非金融机构，绝大多数的企业经理人则认为企业的存在是为所有的利益集团服务的。所以，在英美，内部控制的目标就是尽可能地使股东利益最大化，而日本、德国则强调为所有的利益相关者服务。而且，从20世纪80年代到90年代，美国资本市场各种机构投资者所占的比重越来越大，机构投资者对于经营不善的企业不再简单地采用"用脚投票"，开始向积极参与企业战略管理的方向演化，从而导致由经理人事实上执掌全权，不受监督的"管理人资本主义"向由投资人控制、监督管理层的"投资人资本主义"转化（梁能，2000）。

其次，企业内部控制对资本市场也会产生反作用。如果内部控制强调保护投资者的利益，就更能够促进资本市场的发育和发展，融资更加方便，更有利于企业的"新陈代谢"，从而推动经济发展，否则就会导致资本市场和经济的衰退。美国安然公司等由于内部控制薄弱，导致财务信息严重失真一系列事件的出现引发资本市场的动荡和投资者信心锐减便是一例很好的证明。资本市场影响着内部控制的结构和运作，而内部控制的好坏也能影响资本市场的发展，所以，从社会经济的持续发展和企业的长远利益来看，企业的内部控制应当重视保护投资者的利益，以形成企业内部控制和资本市场相互促进的良性循环。

总之，社会经济的发展和企业经营的不断变化要求我们打破传统内部控制理论的束缚，拓展内部控制的内涵，全面、系统地构建企业内部控制，提高内部控制对企业的价值。

有效的内部控制与内部控制的有效性及评价

按照监管的要求来评价和报告企业内部控制的有效性，需要清晰地界定和回答什么样的内部控制才是有效的内部控制、如何区分财务报告内部控制和非财务报告内部控制、如何确定内部控制评价的范围以及谁来组织内部控制的评价等一系列问题。

3.1 有效的内部控制

很多组织和机构（如COSO）通常是制定一个内部控制的概念框架来阐述一个有效内部控制体系应当具备的要素和内容。根据COSO《内部控制——整合框架》（2013），内部控制是一个由主体的董事会、管理层和其他人员实施的，用来为经营、报告、合规等相关目标的实现提供合理保证的过程。有效的内部控制系统为主体目标的实现提供合理保证，或者说把主体目标没有实现的风险降低到一个可以接受的水平。

3.1.1 有效内部控制的含义

有效的内部控制包括设计有效和运行有效两个方面。如果某项控制由拥有有效执行控制所需的授权和专业胜任能力的人员按规定的程序和要求执行，能够合理保证实现控制目标，从而有效地防止或发现并纠正可能导致财务报表发生重大错报的错误或舞弊，则表明该项控制的设计是有效的。如果某项控制正在按照设计运行、执行人员拥有执行控制所需的授权和专业胜任能力，能够合理保证实现控制目标，则表明该项控制的运行是有效的。

有效的内部控制系统为主体目标的实现提供的是合理保证，之所以是合理保证而不是绝对保证，是因为存在人们在决策过程中的判断可能有疏漏，建立内部控制需要考虑相关的成本和效益，个人的错误可能会导致故障的发生，控制可能会因为两个或多个人员的串通而被规避以及管理层凌驾于内部控制等固有局限。

有效的内部控制不是一个点，而是一个区间。众所周知，绝对保证是指100%的保证，有效的内部控制提供的既然是合理保证，就不是绝对的100%的保证，合理保证不同于绝对保证，美国《证券交易法》条款13（b）（7）把"合理保证"和"适当详细"定义为"这样一种详细水平和保证程度，它使谨慎的高级职员在处理他们自己的事务时感到满意"。虽然我们很难准确地确定合理保证具体是什么水平的保证，但是，可以确定的是在合理保证和绝对保证之间必然存在一个区间。所以，COSO对有效内部控制的这种界定只可能是界定了有效内部控制的一个下限，而不是上限。因此，有效的内部控制是指能够为内部控制目标的实现提供合理或者更高水平保证的内部控制，或者说，有效的内部控制不是一个点，而是一个判定区间[1]。这个区间的上限为1，即100%的绝对保证，下限不是一个确定的数值，取决于人的风险偏好和判断，设定为 P_0，这个区间就是 $[P_0, 1)$，如图3-1所示。

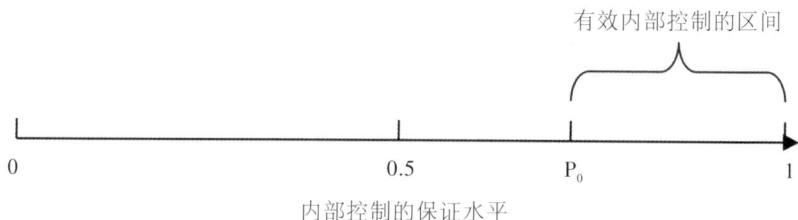

图3-1　有效内部控制的区间

---

[1] 陈汉文，张宜霞. 企业内部控制的有效性及其评价方法 [J]. 审计研究，2008（3）：48-54.

3.1.2 有效内部控制的条件

内部控制系统为主体目标的实现提供了合理保证，或者把主体目标没有实现的风险降低到一个可以接受的水平，这都意味着内部控制是有效的，根据COSO的观点，这要求：

1）五个构成要素的每一个要素及相关原则都存在并发挥作用

"存在"指的是，构成要素和相关原则存在于实现特定目标的内部控制系统的设计和运行中。"发挥作用"指的是，构成要素和相关原则持续存在于实现特定目标的内部控制系统的运行和实施中。

2）五个要素以整合的方式一起运行

"一起运行"指的是，所有五个要素共同把没有实现目标的风险降低到一个可以接受的水平。不应当分离地考虑构成要素，相反，它们作为一个整合的系统一起运行。构成要素相互依赖，要素之间有大量的相互影响和联系，尤其是原则以一定的方式在构成要素内和构成要素之间相互作用。

如果构成要素或相关原则的存在和发挥作用存在重要缺陷，或者以整合的方式一起运行的要素存在重要缺陷，这个组织就不能认为它已经满足了有效内部控制系统的必要条件。

从内部控制的设计与运行的角度来看，内部控制有效就必须同时满足设计有效和运行有效；从内部控制缺陷评估的角度来看，内部控制有效就必须是没有重大缺陷。

3.1.3 有效内部控制对不同目标的含义

由于不同内部控制目标的实现受到不同因素影响，所以，有效的内部控制对于不同的目标来说含义不同，合理保证的内容是不一样的。对于财务报告的可靠性、遵循相关法律法规两个目标来说，企业内部控制可以合理保证它们的实现，因为影响这两类目标实现的因素都处于企业的控制范围之内，并且取决于企业相关控制活动完成的好坏。但是，对于经营目标和战略目标来说，情况却不是这样。企业内部控制不能防止糟糕的判断或决策，也不能防止那些能够导致经营业务没有达到经营目标的外部事项的发生；也就是说，企业经营目标和战略目标的实现除了受到企业自身因素影响外，还要受到外部因素影响，影响因素并不总是处于企业的控制范围之内。所以，企业内部控制虽然能够提高管理层作出更好决策的可能性，但并不能合理保证这些目标的实现，除非这些外部不可控因素对相关目标不会有重大影响或者企业能够有效控制这些外部因素带来的风险，否则，有效的内部控制只能合理保证管理层以及起监督作用的董事会了解企业向着实现目标的方向前进的程度。因此，有效的内部控制，对于财务报告目标和合规目标来说，指的是能够合理保证财务报告的可靠性、遵循相关法律法规，而对于经营目标和战略目标来说，指的是能够合理保证管理层和董事会及时了解目标的实现程度或者说经营得到有效管理的程度。

正如COSO在其报告中指出的，如果一个内部控制系统被确定是有效的，高级管理层和董事会可以在以下方面获得合理保证：

（1）当外部事项被认为不可能对目标的实现有重要影响或组织能够合理预测外部事项的性质和时间并将其影响减轻到可以接受的水平时，组织可以实现有效果和有效率的（Effective and Efficient）运营；

（2）当外部事项可能对目标的实现有重要影响或组织不能够合理预测外部事项的性质和时间并将其影响减轻到可以接受的水平时，组织了解经营得到有效果和有效率的管理的程度；

（3）组织按照适用的规则、制度和准则或主体指定的报告目标编制报告；

（4）遵守适用的法律、法规、制度和外部准则。

3.2　内部控制的有效性

内部控制的有效性与有效的内部控制是两个不同的概念。从内部控制的本义来看，内部控制可以很好，能够为相关目标的实现提供合理保证，则这种内部控制可以被称为有效的内部控制或内部控制是有效的；内部控制也可以很差，只能为相关目标的实现提供非常低程度的保证或者提供不了任何保证。所以，内部控制的有效性可以理解为内部控制为相关目标的实现提供的保证程度或水平，其变动范围在理论上应当是从0到1，如图3-2所示。

内部控制有效性的变动范围

内部控制的保证水平

0　　　　　　　　　　　　　　　　　　　　　　　　　　　　　1

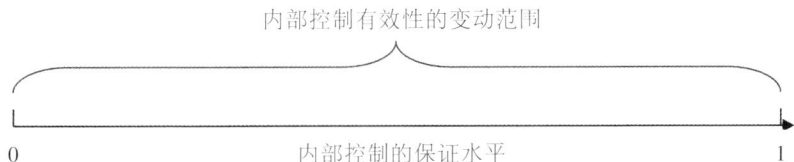

图3-2　内部控制有效性的变动范围

根据《企业内部控制评价指引》，内部控制评价，是指企业董事会或类似权力机构对内部控制的有效性进行全面评价、形成评价结论、出具评价报告的过程。虽然企业内部控制为相关目标的实现提供的保证水平或者说企业内部控制有效性的变动范围在理论上可以是（0，1），但从内部控制的本义来看，企业内部控制只能分为有效的企业内部控制和无效的企业内部控制，所以，企业内部控制有效性的整体评价也只能是有效和无效两个结果。如果划分出更多类别的评价结果，则割裂了内部控制的本义和风险管理的内涵。

从企业内部控制的本义来看，评价企业内部控制的有效性，实质上是评价企业内部控制为相关目标的实现提供的保证水平是否达到或超过合理保证的水平，或者说评价企业内部控制是否将相关目标实现的风险降低到一个适当的水平。如果内部控制为相关目标的实现提供的保证水平达到或超过合理保证的水平，则内部控制是有效的；如果内部控制为相关目标的实现提供的保证水平低于合理保证的水平，则内部控制是无效的。从风险管理的角度来看，评价企业内部控制的有效性，就是评价内部控制相关目标的风险在经过内部控制的作用之后是否已经降低到一个可以接受的水平，如果已经降低到一个可以接受的水平，则内部控制是有效的，反之，则内部控制是无效的。

因此，评价企业内部控制的有效性就演变为评估企业内部控制整体上为相关目标的实现提供的保证水平或者把相关目标实现的风险降低到的水平。如果经评估认为企业内部控制为相关目标的实现提供的保证水平达到或者超过合理保证的水平，落入了有效内部控制的区间内，它就是有效的；如果提供的保证水平低于合理保证的水平，它就是无效的，如图3-3所示。

有效内部控制的区间

内部控制保证水平的变动范围

合理保证的水平

0　　　　　　　　0.5　　　P₀　　　　1

无效的内部控制

有效的内部控制

有效的内部控制

内部控制的实际保证水平

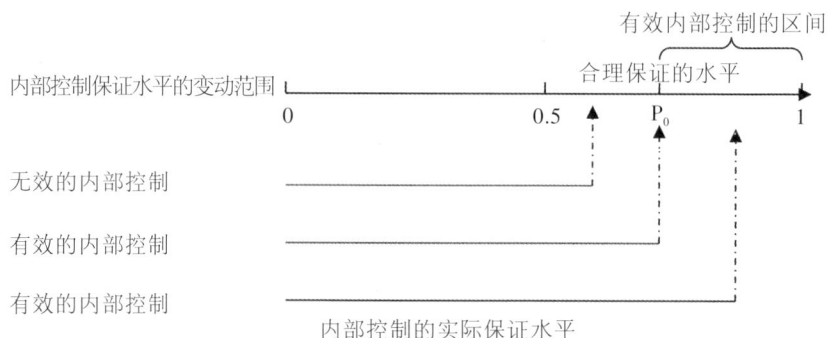

图3-3　有效的内部控制与无效的内部控制

　　内部控制的有效性又可以进一步分为设计有效性和运行有效性，所以，评价内部控制的有效性需要评价它的设计有效性和运行有效性。

　　此外，从风险管理与内部控制的性质来看，内部控制的有效性是某一个时点内部控制应对风险的状态，是一个时点的概念，所以，监管要求的内部控制审计与内部控制评价大多是评价内部控制在某一基准日的有效性。但从实务需求来看，人们又希望评估内部控制在一个期间内的有效性，比如，注册会计师在财务报表审计中测试和评估内部控制是希望基于内部控制在整个会计期间的有效性完成重大错报风险的识别和评估。而内部控制的时点有效性与期间有效性又不是完全等同的概念，评价内部控制在某个时点和某个期间是否有效既有区别又有联系。从逻辑上来说，评价内部控制在某个时点是否有效并不能仅仅评价内部控制在这个时点的设计和运行的有效性，必须评价内部控制在一定期间的设计和运行的有效性；而期间有效的内部控制必须是在期间内的每个时点都有效的内部控制，评价内部控制在某个期间是否有效就意味着必须直接或间接评价期间内每个时点内部控制的有效性。

3.3　企业内部控制评价的范围

1）基于风险确定企业内部控制评价的范围

企业在确定内部控制评价的范围时，应当遵循全面性、重要性、客观性原则，关注重要业务单位、重大事项和高风险业务。

重要业务单位一般以资产、收入、利润等作为判定标准，通常包括总部、资产占合并资产总额比例较高的分公司和子公司、营业收入占合并营业收入比例较高的分公司和子公司，以及利润占合并利润比例较高的分公司和子公司等。

重大事项一般是指重大投资决策项目、兼并重组、资产调整、产权转让项目，期权、期货等金融衍生业务，融资、担保项目，重大的生产经营安排，重要设备和技术引进，采购大宗物资和购买服务，重大工程建设项目，年度预算内大额度资金调动和使用，以及其他大额度资金运作事项等。

高风险业务一般是指经过风险评估后确定为较高或高风险的业务，也包括特殊行业及特殊业务，国家法律、法规有特殊管制或监管要求的业务等。

2）基于目标和构成要素确定内部控制评价的范围

企业内部控制评价的范围从理论上可以根据内部控制的目标、构成要素或内容等不同的维度进行划分。根据企业内部控制的目标划分，可以把企业内部控制评价的范围分为战略、经营、报告、合规、资产保护目标的内部控制；根据企业内部控制的构成要素划分，可以把企业内部控制评价的范围划分为控制环境、风险评估、控制活动、信息与沟通、监督等；根据企业业务内容划分，可以把内部控制评价的范围分为销售、采购、生产、研发等。但从目前理论和实务的要求来看，企业内部控制的评价主要是评价企业内部控制整体的有效性，并不单一地判断某一个要素、某一项业务的内部控制是否有效，所以，根据企业内部控制的目标划分的内部控制评价的范围，或者说将为实现某一目标的内部控制作为评价的对象才是较为恰当的分类方式。

企业内部控制的不同相关目标，其侧重点不一样，影响因素不同，面临的风险也不同，尽管也存在某些控制同时可以应对多个目标的风险，但整体上所需要的控制手段或措施往往存在很大差异，因此，通常不会把不同目标的内部控制放在一起进行评价。从国际主要资本市场的要求来看，对上市公司内部控制评价的要求主要集中于财务报告内部控制，即与确保财务报告的可靠性有关的内部控制，而对于与经营效率和效果、合规以及战略目标相关的内部控制，大都没有提出强制性要求。

根据PCAOB的定义，财务报告内部控制是一个过程，它是由公司首席执行官和首席财务官或履行类似职能的人设计的或在其监督之下的，并由公司董事会、管理层和其他人员实施的，为财务报告的可靠性和按照公认会计原则编制对外财务报表提供合理保证，财务报告内部控制包括的政策和程序要：（1）与保持适当详尽、准确和公允反映公司资产的交易和处置的记录相关；（2）合理保证对交易进行了必要的记录以容许按照公认会计原则编制财务报表，以及公司的收入和支出只根据公司管理层和董事的授权进行；（3）合理保证防止或及时发现未经批准取得、使用或处置那些可能会对财务报表产生重要影响的公司资产。

根据中国证监会2014年4月发布的《上市公司实施企业内部控制规范体系监管问题解答》，财务报告内部控制，即与公司财务报告相关的内部控制，是由公司董事会、监事会、经理层及全体员工实施的旨在合理保证财务报告及相关信息真实、完整而设计和运行的内部控制，以及用于保护资产安全的内部控制中与财务报告可靠性目标相关的控制。公司财务报告内部控制以外的其他控制，为非财务报告内部控制。

3.4　企业内部控制评价的组织形式

内部控制评价是企业董事会或类似权力机构对内部控制的有效性进行全面评价、形成评价结论、出具评价报告的过程，也是企业内部涉及业务面广、专业性强的工作，包括日常检查评价和专项检查评价。

企业可以授权内部审计机构具体实施内部控制有效性的定期评价工作。由于内部审计机构在企业内部处于相对独立的地位，该机构的工作内容、性质和人员的业务专长与内部控制评价工作有着密切的关联，因此内部审计机构可以负责内部控制评价的具体实施工作。

企业也可以成立专门的内部控制机构，由内部控制机构负责组织协调内部控制的建立实施及日常管理工作，其工作直接向董事会或类似权力机构负责。企业的内部控制机构也可以组织实施内部控制评价工作。内部控制机构可以组织审计、财务、生产管理等专业人员，对内部控制全面或某一方面进行日常和专项检查评价，也可以对认定的重大风险进行专项监督，定期出具内部控制评价报告，报董事会或类似权力机构审核。

企业也可以根据自身特点，成立内部控制评价工作的非常设机构，比如，抽调内部审计、内部控制等相关机构的人员组成内部控制评价小组，具体组织实施内部控制评价工作。

此外，企业可以委托中介机构实施内部控制评价。

3.5 企业内部控制评价的形式

企业的内部控制随着时间的变化而变化，曾经有效的控制程序可能会变得不相关，控制活动可能会变得不太有效，或者不再被执行，因此，为了确保企业内部控制的持续有效运行，在企业内部控制框架中有一个负责评估内部控制运行质量的构成要素——监督，通过监督过程来确保内部控制系统的持续有效运行。监督主要以持续的监督活动和单独评价两种不同的方式或形式进行。此外，监管部门要求对上市公司的内部控制进行年度评价，企业的管理层或内部审计部门也会进行控制自我评估。这些不同形式的企业内部控制评价存在一定的区别，服务于不同的目的，但彼此之间也相互联系，有相同的地方。因此，在不同的企业以及同一企业的不同时段，企业内部控制评价往往会表现为不同的形式。为了实现有效的内部控制年度评估，这些评价形式应当进行整合，实现相互协调，与年度评价形成一体。

3.5.1 持续的监督活动

持续的监督活动发生在管理活动的正常进程中，它包括日常的管理和监督活动，以及员工在履行职责时所采取的检查内部控制执行质量的行为。与单独评价相比，持续的监督活动包含在企业日常的、反复发生的活动中。持续的监督活动被实时地执行，动态地应对环境的变化，并根植于企业之中。因此，它比单独评价更加有效，能够更迅速地识别问题。

在企业日常经营过程中，许多活动可以起到监督内部控制有效性的作用。这些活动源于日常的管理活动，一般包括偏差分析、不同来源信息的比较和处理意外事件。常见的持续的监督活动包括：

（1）在实施日常管理活动时，负责经营的管理层获取内部控制持续发挥职能的证据；

（2）与外部各方沟通，印证内部生成的信息或揭示的问题；

（3）适当的组织结构和监督活动，提供了对控制职能和识别控制缺陷的监督；

（4）把信息系统记录的数据与实物资产进行定期核对；

（5）内部和外部审计师定期提出加强内部控制的建议；

（6）培训讨论、规划会以及其他会议向管理层提供有关内部控制是否有效的重要反馈；

（7）定期地询问员工，要求员工明确说明是否理解并遵守了公司的行为规范。

持续的监督活动在监督日常内部控制活动的有效运行方面比较有效，它更适用于监督内部控制的有效性，不适用于评价内部控制系统的整体有效性并对有效性形成结论。但是，需要指出的是，持续的监督活动可以为年度内部控制有效性的评价提供支持证据，以提高评价的效率和成本效益。

3.5.2 单独评价

与持续的监督活动不同，单独评价是指对内部控制的有效性进行直接评价，是独立于控制活动之外而采取的定期评估行为。单独评价从评价主体上来分，又分为自我评价和外部单独评价。单独评价采用自我评价的形式，就是指负责某一单位或职责的人员或内部审计人员对内部控制、对他们控制自身活动的有效性进行定期评价。外部单独评价，通常是自愿或法规要求委托注册会计师对内部控制的有效性进行评价或审计，并独立地发表意见。单独评价如果与一定的期间相联系，就可以分为内部控制的年度单独评价、季度单独评价等。内部控制的年度单独评价指的就是目前上市公司每年对内部控制的有效性进行评价，并将评价结论以报告的形式与年度财务报告一起对外公布，简称为内部控制年度评价。与此相对，目前美国的SEC也要求上市公司的内部控制每年也要经过注册会计师的审计，注册会计师发表审计意见，以审计报告的形式与年度财务报告一起对外发布。概括来讲，这些评价形式都是一种单独评价，只是在评价的主体、时间或频率上有所不同。

评价内部控制的有效性本身是一个过程，尽管评价方法各有不同，但基本上都涉及两个方面：内部控制系统发挥其职能的方式（即内部控制的设计）；内部控制系统实际运行的方式（即内部控制的运行）。整个单独评价的过程主要包括三个步骤：

1）计划

计划主要是规定评价的目标和范围；确定一个具有管理该评价所需权力的主管人员；确定评价小组、辅助人员和主要业务单元联系人； 规定评价方法、时间表和实施步骤；就评价计划达成一致意见。

2）实施

实施主要是获得对业务单元或业务流程活动的了解；了解单元或流程的内部控制过程是如何设计运作的；应用一致同意的方法来评价风险管理过程；经过与公司内部审计标准的比较来分析结果，并在必要时采取后续措施；记录缺陷和被提议的纠正措施；与适当人员复核和验证调查结果。

3）报告和纠正措施

报告和纠正措施主要是与业务单元或过程的管理人员以及其他适当的管理人员复核结果；从业务单元或过程的管理人员处获得说明和纠正计划；把管理反馈写入最终的评价报告。

单独评价可以采用的评价程序主要包括询问、观察、检查、再执行等，可以采用的工具主要包括核对清单、问卷调查、流程图等。评价的范围和频率主要取决于对风险的评估和持续监督程序的有效性。

3.5.3 控制自我评估

控制自我评估（Control Self Assessment，CSA）是一种在西方发达国

67

家广泛使用的内部审计技术和工具，它是由管理层或业务人员直接参与的考察和评估内部控制效果的过程，它可以为管理层进行内部控制有效性的年度评价提供支持和证据。

1）控制自我评估的定义及特征

1987年，加拿大海湾资源有限公司的内部审计人员在进行常规内部控制审计前设计了一套新方法，他们召集由员工和经理组成的各个小组出席了为期一天的围绕内部控制的专题讨论会，会上各小组畅所欲言，对于与他们日常工作直接相关的各项内部控制问题进行了讨论、评价，并提出了改进建议。这一方法就被称为控制自我评估。控制自我评估方法的应用带来了意想不到的结果：内部审计由此提高了审计效率；参与控制自我评估的人员由此受到了内部控制方面的教育；内部控制的改进措施由此得到了人们的积极回应；组织管理层对内部控制的了解则更为清晰、深入和及时。

20世纪90年代中期，控制自我评估方法已成为许多企业内部审计实务的一部分，在国际内部审计师协会2002年的调查中，控制自我评估被列作"当前内部审计最佳实务"中的第二位，在"未来将愈加重要的实务"中排名第一。同时，这种方法的应用已从内部审计扩展至其他领域，组织管理层以此为基础发展出风险自我评估、道德自我评估、管理自我评估等新的管理工具。控制自我评估跨出了内部审计领域，成为一种新型的管理工具。

控制自我评估的显著特征是"自我"，即评估内部控制的主体是内部控制的"主人"——对内部控制的制定和执行负有责任的管理人员。现代内部控制的范围越来越广，变革的步伐也不断加大，要对内部控制作出相对准确的评价，要求执行此项任务的人员应具备各类知识和专业技术，因此，控制自我评估由对内部控制制度的制定和执行负有责任的管理人员进行，可以提供更多有价值的信息。

2）控制自我评估的内容

控制自我评估的对象是内部控制，这是个很大的范围，包含很多方面。控制自我评估，既可以针对某个职能部门具体控制措施进行，也可以针对整个组织范围的控制环境因素进行。在此之外，控制自我评估还可以延伸到更大的范围，例如风险的识别分析、流程的简化与设计等。在一般情况下，控制自我评估的主要内容包括：确定组织整体或职能部门的目标，识别其主要风险；评估组织内部控制的适当性、合法性及有效性；确认内部控制重要缺陷或存在严重风险的业务环节；评估组织非正式的控制及其有效性；评估组织的业务流程及其运作效率；对控制自我评估中发现的问题提出改进建议。

3）控制自我评估的程序

控制自我评估在实务中的应用一般按照以下程序进行：计划—沟通—执行—反馈。

（1）计划

控制自我评估法的应用需要有详细的预先计划，这一计划的内容包括：评估的主题、内容、采用的方法及形式、参与的对象、控制自我评估的时间和地点等。管理层自身进行具体的控制自我评估时，内部审计人员可根据管理的需要、法规的要求等帮助管理层确认评估主题和内容，然后根据控制自我评估的主题、内容，结合组织行业特性、组织文化、管理风格、员工素质等灵活选用适当的方法，确定参与的对象，并选择适当时间及地点作出完整的控制自我评估计划，其内容涉及：需要管理人员讨论并作出判断的具体问题清单、评估的时间及地点安排、评估过程的步骤和程序及相应花费的时间、详细的参与对象名单、评估过程中需要配备的设施等。计划是否充分、适当是控制自我评估成败的关键因素。

（2）沟通

在控制自我评估开始之前，控制自我评估的组织者或内部审计人员应当积极与参与评估的相关管理人员进行沟通和交流，以便参与者了解控制自我评估的目的、内容及程序。如果这些管理人员从未参与过控制自我评估，则事前的沟通就尤为重要。事前沟通可以让参与人员消除顾虑，有助于营造轻松、坦诚的氛围，从而推动未来的控制自我评估的顺利进行，促进其效果的提高。必要时，可在组织第一次实施控制自我评估前进行比较长时间的宣传、推介，甚至需要对参与人员进行适当的培训。

（3）执行

在控制自我评估的过程中，组织者应当按照计划召集相关管理人员进行评估，并组织好全过程。如果采用专题讨论会方法，则组织者应当制定会议议程，分发给与会人员，组织者在会议中应承担好三种职责：主持人、协调人、记录人。会议的主持人在会议开始时需要简要介绍此次会议的议程，并就控制自我评估的目的、内容、程序向与会人员做简要说明，主持人需要营造较为轻松、坦诚、开放的氛围，鼓励与会者畅所欲言。简要介绍后，专题讨论开始，此时组织者应当充当听众及记录员，耐心聆听并记录所有参与人员的讨论，不应对任何发言进行评论或限制，以充分激发管理人员的思考。在讨论过程中，如果出现严重跑题或由于观点的不同有冲突的倾向时，组织者应当出面协调，避免造成不愉快、影响会议氛围。在这个过程中，如果是内部审计机构组织的控制自我评估，那么主持人、协调人及记录人就应当由内部审计人员担任。如果管理层自行组织进行控制自我评估，内部审计人员应当凭借他们在控制方面的知识与控制自我评估方法方面的熟练技能协助管理层开展，并根据管理层的需要承担相应职责。

（4）反馈

控制自我评估结束后的反馈是很重要的一项程序。记录人员应当将控制自我评估过程中相关管理人员对内部控制的意见、建议以及评估结论等记录于工作底稿中。为及时收集信息，在专题讨论会上还可以采取电子投票等方式及时汇总专题讨论会上的投票情况及讨论意见。有些企业根据该实时的结果再次展开下一步的、有针对性的讨论，再次表决形成结果。讨论会后根据这些汇总的意见，内部审计人员可以提出有针对性的内部控制改进措施，编制控制自我评估报告，并及时反馈给参与内部控制评估的相关管理人员。必要时，也可提交给董事会或最高管理层，以便他们及时采取有效措施改善经营活动和内部控制。

4）控制自我评估的主要方法

控制自我评估主要有三种方法：专题讨论会法、问卷调查法和管理分析法。从方法应用的效果上看，专题讨论会法是最好的，最能够达到目的，但是要成功应用该法，所花费的成本和可能会遇到的困难也是最大的。三种方法的选择主要应依据行业特性、组织文化、管理风格、员工素质等进行，专题讨论会法对这些方面的要求最高。

（1）专题讨论会法

应用专题讨论会法时，组织文化应当具备鼓励员工坦诚进行开放式交流的氛围。如果组织中没有这样的氛围，那么专题讨论会由于参与者的顾虑或随大流的心态而失去广泛收集意见的意义，得出的评估结果也没有太大价值。应用专题讨论会法，同时也要求组织的管理风格是注重民主意见型的，如果组织过于强调权威，那么这种方法也会失效。另外，专题讨论会法对参与人员的素质要求是比较高的，要求参与人员能够充分熟悉自己所在岗位的经营活动及内部控制，并具备思考、分析以及表达能力。因此，在选择专题讨论会法前必须充分考虑这些条件和因素是否具备。

采用专题讨论会法时，还必须考虑其形式。一般有四种情况：分别以目标、风险、控制及流程为基础展开讨论。这四种形式与控制自我评估的主要内容是相对应的，具体采用何种形式需要根据控制自我评估的主题与目的来选择。以目标为基础的形式围绕实现目标的最佳方式展开讨论，并评价现有内部控制是否能促进组织目标的实现，这种形式一般用于对新领域、新部门、新业务的评估，例如，对新建立的事业部进行以目标为基础的控制自我评估。以风险为基础的形式强调对影响目标实现的各种风险进行识别，并确定现有风险管理过程是否适当、有效，这种形式也叫风险自我评估，通常在风险管理中的风险识别步骤使用。这种风险识别可以针对整个组织层面的风险，也可仅针对某个职能部门、某项业务，甚至是某个岗位。以控制为基础的形式，是对现有内部控制的运行情况进行讨论，评估其有效性，这是目前比较常用的控制自我评估形式，这种形式可以为管理层评估内部控制提供信息，也可以为内部控制审计提供有用信息。以流程为基础的形式，是对组织业务流程的各个环节进行讨论和分析，以提出改善或简化流程的建议。为提高组织的核心竞争力，根据企业再造理论，需要重新审视流程，进行彻底变革。这种形式的控制自我评估对于组织的流程再造过程有很大的帮助。

（2）问卷调查法

问卷调查法是指就内部控制的特定方面或过程以书面问卷的形式向组织的相关管理人员收集意见的一种方法。相比专题讨论会法，问卷调查法更能在节约时间和成本的基础上收集到管理人员对内部控制的意见等相关有用信息。为确保控制自我评估取得好的效果，采用问卷调查法时同样也需要进行事先的计划、沟通以及事后的反馈。事先计划的关键在于调查问卷的设计，要确保其科学合理性，必要的沟通能够促使管理人员以认真的态度对待问卷，确保问卷结果能切实反映管理人员对内部控制的看法，问卷结果汇总并整理之后，同样需要将结果以及对内部控制的改进建议反馈给相关人员。问卷调查法存在的局限性主要在于：评估的内部控制会受限于问题的设计；问卷结果的可靠性很有可能会由于管理人员填写时的敷衍态度而打折扣；各分公司或职能部门的负责人会隐瞒现有的内部控制问题。

（3）管理分析法

管理分析法是指内部审计人员就内部控制的特定方面或过程向相关管理人员收集信息，并将这些信息与其他来源的信息一起进行综合分析的一种方法。在应用管理分析法时，一般的做法是：内部审计人员通过询问、面谈等方式向管理人员收集与内部控制评估相关的信息，将这些信息与内部审计人员通过观察、检查书面文件等方式得到的信息放到一起，进行综合分析。这种方法介于传统的内部控制审计与完全以管理人员为主体的专题讨论会两种方法之间，也是一种比较节约成本的控制自我评估方法。但相对于专题讨论会法而言，应用管理分析法时，管理人员显得比较被动和消极，因此，应用管理分析法无法提供太多的有用信息，特别是内部审计人员意料之外的有价值的信息。

如果组织文化不太适合进行开放式的集体讨论，员工不具备能够参与专题讨论会并在认真思考的基础上发表意见的素质，那么内部审计人员在考虑控制自我评估方法时就只适合采用问卷调查法和管理分析法这两种。但是，只有专题讨论会法才能最大限度发挥控制自我评估的优点，专题讨论会法也是内部审计实务发展的趋势。

5）控制自我评估的时间

应当根据组织特点及内部控制审计的需要适当应用控制自我评估法，一般每季度进行一次，以便对内部控制进行持续的监督。

企业内部控制缺陷的识别与评估

企业内部控制评价的首要工作就是有效地识别内部控制的缺陷并准确评估控制缺陷的严重性。

4.1 企业内部控制缺陷的识别

1）企业内部控制缺陷的内涵

COSO 认为，企业内部控制缺陷是指与一个或多个企业内部控制要素和原则相关，可能会导致企业偏离控制目标的缺陷。

根据 PCAOB 第 2201 号审计准则，如果一项控制的设计或运行没有使管理层或员工在行使所赋职责的正常过程中及时防止或发现错报，就表明存在一项财务报告内部控制缺陷。

对于经营、合规等非财务报告目标的内部控制来说，如果一项控制的设计或者运行没有使管理层或员工在行使所赋职责的正常过程中及时防止或发现经营、合规等非财务报告目标的偏离，就表明存在一项非财务报告内部控制缺陷。

2）设计缺陷与运行缺陷及识别

企业可以通过许多渠道来识别内部控制的缺陷，比如企业的监督活动、内部控制的其他要素以及外部第三方等，它们均可以对要素和相关原则的存在及持续运行提供信息和建议。

企业也可以通过多种方法来了解内部控制设计和运行的情况，从而识别控制缺陷。根据《企业内部控制评价指引》第十五条，内部控制评价工作组应当对被评价单位进行现场测试，综合运用个别访谈、调查问卷、专题讨论、穿行测试、实地查验、抽样和比较分析等方法，充分收集被评价单位内部控制设计和运行是否有效的证据，按照评价的具体内容，如实填写评价工作底稿，研究分析内部控制缺陷。

从控制缺陷的形成原因来识别控制缺陷是最有效的方式。从控制缺陷的形成原因来看，控制缺陷可以分为设计缺陷和运行缺陷。

PCAOB第2201号审计准则对设计缺陷和运行缺陷进行了定义。如果实现控制目标所必需的一项控制缺失，或现有的一项控制设计不当，以至于即使该项控制按照设计运行也不会实现控制目标，就表明存在一项设计缺陷。如果一项设计适当的控制没有按照设计运行，或实施该项控制的人员不具备有效实施该项控制所必需的权力或能力，就表明存在一项运行缺陷。

中国注册会计师协会制定发布的《企业内部控制审计指引实施意见》也指出，设计缺陷是指缺少为实现控制目标所必需的控制，或现有控制设计不适当、即使正常运行也难以实现预期的控制目标。运行缺陷是指现存设计适当的控制没有按设计意图运行，或执行人员没有获得必要授权或缺乏胜任能力，无法有效地实施内部控制。

4.2 企业内部控制缺陷的评估

企业内部控制缺陷的评估，就是对识别出的控制缺陷的严重性进行综合评估，判断是否构成重大缺陷，从而进一步确定内部控制是否有效。

1）控制缺陷的评估

根据《企业内部控制评价指引》，企业对内部控制缺陷的认定，应当以日常监督和专项监督为基础，结合年度内部控制评价，由内部控制评价部门进行综合分析后提出认定意见，按照规定的权限和程序进行审核后予以最终认定。

　　查找并纠正企业内部控制设计和运行中的缺陷，是开展企业内部控制评价的一项重要工作，是不断完善企业内部控制的重要手段。但由于企业所处行业、经营规模、发展阶段、风险偏好等存在差异，在理论上并不存在通用的内部控制缺陷具体认定标准，COSO 的内部控制框架、我国的《企业内部控制基本规范》及其配套指引也没有进行统一规定。企业可以根据内部控制框架、《企业内部控制基本规范》及其配套指引，结合企业规模、行业特征、风险水平等因素，研究确定适合本企业的内部控制重大缺陷、重要缺陷和一般缺陷的具体认定标准。企业应当从定性和定量的角度综合考虑确定内部控制缺陷标准，并保持相对稳定。

　　2）重大缺陷、重要缺陷和一般缺陷

　　从控制缺陷的严重性来看，控制缺陷可以分为重大缺陷、重要缺陷和一般缺陷。

　　COSO 认为，一项或多项内部控制缺陷的组合，可能会导致企业严重偏离控制目标，则这类缺陷被称为重大缺陷。重大缺陷是内部控制缺陷的子集，一项重大缺陷也一定是一项内部控制缺陷。如果管理层确定某个内部控制要素和一个或多个相关原则不存在且未持续运行，或相关要素未共同运行，那么内部控制体系一定存在一项重大缺陷。若存在一项重大缺陷，企业就不能得出它已满足有效内部控制体系所有要求的结论。

　　《企业内部控制评价指引》按照影响程度的大小把内部控制缺陷分为重大缺陷、重要缺陷和一般缺陷三类。重大缺陷，是指一个或多个控制缺陷的组合，可能导致企业严重偏离控制目标。重要缺陷，是指一个或多个控制缺陷的组合，其严重程度和经济后果低于重大缺陷，但仍有可能导致企业偏离控制目标。一般缺陷，是指除重大缺陷、重要缺陷之外的其他缺陷。重大缺陷、重要缺陷和一般缺陷的具体认定标准，由企业根据上述要求自行确定。

　　3）财务报告内部控制缺陷

　　根据 PCAOB 第 2201 号审计准则，财务报告内部控制重大缺陷，指的是财务报告内部控制的一个缺陷或多个缺陷的联合，导致公司年度或中期财务报表的一个重大错报没有被及时防止或发现存在相当的可能性

（Reasonable Possibility）。财务报告内部控制重要缺陷，指的是一个财务报告内部控制缺陷或多个财务报告内部控制缺陷的联合，它在严重性上小于重大缺陷，但其重要程度足以值得那些负责监督公司财务报告的人注意。

中国注册会计师协会制定发布的《企业内部控制审计指引实施意见》也对财务报告内部控制的重大缺陷、重要缺陷和一般缺陷进行了规定。重大缺陷是内部控制中存在的、可能导致不能及时防止或发现并纠正财务报表出现重大错报的一项控制缺陷或多项控制缺陷的组合。重要缺陷是内部控制中存在的、其严重程度不如重大缺陷但足以引起负责监督被审计单位财务报告的人员（如审计委员会或类似机构）关注的一项控制缺陷或多项控制缺陷的组合。一般缺陷是内部控制中存在的、除重大缺陷和重要缺陷之外的控制缺陷。

根据控制缺陷的严重性把控制缺陷无论是分为两类还是分为三类，从风险评估的一般概念来看，其判断的依据主要是两个方面：控制缺陷导致的潜在后果和潜在后果发生的可能性。也就是说，对于识别出的缺陷，需要综合考虑控制缺陷导致的潜在后果的大小和潜在后果发生的可能性来评估控制缺陷的严重性，判断是否构成了重大缺陷，进而确定内部控制是否有效。由于被评价企业的规模、风险偏好或容忍度等存在差异，因此，需要根据企业的实际情况来确定潜在后果和发生概率的分界线或阈值。如图4-1所示，横轴表示潜在后果的大小，纵轴表示潜在后果发生的概率，需要根据企业的实际情况确定 P_0 和 M_0 以及 P_1 和 M_1。一般来说，对控制缺陷的评估结果落入区域1的为重大缺陷，落入区域2的为重要缺陷，落入区域3的为一般缺陷。如果考虑到等效用的情况，则落入区域4和区域5的也为重大缺陷。

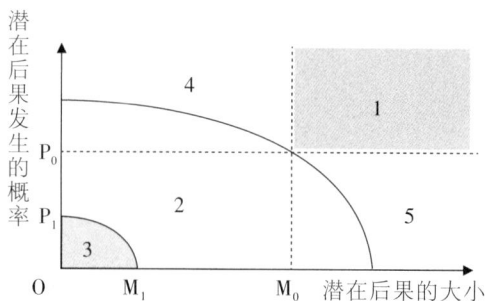

图4-1　控制缺陷严重性的评估

4.3 ——————财务报告内部控制缺陷的评估——————

1）财务报告内部控制缺陷严重性的评估内容

评估财务报告内部控制缺陷的严重性主要从两个方面进行：

（1）内部控制没有防止或发现财务报表要素或其组成部分发生潜在错报的可能性；（2）内部控制缺陷导致的潜在错报的影响大小。

这种评估基于事前判断和风险，并不是基于事后的实际结果，所以，财务报告内部控制缺陷的严重性并不取决于错报是否已经实际发生，而是取决于公司的财务报告内部控制未能防止或及时发现错报是否存在一定的可能性以及潜在错报影响的大小。

从两个方面评估财务报告内部控制缺陷的严重性，目的在于确定识别出的财务报告内部控制缺陷是否构成了重大缺陷、重要缺陷和一般缺陷。如图4-2所示，横轴表示潜在错报影响的大小，纵轴表示潜在错报发生的概率，需要根据企业的实际情况确定 P_0 和 M_L 以及 P_1 和 M_1。一般来说，对控制缺陷的评估结果落入区域1的为财务报告内部控制重大缺陷，落入区域2的为财务报告内部控制重要缺陷，落入区域3的为财务报告内部控制一般缺陷。如果考虑到等效用的情况，则落入区域4和区域5的也为财务报告内部控制重大缺陷。

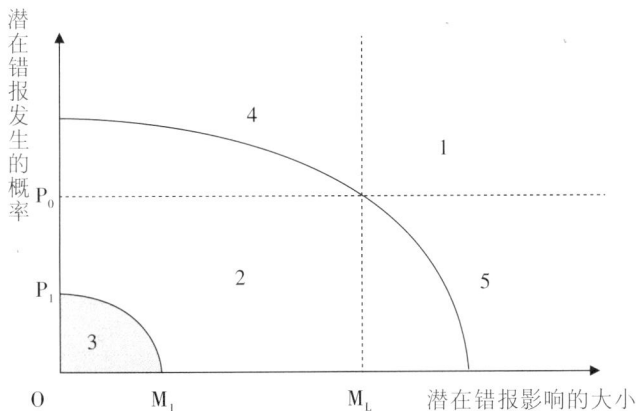

图4-2　财务报告内部控制缺陷严重性的评估

2）潜在错报影响的大小的评估

鉴于控制缺陷按照严重性分为重大缺陷、重要缺陷和一般缺陷，评估潜在错报的影响的大小就转化为评估潜在错报是重大错报，还是值得关注，或者可以忽略不计。这可以参照财务报表审计中以重要性水平为标准对错报的严重性进行评估的方法，如果潜在错报超过了重要性水平，则潜在错报就是重大的，反之，则潜在错报就不是重大的。重要性水平的确定既要考虑定量因素，也要考虑定性因素，所以，潜在错报影响的大小的评估同样既要考虑定量因素（即潜在错报影响的大小），也要考虑定性因素（即潜在错报的性质）。但对于什么样的错报可以忽略不计，企业需要根据自身的实际情况作出判断和规定，并不存在统一的标准。

在评估一项控制缺陷或多项控制缺陷可能导致的错报的影响大小时，需要考虑多种影响因素。这些因素包括：（1）暴露于缺陷的财务报表数额或交易总额；（2）对于当期已发生或预计未来期间会出现的缺陷，暴露于该缺陷的账户余额或交易类别中所包含活动的数量。

此外，一个账户余额或交易总额可以被高估的最大数额是被记录的数额，而少报的数额可能更大。

3）发生潜在错报可能性的评估

同样，鉴于控制缺陷按照严重性分为重大缺陷、重要缺陷和一般缺陷，评估潜在错报发生的可能性就转化为评估潜在错报的发生是达到了相当可能（Reasonable Possibility，RP）的水平，还是值得关注的水平，或者可以忽略不计。

相当可能（RP）和可以忽略不计并没有一个具体的概率与之相对应，可以参考的标准如下：

（1）合理保证的概念

有效的内部控制要合理保证财务报告没有重大错报，而合理保证是高水平的保证，至少应当是90%的保证水平，所以，RP的上限在理论上为10%。

（2）极小可能

美国财务会计准则委员会（FASB）在其公告No.5中指出，"相当可能"是指未来某事项或某些事项发生的机会大于"极小可能"，但小于"很可能"。

加拿大特许会计师协会将可能性分为四个层次，"相当确定"对应95%～100%，"很可能"对应50%～95%，"有可能"对应5%～50%，"极小可能"对应0～5%。

中国《〈企业会计准则第13号——或有事项〉应用指南》指出，"基本确定"对应的概率区间"大于95%但小于100%"，"很可能"对应的概率区间"大于50%但小于或等于95%"，"可能"对应的概率区间"大于5%但小于或等于50%"，"极小可能"对应的概率区间"大于0但小于或等于5%"。

国际内部审计师协会（IIA）推荐的《索耶内部审计》一书把结果的可能性与对应的概率区间分为三段，"可能"对应50%～90%，"有可能"对应20%～50%，"低可能"对应0～15%。

美国人保罗·J.索贝尔所著的《审计人员风险管理指引——审计与企业风险管理的结合》把结果的可能性与相对应的概率分为5级，见表4-1。

表4-1　　　　　　　　　　结果可能性的等级划分

等级	可能性	描述	概率区间
1	从不	在特定的时期内不会发生	<5%
3	不可能	在特定的时期内不可能发生	<25%
5	可能	在特定的时期内可能发生	<50%
7	很可能	在特定的时期内多半会发生	>50%
9	确定	在特定时期内正在发生或几乎确定将要发生	>90%

保罗·J.索贝尔把风险容限也分为5级，见表4-2。

表4-2　　　　　　　　　　风险容限的等级划分

等级	可能性	描述	概率区间
1	很低	管理层不愿意接受超过微不足道的风险	<5%
3	低	管理层只愿意接受相对低水平的风险	<25%
5	中等	管理层愿意接受中等水平的风险	<50%
7	高	管理层愿意接受高水平的风险	>50%
9	非常高	管理层愿意接受非常高水平的风险	>90%

综合上述准则和惯例,"极小可能"对应的概率区间为(0,5%),那么,从成本效益的角度来看,RP的下限可以取5%,从而RP的取值范围为(5%,10%)。鉴于财务报告内部控制是为了合理保证对外的财务报告的可靠性,财务报告重大错报引发的后果并不是由企业自己承受,而是会导致外部的财务报告使用者作出错误的判断和决策,所以其风险容限应当较低才是适当的,因此,没有完全从企业自身的风险容限出发界定RP,而是基于合理保证的概念把RP的上限界定为10%也是合理的。

(3)影响潜在错报发生可能性的因素

多种因素会影响一个缺陷或缺陷的组合导致一个财务报告错报没有被及时防止或发现的概率。这些因素包括但不限于:

①相关财务报表要素的性质(例如,暂记账户和涉及较大风险的关联方交易)。

②相关资产或负债对损失或舞弊的敏感性(即较高的敏感性水平增加了风险)。

③确定相关数额所需判断的程度以及判断的主观性、复杂性(所需判断程度较高以及判断的主观性、复杂性较强,比如那些与会计估计相关的数额,增加了风险)。

④该项控制与其他控制的相互作用或关系,包括它们是否相互依赖或重叠。

⑤缺陷的相互作用(如果评价两个或多个缺陷的联合,这些缺陷是否能影响同一财务报表数额或披露)。

⑥该缺陷未来可能的后果。

在评价公司的控制没有及时防止或发现公司财务报表的一个重大错报的概率时,应当评价这些控制如何与其他控制相互作用。有一些控制是其他控制所依赖的,比如IT一般控制。有一些控制是作为一组控制一起发挥作用的。有一些控制是重叠的,一个以上的控制单独可以实现相同的目标。

4)重大缺陷的迹象

下列情形是表明财务报告内部控制存在重大缺陷的迹象:

(1)控制环境无效

表明公司的控制环境无效的情形包括但不限于:在高级管理层方面识别

出任何程度的舞弊；识别出重大缺陷，并且在某个适当期间之后尚没有处理；公司审计委员会对公司外部财务报告和财务报告内部控制的无效监督。

（2）财务报表的重述

以前发布的财务报表的重述反映了对一个重大错报的更正，包括由错误或舞弊引起的错报，它不包括为了遵守新的会计准则而对会计准则变化的追溯应用，也不包括自愿地从一条公认会计原则转变为另一条公认会计原则。

（3）审计师识别出了重大错报

审计师识别出了当期财务报表中的一个重大错报，而当期的情形表明公司的财务报告内部控制没有发现该项错报。

（4）监管遵循职能失效

对于高度监管行业的复杂主体来说，监管遵循职能无效。这只与无效监管遵循的那些方面有关，在这些方面，违反法律和法规会对财务报告的可靠性产生重要的影响。

4.4 ——企业内部控制缺陷的报告与整改——

根据《企业内部控制评价指引》，企业内部控制评价部门应当编制内部控制缺陷认定汇总表，结合日常监督和专项监督发现的内部控制缺陷及其持续改进情况，对内部控制缺陷及其成因、表现形式和影响程度进行综合分析和全面复核，提出认定意见，并以适当的形式向董事会、监事会或者经理层报告。重大缺陷应当由董事会予以最终认定。

对于设计缺陷，应从企业内部的管理制度入手查找原因，需要更新、调整、废止的制度要及时进行处理，并同时改进内部控制体系的设计，弥补设计缺陷的漏洞。对于运行缺陷，则应分析出现的原因，查清责任人，并有针对性地进行整改。

对于重大缺陷，应当由董事会予以最终认定，企业要及时采取应对策略，切实将风险控制在可承受度之内。对于重要缺陷和一般缺陷，企业应当及时采取措施，避免发生损失。对于因内部控制缺陷造成经济损失的，企业应当查明原因，追究相关部门和人员的责任。

企业内部控制评价的方法

出于不同的评价目的和需求以及理论逻辑，企业内部控制评价在实务中存在许多不同的做法，总体上分为定性评价方法和定量评价方法。

5.1 ——————内部控制评价方法的适当性——————

尽管不存在适合所有公司的内部控制评价方法，每一个公司的管理层应运用自己的经验和判断来设计一个评估过程来记录、评价和测试那些对其经营、风险和流程敏感的控制，但是，无论是对内部控制评价方法进行规制，还是企业自由选择自己的评价方法，都要考虑评价思路和方法的适当性。从理论上来看，一个适当的内部控制评价思路和方法至少要满足以下几个方面的条件。

1）评价结论的可靠性

根据该种思路和方法对内部控制的有效性进行评价形成的结论要具有一定程度的可靠性，也就是对内部控制有效性的判断出现错误的风险要足够低，至少要达到合理的水平，这是一种适当的评价方法首先必须具备的条件。评价结论的可靠性不够高，不能达到一个合理水平的评价方法所形成的评价结论是难以被认可的。

2）评价的成本效益性

不但内部控制本身存在成本效益的问题，内部控制有效性的评价也存在成本效益的问题。一种适当的企业内部控制评价方法必须考虑评价引起的成本和效益问题，必须考虑所需要的时间，要符合成本效益原则，要有效率。

3）广泛的适用性和灵活性

不同企业的内部控制不同，评价内部控制有效性的具体方法也有所不同，对具体方法的选择取决于公司的特定情况和控制的重要性。一种评价方法应当具有广泛的适用性和灵活性，才能得到不同规模、不同行业、不同类型企业的应用和参考。尤其是如果制定统一的内部控制评价指南或规范，更要考虑评价方法对不同规模、不同行业和不同类型企业的适用性，允许企业根据自己内部控制的特定情况灵活调整具体的评价方法、评价程序和评价内容，允许公司管理层应用自己的经验和基于可靠信息的判断来设计一个满足公司需要并为评估结果提供合理保证的评价过程。

4）评价的全面性

无论是COSO的内部控制框架，还是SEC的管理层评价内部控制的指南都要求评价程序必须是全面的，必须既能评价内部控制设计的合理性，又能测试运行的有效性，企业内部控制的评价结论是根据对设计有效性和运行有效性的评价来形成的。

5）合理的支持证据

适当的证据文件是内部控制有效运行本身所必需的，同时，对于内部控制评价来说，一种适当的评价思路和方法也必须为内部控制有效性的评价结果（包括测试）提供合理的支持证据。提供合理的支持证据一方面是为了确保评价结论的可信性，另一方面是为其他人评价或审计内部控制保留必要的痕迹。

这些条件是一个适当的评价方法必须满足的，这些条件是判断一个评价方法是否适当的标准和依据。此外，对内部控制的不同目标而言，由于受到不同因素影响，有效的内部控制合理保证的内容有所不同，因此，评价不同目标内部控制的有效性所采用的具体方法就必然存在一些差异。

5.2 ——— 企业内部控制的定性评价方法 ———

企业内部控制的定性评价主要使用COSO基于内部控制构成要素和原则的定性评价方法以及以此为基础衍生出的各种定性评价方法。COSO的内部控制框架不但明确了内部控制的构成要素，还进一步明确了各构成要素的原则性要求和关注点，从而为内部控制评价提供了定性依据。企业在进行内部控制评价时，需要根据企业的风险情况和内部控制情况来评估其内部控制是否满足了这些原则性要求，从而评估内部控制的整体有效性。

5.2.1 COSO内部控制的构成要素及其原则

1）控制环境及其原则

COSO在《内部控制——整合框架》（2013）中使用的依然是"控制环境"的术语，COSO认为，控制环境是一套标准、流程和结构，它提供了在组织内实施内部控制的基础。董事会和高级管理层应确立高层基调，强调内部控制的重要性（包括期望的行为规范），并应在组织的各个层级强化这种要求。控制环境包括组织的诚信与道德价值观；使董事会能够履行治理监督职责的各种因素；组织结构以及权力和职责的分配；吸引、培养和留用人才的程序；用以实现绩效问责的严密的绩效衡量、激励和奖励机制。控制环境对整个内部控制系统具有深远的影响。

根据COSO《内部控制——整合框架》（2013），控制环境的原则有以下五项[①]：

（1）企业要展现对诚信和道德价值观的承诺。

（2）董事会要展现出对管理层的独立性，并对内部控制的开发和效果实施监督。

（3）管理层为实现目标要在董事会的监督下确定组织架构、报告路线和适当的权力与职责。

---

① COSO. Internal Control-Integrated Framework［S］. 2013.

（4）企业要展现出一种吸引、培养和留用符合企业目标的人才的承诺。

（5）企业应让员工对其在目标实现过程中的内部控制职责负责。

2）风险评估及其原则

COSO在《内部控制——整合框架》（2013）指出，每个主体都面临来自外部和内部的各种风险。风险是指某个事项将会发生并对组织实现目标产生负面影响的可能性。风险评估应通过一个动态、反复的过程来识别和评估影响目标实现的风险。在考虑影响主体目标实现的各方面风险时，应与已确定的各项风险容限相关联。因此，风险评估为形成如何管理风险的决策奠定了基础。风险评估的前提是在主体的不同层级设定相互衔接的目标。管理层应充分明确运营、报告和合规三大类具体目标，以识别和评估这些目标相关的风险。管理层也要考虑这些目标对主体的适用性。风险评估还需要管理层考虑会导致内部控制无效的企业外部环境和商业模式潜在变化的影响。

根据COSO《内部控制——整合框架》（2013），风险评估的原则有以下四项：

（1）组织应设定充分清晰明确的目标，以识别和评估与目标相关的风险。

（2）组织应在主体范围内识别其目标实现的风险并分析这些风险，作为决定应当如何管理风险的基础。

（3）组织在评估目标实现的风险时要考虑舞弊的可能性。

（4）组织要识别和评估可能对内部控制系统产生重大影响的变化。

3）控制活动及其原则

关于控制活动，COSO在《内部控制——整合框架》（2013）认为，控制活动是通过政策和程序确定的行为，它们有助于确保管理层用于降低目标实现风险的指令得到执行。控制活动发生在组织的各个层级、业务流程的各个阶段、在技术环境之上。它们在性质上可能是预防性的或探测性的，可能包括一系列人工和自动的活动，比如授权与审批、验证、核对、经营业绩评价。职责分离通常是控制活动选择和开发的一部分。在职责分离不适用的地方，管理层应选择和开发替代的控制活动。

根据COSO《内部控制——整合框架》（2013），控制活动的原则有以下三项：

（1）组织要选择和开发有助于将目标实现的风险降低至可接受水平的控制活动。

（2）组织要选择和开发对技术的一般控制活动以支持目标的实现。

（3）组织要通过确立组织期望的政策和将这些政策付诸实施的程序来部署控制活动。

4）信息与沟通及其原则

关于信息与沟通，COSO在《内部控制——整合框架》（2013）认为，信息对于主体履行内部控制职责来支持目标的实现是非常必要的。管理层从内部和外部获取或生成和使用相关的、高质量的信息来支持内部控制的其他要素发挥作用。沟通是提供、共享和获取必要信息的持续、反复过程。内部沟通是信息在组织内部传递的方法，向上、向下和横向传递。它使员工从高级管理层收到清晰的信息：必须认真承担控制职责。外部沟通有两部分：它使相关外部信息能够向内传递；它根据要求和期望为外部各方提供信息。

根据COSO《内部控制——整合框架》（2013），信息与沟通的原则有以下三项：

（1）组织应获得或生成和使用相关的、高质量的信息以支持内部控制发挥作用。

（2）组织要在内部就支持内部控制发挥作用所需要的信息——包括内部控制的目标和职责——进行沟通。

（3）组织应与外部各方就影响内部控制发挥作用的事项进行沟通。

5）监督活动及其原则

关于监督，COSO在《内部控制——整合框架》（2013）认为，组织应运用持续评价、单独评价或者两种方式某种程度的结合来确定每一个内部控制构成要素（包括用于实施每一要素的原则的控制）是否存在并发挥作用。持续评价，内置于主体不同层级的业务流程，提供及时的信息。单独评价，定期执行，不同组织的单独评价在范围和频率上不尽相同，其范围和频率取决于风险的评估结果、持续评价的有效性以及管理层的其他考虑。组织应根据监管者、公认的标准制定团体或管理层制定的标准来评价结果，并视情况把缺陷告知管理层和董事会。

根据COSO《内部控制——整合框架》（2013），监督的原则有以下两项：

（1）组织要选择、开发和实施持续评价和（或）单独评价，以确定内部控制要素是否存在并发挥作用。

（2）组织应评价内部控制缺陷，并及时与负责采取整改措施的各方沟通，必要时还应与高级管理层和董事会沟通。

5.2.2　COSO 企业风险管理的构成要素与原则

2017年9月，COSO发布了《企业风险管理——与战略和绩效整合》，在风险管理理念、框架构成要素和原则以及企业风险管理与价值、战略、绩效、决策之间的关系等十个方面进行了重大调整和更新，并结合社会经济、技术环境的变化展望了企业风险管理未来的发展趋势。

1）企业风险管理新的框架及其构成要素

新框架阐明了企业风险管理在战略规划过程中以及全面嵌入组织的重要性——因为风险会影响和调整各部门和职能的战略和绩效。新框架没有采用以往立方体框架的表示方式，而是用20条原则，组成5个相互关联的要素，如图5-1所示。[①]

| 使命、愿景和核心价值观 | 战略发展 | 经营目标制定 | 实施和绩效 | 提高的价值 |
治理和文化	战略和目标设定	实施	审核和纠正	信息、沟通和报告
1. 实施董事会对风险的监督 2. 建立运行架构 3. 界定期望的文化 4. 展示对核心价值观的承诺 5. 吸引、发展和保留胜任的员工	6. 分析经营环境 7. 界定风险偏好 8. 评价备选战略 9. 明确表达经营目标	10. 识别风险 11. 评估风险的严重性 12. 风险排序 13. 实施风险应对策略 14. 形成风险组合观	15. 评估重大变化 16. 审核风险和绩效 17. 寻求企业风险管理的改进	18. 投资信息和技术 19. 沟通风险信息 20. 风险、文化和绩效的报告

图5-1　企业风险管理的框架、构成要素和原则

---

① COSO. Enterprise Risk Management-Integrating with Strategy and Performance ［S］. 2017.

（1）治理和文化

治理设定了组织的基调，强化企业风险管理的重要性，制定对企业风险管理的监督职责。文化属于主体的道德价值观、期望的行为和对风险的理解。

（2）战略和目标设定

企业风险管理、战略和目标设定在战略规划流程中一起运行。确定风险偏好，并与战略协调一致；经营目标把战略付诸实践，同时充当识别、评估和应对风险的依据。

（3）实施

需要识别和评估影响战略和经营目标实现的风险。对风险要在风险偏好的背景下根据严重性进行排序。然后，组织选择风险应对策略并对已经承担的风险总量采用组合观。这个过程的结果要报告给主要的风险利益相关者。

（4）审核和纠正

通过审核主体的绩效，组织可以审核企业风险管理的要素随时间的流逝和在重大变化的背景下功能发挥得如何，以及需要作出哪些纠正。

（5）信息、沟通和报告

企业风险管理需要一个持续的流程从内部和外部来源获取和分享必要的信息，使得信息在组织内向上、向下以及横向流动。

2）企业风险管理的原则

新框架的五个构成要素是由一套原则支持的。这些原则涵盖了从治理到监督的所有内容。这些原则在规模上是可控的，而且不管组织的规模是大还是小，不管组织属于什么类型或行业，它们都描述了以不同方式用于不同组织的实践。遵循这些原则可以为管理层和董事会提供一个合理的期望——组织理解并力图管理与战略和经营目标相关的风险。

（1）实施董事会对风险的监督，即董事会提供对战略的监督并承担实施治理的职责，以支持管理层实现战略和经营目标。

（2）建立运行架构，即组织要建立追求战略和经营目标实现的运行架构。

（3）界定期望的文化，即组织要界定期望的行为，这些行为代表了主体期望的文化。

（4）展示对核心价值观的承诺，即组织要展示对主体核心价值观的承诺。

（5）吸引、发展和保留胜任的员工，即组织要致力于建立与战略和经营目标一致的人力资本。

（6）分析经营环境，即组织要考虑经营环境对风险概况（risk profile）的潜在影响。

（7）界定风险偏好，即组织要在创造、保持和实现价值的背景下界定风险偏好。

（8）评价备选战略，即组织要评价备选战略及其对风险概况的潜在影响。

（9）明确表达经营目标，即组织在各个层次设定与战略一致并支持战略的经营目标，同时考虑风险。

（10）识别风险，即组织要识别影响战略目标和经营目标实现的风险。

（11）评估风险的严重性，即组织要评估风险的严重性。

（12）风险排序，即组织要进行风险排序，作为选择风险应对策略的依据。

（13）实施风险应对策略，即组织识别和选择风险应对策略。

（14）形成风险组合观，即组织要形成和评价风险组合观。

（15）评估重大变化，即组织要识别和评估对战略和经营目标产生重大影响的变化。

（16）审核风险和绩效，即组织要审核主体的绩效并考虑风险。

（17）寻求企业风险管理的改进，即组织要寻求企业风险管理的改进。

（18）投资信息和技术，即组织要投资主体的信息和技术系统，以支持企业风险管理。

（19）沟通风险信息，即组织要利用沟通渠道支持企业风险管理。

（20）风险、文化和绩效的报告，即组织要在多个层级以及主体范围内报告风险、文化和绩效。

5.2.3 COSO "原则—要素—整体"的评价方法

COSO认为，衡量一个内部控制体系是否有效，管理层应运用判断去评估内部控制的各要素和相关原则是否存在并发挥作用以及是否以整合的方式运行，基于这一理念，COSO提出了从原则评价到要素评价再到整体评价的定性评价方法。

1）COSO "原则—要素—整体" 评价方法的逻辑

在判断各要素及相关原则是否存在并持续运行时，管理层可以考虑对各原则有影响的相关控制。在设计、实施和执行内部控制及评估其有效性时，管理层应当在相关法律法规、规章及标准所限定的范围内对以下关键事项作出判断：（1）应用与目标相关的内部控制要素；（2）在主体架构内应用内部控制要素及原则；（3）明确适用的目标及子目标，并评估影响目标实现的风险；（4）选择、执行及部署必要的控制，以增强原则的有效性；（5）评估内部控制要素是否存在、持续运行并共同作用；（6）评估内部控制原则是否适用于主体，以及是否存在并持续运行；（7）依据适用的法律法规、规章及外部标准或框架的要求，评估一个或多个内部控制缺陷的严重程度。

与某个要素相关的重大缺陷并不能因为另一个要素存在并持续运行而改变，同样，与某项原则相关的重大缺陷也不能通过其他原则存在并持续运行而改变。

由政策和程序构成的控制是嵌入内部控制流程中的，政策表达了管理层及董事会为实现有效的控制会如何做，而程序则是一系列保证政策落实的行动。组织应建立并执行要素中的控制，以使相关原则有效。控制之间是相互关联的，能支持多个目标及原则。管理层要考虑以下因素来判断控制是否可以使原则有效：（1）主体所适用的法律法规、规章及标准；（2）主体的业务性质及所处的市场环境；（3）管理运行模式的范围及性质；（4）内部控制责任人员的胜任能力；（5）对技术的使用及依赖程度；（6）管理层对所评估出风险的应对。

COSO基于内部控制的构成要素和原则提出的对内部控制的评估流

程①如图5-2所示。

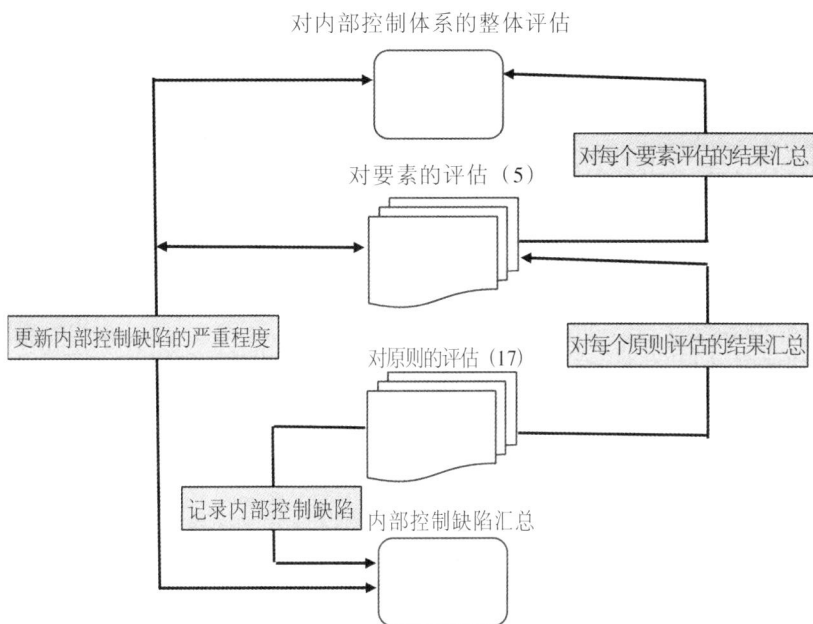

对内部控制体系的整体评估

对要素的评估（5）

对每个要素评估的结果汇总

更新内部控制缺陷的严重程度

对原则的评估（17）

对每个原则评估的结果汇总

记录内部控制缺陷　内部控制缺陷汇总

图5-2　COSO基于内部控制的构成要素和原则对内部控制的评估流程

2）对内部控制原则的评估

对内部控制原则的评估就是要评估企业的内部控制是否达到了内部控制5个构成要素的17条原则方面的要求，识别相关控制，包括识别内部控制缺陷并初步确定内部控制缺陷的严重程度。比如，对控制环境第1条原则的评估见表5-1。

3）对内部控制构成要素的评估

在完成对原则的评估后，进一步汇总和综合形成对内部控制构成要素的评估，确定内部控制每个构成要素是否存在并发挥作用。比如，对控制环境的评估见表5-2。

4）对内部控制体系有效性的整体评估

在完成对构成要素的评估后，进一步汇总形成对内部控制体系的整体评估，见表5-3。

---

① COSO. Internal Control-Integrated Framework〔S〕. 2013.

表5-1 **对控制环境第1条原则的评估**

对原则的评估——控制环境

原则1：展现对诚信和道德价值观的承诺
——企业要展现对诚信和道德价值观的承诺

关注点：
- 应确定高层基调
- 应建立行为准则
- 应评价对行为准则的遵守情况
- 应及时处理行为偏差
- （特定企业的其他关注点）

使原则1有效的控制汇总：

适用于原则1的各项缺陷

识别编码	内部控制缺陷描述	初步评估缺陷的严重程度：（考虑使本原则有效的其他控制是否能弥补该控制缺陷）		列举与其他原则相关但可能会对本内部控制缺陷造成影响的内部控制缺陷
		初步评估严重程度——该内部控制缺陷是否为重大缺陷？（是/否）	注释/补偿性控制	
在本原则范围内评估缺陷：* 在本原则范围内评估内部控制缺陷或内部控制缺陷组合是否构成重大缺陷** （必要时更新缺陷汇总模板）		（解释）		
运用判断对原则进行评估**		是/否	解释/结论	
原则是否存在？				
原则是否运行？				

　　注：*在缺陷汇总模板中记录识别出的缺陷。

　　**如果确认存在重大缺陷，那么管理层必须得出该原则不存在或未持续运行，以及内部控制体系无效的结论。

表5-2　　　　　　　　　　　　对控制环境的评估

对要素的评估——控制环境				
	是否存在？（是/否）	是否持续运行？（是/否）		解释/结论
原则1：展现对诚信和道德价值观的承诺——企业要展现对诚信和道德价值观的承诺				
识别编码	内部控制缺陷描述	评估内部控制缺陷的严重程度：（考虑是否在本要素内或跨要素间存在其他原则的控制能弥补该缺陷）		
		内部控制缺陷是否为重大缺陷？（是/否）	注释/补偿性控制	
	是否存在？（是/否）	是否持续运行？（是/否）		解释/结论
原则2：行使监督职责——董事会要展现出对管理层的独立性，并对内部控制的开发和效果实施监督				
识别编码	内部控制缺陷描述	评估内部控制缺陷的严重程度：(考虑是否在本要素内或跨要素间存在其他原则的控制能弥补该缺陷)		
		内部控制缺陷是否为重大缺陷？(是/否)	注释/补偿性控制	

	是否存在？ （是/否）	是否持续运行？ （是/否）	解释/ 结论
原则3：确定组织架构、报告路线和适当的权力与职责——管理层为实现目标要在董事会的监督下确定组织架构、报告路线和适当的权力与职责			
识别编码	内部控制缺陷描述	评估内部控制缺陷的严重程度： （考虑是否在本要素内或跨要素间存在其他原则的控制能弥补该缺陷）	
		内部控制缺陷是否为重大缺陷？ （是/否）	注释/补偿性控制	

	是否存在？ （是/否）	是否持续运行？ （是/否）	解释/ 结论
原则4：对胜任能力的要求——企业要展现出一种吸引、培养和留用符合企业目标的人才的承诺			
识别编码	内部控制缺陷描述	评估内部控制缺陷的严重程度： （考虑是否在本要素内或跨要素间存在其他原则的控制能弥补该缺陷）	
		内部控制缺陷是否为重大缺陷？ （是/否）	注释/补偿性控制	

		是否存在？ （是/否）	是否持续运行？ （是/否）	解释/ 结论
原则5：实施问责机制——企业应让员工对其在目标实现过程中的内部控制职责负责				
识别编码	内部控制缺陷描述	评估内部控制缺陷的严重程度： （考虑是否在本要素内或跨要素间存在其他原则的控制能弥补该缺陷）		
		内部控制缺陷是否为重大缺陷？ （是/否）	注释/补偿性控制	
		是否存在？ （是/否）	是否持续运行？ （是/否）	解释/ 结论
		解释/结论		
跨要素评估缺陷：* 跨要素评估内部控制缺陷或缺陷组合是否构成重大缺陷**				
根据原则及控制缺陷运用判断对要素进行评估**		是/否	解释/结论	
要素是否存在？				
要素是否持续运行？				

注：*在缺陷汇总模板中记录识别出的缺陷。

　　**如果确认存在重大缺陷，那么管理层必须得出该要素不存在或未持续运行，以及内部控制体系无效的结论。

表5-3 **对内部控制体系有效性的整体评估**

对内部控制体系的整体评估			
需要接受评估的主体、分部、业务单元或职能部门			
评估内部控制范围考虑的目标	对管理层风险承受度的考虑		
经营目标			
报告目标			
合规目标			
	是否存在？（是/否）	是否持续运行？（是/否）	解释/结论
控制环境			
风险评估			
控制活动			
信息与沟通			
监督活动			
各要素是否以整合的方式一起运行？评估跨要素的多个内部控制缺陷组合是否构成重大缺陷*（必要时更新缺陷汇总表）			
内部控制体系整体是否有效*（是/否）			
结论的依据			

注：*如果确认存在重大缺陷，那么管理层必须得出内部控制体系无效的结论。

5）内部控制缺陷的汇总

在评估的各个阶段，都要记录识别出的所有内部控制缺陷，从而评估相关要素和原则，并进一步评估内部控制缺陷的累计影响，所以，需要汇总内部控制的缺陷，见表5-4。

表5-4　　　　　　　　　　内部控制缺陷的汇总

识别编码	内部控制缺陷的来源		内部控制缺陷描述	对严重程度的考虑	内部控制缺陷是否为重大缺陷？（是/否）	责任人	整改计划和日期	对存在/持续运行的影响	列举其他原则内可能会对本内部控制缺陷造成影响的所有内部控制缺陷
	要素	原则							

5.3　企业内部控制的定量评价方法

在实务中，企业内部控制评价的定量方法主要有：基于构成要素的加权评价法、基于目标实现程度的加权评价法，以及基于目标实现和构成要素的加权评价法。

5.3.1　基于构成要素的加权评价法

从2010年开始，一些学者和机构借鉴国内外通用的评价方法，结合我国的实际情况，从内部控制的构成要素的角度构建了一套系统的内部控制指数评价体系，陆续发布了中国上市公司内部控制指数，主要有深圳市迪博企业风险管理技术有限公司（2010）和陈汉文（2016）提出的内部控制指数，旨在全面客观地评价我国上市公司的内部控制现状，为政府监管、企业完善内部控制以及决策者提供有用的参考。

1）深圳市迪博企业风险管理技术有限公司的上市公司内部控制指数

深圳市迪博企业风险管理技术有限公司的上市公司内部控制指数，初期是根据《企业内部控制基本规范》的五大要素和具体细则制定了包括内部环境、风险评估、控制活动、信息与沟通、内部监督在内的五大一级指标以及下设的63个二级指标。若公司披露了二级指标的相关内控信息，此项即得1分，否则为0分，总体评价满分为63分。将上市公司的内部控制水平分为高、中、低三个等级，高分组为得分大于等于42的公司，低分组为得分小于21的公司，其他公司则为中分组。后期该上市公司内部控制指数对相关指标、权重以及计分方法和计分标准做了调整，但总体思路和模式基本保持不变。

2）陈汉文教授的上市公司内部控制指数

陈汉文教授的上市公司内部控制指数，依据《企业内部控制基本规范》及其配套指引，综合考虑《深圳证券交易所上市公司内部控制指引》《上海证券交易所上市公司内部控制制度指引》《上市公司治理准则》《中华人民共和国公司法》《中华人民共和国证券法》《上市公司章程指引》等法律法规及相应文件，同时借鉴国内外已有的内部控制评价研究，确定了内部环境、风险评估、控制活动、信息与沟通、内部监督等5个一级评价指标、25个二级指标、35个三级指标、158个四级指标的四级指标体系。采用层次分析法（AHP）和变异系数法确定指标权重，对每项指标加权平均即得到内部控制评价指数。5个要素（一级指标）得分分别构成内部环境指数、风险评估指数、控制活动指数、信息与沟通指数和内部监督指数。该指数采用百分制，分值在区间［90，100］、［80，90）、［70，80）、［60，70）、［50，60）和［0，50）分别对应Ⅰ、Ⅱ、Ⅲ、Ⅳ、Ⅴ、Ⅵ六个内控等级水平。

这两种上市公司内部控制指数采用的都是基于要素的加权评价法，基本上都是以内部控制的构成要素为基础，进行指标细化，依据自设的量化标准进行量化，然后加权平均，从而形成内部控制总体的得分。

5.3.2 基于目标实现程度的加权评价法

一些学者和机构从实现内部控制目标的角度构建了上市公司内部控制指数，如中国上市公司内部控制指数研究课题组（2011）和林斌（2014）。[①]

中国上市公司内部控制指数研究课题组的研究认为企业内部控制体系

---

① 林斌，林东杰，胡为民，等. 目标导向的内部控制指数研究［J］. 会计研究，2014（8）：16-24，96.

的有效性可以通过内部控制战略、经营、报告、合规和资产安全五大目标的实现程度来衡量，以企业内部控制基本框架体系为制度基础，基于内部控制战略、经营、报告、合规和资产安全五大目标的实现程度设计内部控制基本指数，并将内部控制重大缺陷作为修正指标，对内部控制基本指数进行补充与修正。内部控制指数体系如图5-3所示。

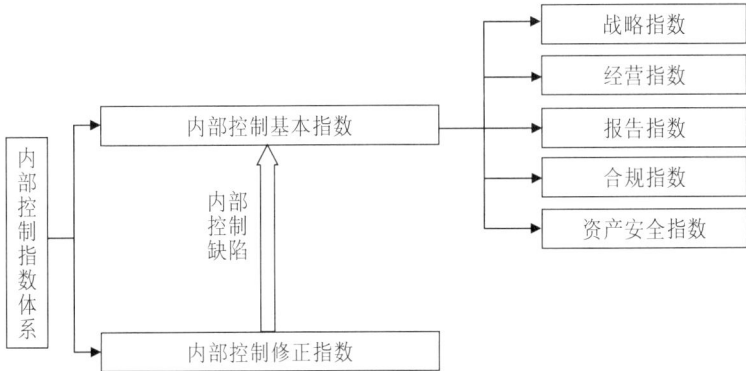

图5-3 内部控制指数体系

内部控制基本指数分为两个层次：第一层为内部控制五大目标指数变量；第二层为各目标指数下的分类变量，如图5-4所示。

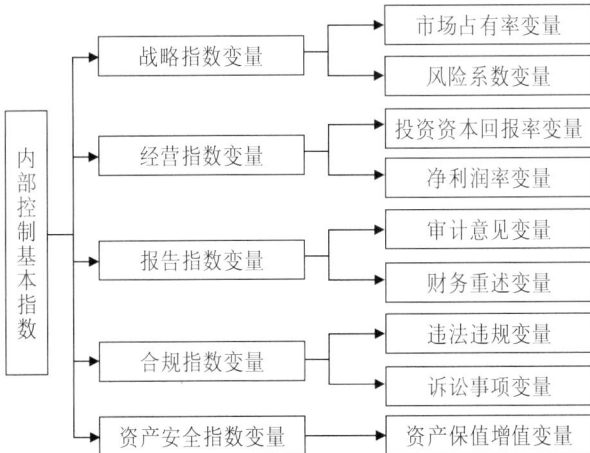

图5-4 内部控制基本指数层次

内部控制修正指数的设定以内部控制缺陷为基础，内部控制缺陷是评价内部控制有效性的负向维度，如果内部控制的设计或运行无法合理保证内部控制目标的实现，即意味着存在内部控制缺陷。该方法选取可能导致企业严重偏离控制目标的重大缺陷作为内部控制修正指标。

该方法利用标准化法对战略指数变量、经营指数变量、报告指数变量、合规指数变量和资产安全指数变量进行无量纲化，使得各变量之间具有可比性，并采用算术平均法为各变量赋予权重。最后，依据选取的内部控制指数变量、内部控制指数变量无量纲化的结果以及各变量的权重，建立内部控制指数模型。据此计算得出的上市公司内部控制指数的满分为1 000分。

林斌（2014）从实践检验标准出发，从内部控制的"结果"出发，围绕内部控制目标的实现程度设计内部控制指数。如果企业内部控制指数较高，则表明该企业的内部控制目标实现程度较高，从而推论企业的内部控制水平较高。该项研究将内部控制五大目标划分为基础层级、经营层级和战略层级三个层级，三个层级呈现由单一内涵向综合内涵递进包含的关系。基础层级包括合法合规、资产安全和报告可靠三大内部控制目标，经营层级包括企业经营效率和效果这一内部控制目标，战略层级是实现企业发展战略这一内部控制目标。

基础层级的合法合规目标主要选取违法违规、立案调查和公司诉讼三个指标衡量合法合规目标的实现程度；基础层级的资产安全目标主要选取资产减值、投资损失和调整的营业外支出三方面来衡量资产安全目标的实现程度；基础层级的报告可靠目标主要选取财务报表审计意见、财务报表重述、盈余质量三个角度来刻画报告可靠性目标的实现程度。经营层级的经营效率与效果目标选择总资产周转率衡量企业的经营效率，用人均营业收入衡量企业的经营效果，用净资产收益率衡量企业的经营效益，综合反映企业的经营效率和效果。战略层级的目标选取经营计划、竞争优势、系统风险三个指标，分别从事前、事中和事后三个维度刻画企业战略目标的实现程度。

内部控制缺陷是评价内部控制有效性的负向维度，内部控制重要缺陷和重大缺陷可能导致企业严重偏离内部控制目标，内部控制重要缺陷和重大缺陷包括内部控制审计报告被出具保留意见、否定意见，企业披露内部控制存在重要缺陷、重大缺陷，企业财务报表被出具否定意见、无法表示意见等。将内部控制重要缺陷和重大缺陷作为内部控制修正指标。

目标导向内部控制指数由基础层级指数、经营层级指数、战略层级指数和修正指数构成，共16个指标，将基础层级、经营层级、战略层级这三个层级的得分进行加权平均，得到上市公司内部控制指数，满分为1 000分。如果存在重大缺陷或重要缺陷，则对指数进行修正。

5.3.3 基于目标实现和构成要素的加权评价法

一些学者和机构从实现内部控制目标和内部控制构成要素的角度构建了上市公司内部控制指数，如中国内部控制研究中心（2017）等。中国内部控制研究中心（2017）提出的方法是将合法合规目标、资产安全目标、财务报告目标、经营效率效果目标、战略管理目标五大目标设定为一级指标。每个一级指标细分出内部控制实施效果、内部控制设计情况与内部控制修正因素三个二级指标，二级指标进一步细分出三级指标。

内部控制实施效果这个二级指标根据一级目标的类型细分的三级指标为与目标相关的财务指标和非财务指标，从具体的指标来看，它们衡量的并不是内部控制运行的有效性，而是相关目标的实现情况。比如，衡量合法合规目标内部控制实施效果的指标有诉讼数额和违规行为；衡量资产安全目标内部控制实施效果的指标有资产减值损失率、关联方占用资金金额、资产盘亏及毁损、对外担保；衡量财务报告目标内部控制实施效果的指标有财务报告审计意见和是否发生财务重述；衡量经营效率效果目标内部控制实施效果的指标有投资资本回报率、盈利现金保障倍数、存货周转率、应收账款周转率、总资产周转率和净资产收益率；衡量战略管理目标内部控制实施效果的指标有可持续增长率、市场占有率、销售增长率、资产规模、系统风险。

内部控制设计情况这个二级指标根据内部控制的构成要素分为内部环境、风险评估、控制活动、信息与沟通、内部监督五个三级指标。每个三级指标根据每个内部控制构成要素的主要内容进一步细化出若干个四级指标。内部环境的四级指标有6个，它们是管理者胜任能力、对企业文化建设的重视程度、薪酬业绩考核效果、公司治理、对人力资源建设的重视程度、对培训的重视程度；风险评估的四级指标有3个，它们是风险识别、风险分析、风险应对；控制活动的四级指标有10个，它们是资金活动、资产管理、工程项目、担保业务、合同管理、采购业务、销售业务、研究与开发、业务外包、全面预算管理；信息与沟通的四级指标有2个，它们是是否重视信息系统的优化和维护、是否建立与不同利益相关者的沟通渠道；内部监督的四级指标有3个，它们是管理层是否对内部控制建设进行积极整改或完善、专业人员胜任能力、是否具有内部审计机构。对四级指标大多依据有无、是否、词频分析、类别数进行赋值。

内部控制修正指数有内部控制自我评价报告与内部控制审计报告两个三级指标，内部控制自我评价报告下设一个四级指标——内部控制缺陷，内部控制审计报告下设一个四级指标——内部控制审计意见。

总体上，这个上市公司内部控制指数包含5个一级指标，15个二级指标，54个三级指标，130个四级指标。

采用变异系数法和专家打分法确定各变量的权重，采用加权法将标准化后处理的各指标与其相对应的权重相乘，加总得到综合指标。首先计算四级指标得分，然后计算三级指标得分、二级指标得分，再计算内部控制五大目标的一级指标得分，最终将五个一级指标得分相加计算得出综合反映五目标内部控制的综合指数。综合指数满分为100分。

企业内部控制评价的模式

监管部门提出了内部控制评价的要求，相关机构通过制定企业内部控制框架或规范的方式提供了一个有效内部控制系统的范式，这一范式也常常被视为评价内部控制的标准，但这些内部控制框架基本都是基于原则要求的概念框架，对于评价一个公司的内部控制是否有效并没有直接提供具体的标准或逻辑，从而导致内部控制评价在理论和实务中存在多种选择，有多种评价方法，良莠不齐。本部分对实务中的各种做法进行了归纳、总结和深入的分析。

6.1 ——————企业内部控制评价的模式及分类——————

尽管COSO没有正面对有效内部控制给出明确的定义，但从结果的角度指出有效的内部控制体系可以为主体目标的实现提供合理保证，或者可以将影响目标实现的风险降低至可接受的水平，并提出这需要内部控制框架五要素中的每个要素以及相关原则必须同时存在并发挥作用、五要素要以整合的方式共同运行。评价企业内部控制是否有效，理论上就变成评价内部控制能否为相关目标的实现提供合理保证（尽管对于不同类别的目标来说，这种合理保证的含义有所差别），或者能否将相关目标的风险降低至可接受的水平。理论和实务界在评价内部控制时也基本达成共识：既要评价内部控制设计的有效性又要评价内部控制运行的有效性，这一点无论是在美国COSO的报告、SEC的评价指引，还是PCAOB的内部控制审计准则中都多有提及，更是为其他国家的机构和组织广泛借鉴。

但是，实施企业内部控制评价依然存在三个方面的问题需要考虑：第一，判断内部控制是否有效是基于标准或框架，还是基于风险应对的效果；第二，判断内部控制是否有效是基于事前和风险，还是基于事后和目标实现程度；第三，是否需要对内部控制体系进行多目标的综合评价以及如何从内部控制体系的单目标评价转向多目标综合评价。从国内外内部控制评价理论与实务的发展来看，人们评价内部控制时在这三个方面作出了不同的选择，从而形成了不同的评价模式。

从第一个方面来看，一种模式是基于标准（框架）的评价，即根据企业实际的内部控制是否符合既定的内部控制标准（或关键控制活动）来判断内部控制是否有效；另一种模式是风险基础的评价，即根据企业内部控制能否将相关目标的风险降低至可以接受的水平来判断内部控制是否有效。

从第二个方面来看，一种模式是基于事前和风险应对的评价，在评价内部控制是否有效时只考虑内部控制能否在事前将目标的风险降低到可以接受的水平，并不考虑事后目标的实际实现情况如何；另一种模式是基于事后和目标实际实现情况的评价，在评价内部控制是否有效时单纯从结果的角度只考虑事后目标的实现情况。从内部控制理论以及内部控制评价的实务来看，基本都是采用基于事前和风险应对的评价模式，几乎不存在完全基于事后和目标实现的评价模式，但一些机构和组织制定和发布的内部控制评价制度考虑了相关目标的实现情况，在基于事前和风险应对的评价模式基础上进一步融合了基于事后和目标实现的评价模式，这种模式可以被称为基于风险和目标实现的综合评价模式。

从第三个方面来看，一种模式是根据监管的要求和管理的实际需求评价经营、报告、合规、保护资产、战略等某一具体目标的内部控制，但一些组织、机构和学者也进行了评价多目标内部控制整体有效性的研究，甚至涵盖了目前已知的所有内部控制目标的分类，其目的是对企业内部控制进行所谓的综合性评价，可以将这种模式称为多目标内部控制的整体评价模式。

6.2 ——基于标准（框架）的评价模式及其应用——

1）基于标准（框架）的评价模式

自从 COSO 于 1992 年发布了《内部控制——整合框架》之后，内部控制理论和实务的发展就进入了整合框架阶段，随后，其他机构和组织也相继制定和发布了类似的框架或规范。这些框架或规范统一和明确了内部控制的内涵、目标和构成要素。COSO 在此基础上进一步明确了内部控制 5 个构成要素的 17 条原则和每条原则的关注点，并指出只有构成要素和原则都存在并以整合的方式发挥作用，内部控制才是有效的。

人们评价企业的内部控制时总是希望找到一个具体标准作为参照物，内部控制框架或规范的出现似乎给人们提供了这种机会，很多人把内部控制框架或规范视为有效内部控制的标准，并在内部控制构成要素的基础上进一步细化成更具体的内容和指标，如关键控制活动列表等。在评价企业内部控制时，根据企业实际的内部控制是否与这些内部控制标准（或关键控制活动）一致来判断内部控制是否有效，这就是所谓的基于标准（框架）的内部控制评价模式。基于经验和习惯，或者基于标杆或者样板企业，或者基于模板对内部控制进行建设和评价，都自觉或不自觉地应用了这种评价模式。

在这样一个背景下，很多企业、事务所和咨询机构都习惯于采用这种模式。综合起来看，这种模式的基本程序是：首先，将企业实际的内部控制对照既定的内部控制标准（框架）进行比较，根据内部控制标准（框架）的构成要素以及相应的关键控制活动识别控制的缺失或不当，从而识别设计缺陷，然后测试企业既有的内部控制，从而识别运行缺陷，最后，汇总、评估控制缺陷，确定是否构成重大缺陷，如果构成重大缺陷，则内部控制是无效的，如果没有构成重大缺陷，则内部控制是有效的。基于标准（框架）的评价模式的逻辑和程序如图 6-1 所示。①

①　陈汉文，张宜霞. 企业内部控制的有效性及其评价方法［J］. 审计研究，2008（3）：48-54.

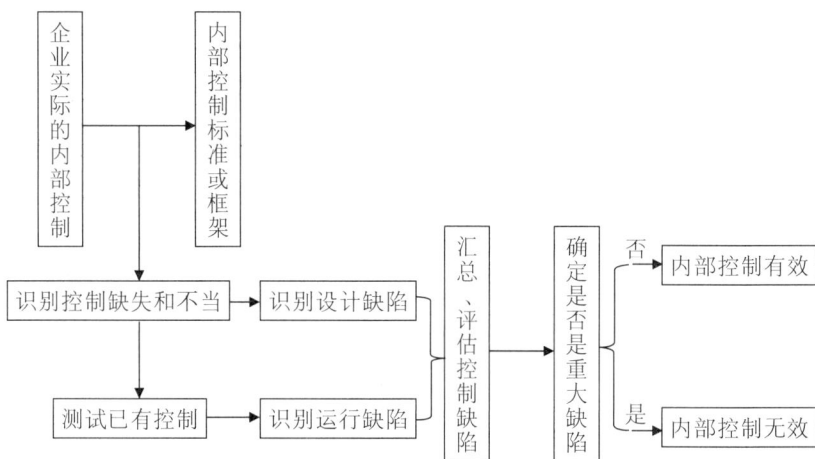

图6-1　基于标准（框架）的评价模式的逻辑和程序

　　这种模式得到了企业、事务所和咨询机构较为广泛的应用，得益于自身的特点：（1）内部控制标准（框架）易得、实用。这种模式的关键是把企业实际的内部控制与一个企业内部控制标准（框架）对照，而这个企业内部控制标准（框架）却是相对容易找到的，比如标杆企业、样板企业的内部控制制度，一些事务所和咨询机构更是会自己开发一些内部控制制度的模板，这些内部控制标准（框架）相对更加具体，无论是内部控制的建设，还是内部控制的评价，实务操作性更强。（2）简单易行，不复杂。把企业实际的内部控制与一个具体的企业内部控制标准（框架）对照，简单易行，可以用核对表等简单的表格工具，并不需要多么复杂的专业判断和知识。

　　但是，这种模式也蕴含着内在的缺陷：（1）评价结果偏离了内部控制评价的本意。评价结论实质上反映的是企业实际的内部控制与所谓的内部控制标准（框架）的一致程度，并不是企业内部控制真正的有效性，也没有衡量内部控制能否为相关目标的实现提供合理保证。（2）忽略了内部控制的整体性，评价结果可靠性存疑。这种评价模式无一例外地都会借鉴一个内部控制的概念框架，无论是COSO的内部控制整合框架，还是其他类似的框架，而COSO一再强调内部控制的原则与要素要存在并发挥作用并以整合的方式运行，内部控制才是有效的，但这种基于细化的标准（框架）的比较式评价是很难充分考虑内部控制原则和要素之间的系统整合性的，也就忽略了内部控制构成要素、原则以及控制活动之间的有机联系，这也必然会影响评价结果的可靠性。（3）评价结果未能充分反映风险管理的效果。这种评价模式由于没有充分考虑企业自身特定的环境与风险，据此得出的评价结果既不能有效衡量内部控制对相关目标风险的应对效果，也不能可靠衡量对相关目标的实现提供的保证程度，从而未能充分反映风险管理的效果。（4）效率低，成本高。尽管这个企业内部控制标准（框架）是相对容易找到的，但实际上并不存在这样一个适用于所有企业的通用的内部控制标准，尤其是这个标准非常详细和具体的时候，所以，实际上存在并被参考的标准对大多数企业来说必然是过于烦琐和复杂的，对某一个特定企业来说其针对性和适用性实质上并不好。所以，在这种评价模式下，一方面，既会识别出不必要的设计缺陷，也会遗漏应当识别出的设计缺陷；另一方面，也会导致评价运行有效性时控制测试范围不必要地扩大，也可能识别出不必要的运行缺陷。这两个方面的问题会直接导致评价效率低，评价成本提高，还会影响评价结果的可靠性。

　　从内部控制建设的角度来看，基于运用这种评价模式得出的评价结果来建立健全内部控制，必然会导致企业内部控制产生很多问题：（1）控制活动不必要地冗余烦琐；（2）内部控制的成本不必要地提高；（3）内部控制可能会导致某些业务活动运行效率降低；（4）内部控制没有能够有效地、有针对性地控制风险。

　　2）基于标准（框架）的评价模式的应用

　　这种模式的具体应用主要体现在各种上市公司内部控制指数上。这些上市公司内部控制指数基本上都声称依据COSO的框架或我国的企业内部控制规范，根据内部控制的构成要素，确定内部环境、风险评估、控制活动、信息与沟通、内部监督等若干个一级评价指标，然后在一级指标的基础上细分出若干个二级指标，再在二级指标的基础上细分出若干个三级指标，继续细分出若干个四级指标；确定每一级指标各自的权重；对最低一级指标给出量化评价的标准，并进行量化评价；对每级指标的量化评价加权平均，并逐级汇总，即得到上市公司内部控制各构成要素的指数以及总指数。上市公司内部控制指数通常会采用百分制（或千分制），并按照分值区间（如 [90，100]、[80，90)、[70，80)、[60，70)、[50，60) 和 [0，50)）分别对应不同的等级水平（如Ⅰ、Ⅱ、Ⅲ、Ⅳ、Ⅴ和Ⅵ六个等级）。

基于标准（框架）的评价模式在上市公司内部控制指数上的这种应用除了存在一般的缺陷之外，还存在其他问题：

（1）内部控制是一个完整的系统，各要素之间相互影响、相互协作，并不是完全独立的关系，各要素细化，然后分别量化评价和加权平均，割裂了这种系统性和整合性。

（2）内部控制各要素之间有一定的逻辑关系，其相对重要性是有差别的，比如采用自上而下方法的时候，首先考虑的是主体层面的控制，然后考虑活动层面的控制，而各要素得分的简单平均或加权平均无法充分体现这种逻辑和相对重要性。

（3）内部控制是否有效取决于它能否为相关目标的实现提供合理保证，能提供合理保证的，则为有效的内部控制，不能提供合理保证的，则为无效的内部控制，所以，从风险管理的角度来看，将内部控制的评价结果分为有效和无效足矣；而按照所谓的评价得分分为多个评价结果或者多个等级，其实际的含义将很难解释。

6.3 ————自上而下、风险基础的评价模式————

企业内部控制评价的另一种思路和模式是基于风险应对的效果，即根据企业内部控制能否将相关目标的风险降低至可以接受的水平或者说企业内部控制能否为相关目标的实现提供合理保证来判断内部控制是否有效。

1）风险基础评价模式的基本逻辑和程序[①]

（1）要明确企业内部控制的目标，必须清晰地确定是战略、经营、报告、合规还是资产安全，不能笼统模糊和界限不清。

（2）要从固有风险的角度识别和评估内部控制相关目标的风险。

（3）识别和评估企业实际内部控制体系中能够应对这些风险的相关控制，评估内部控制的设计有效性，从而识别设计缺陷。在识别相关控制的过程中可以参考内部控制概念框架采用"自上而下"的策略先识别企业层

---

① 陈汉文，张宜霞. 企业内部控制的有效性及其评价方法［J］. 审计研究，2008（3）：48-54.

面的相关控制，再识别业务活动层面的相关控制。

（4）测试识别出的相关控制，识别运行缺陷，评估内部控制的运行有效性。

（5）汇总、评估控制缺陷的严重性，确定是否构成重大缺陷。如果构成重大缺陷，则内部控制是无效的，如果没有构成重大缺陷，则内部控制是有效的。

风险基础评价模式的逻辑和程序如图6-2所示。

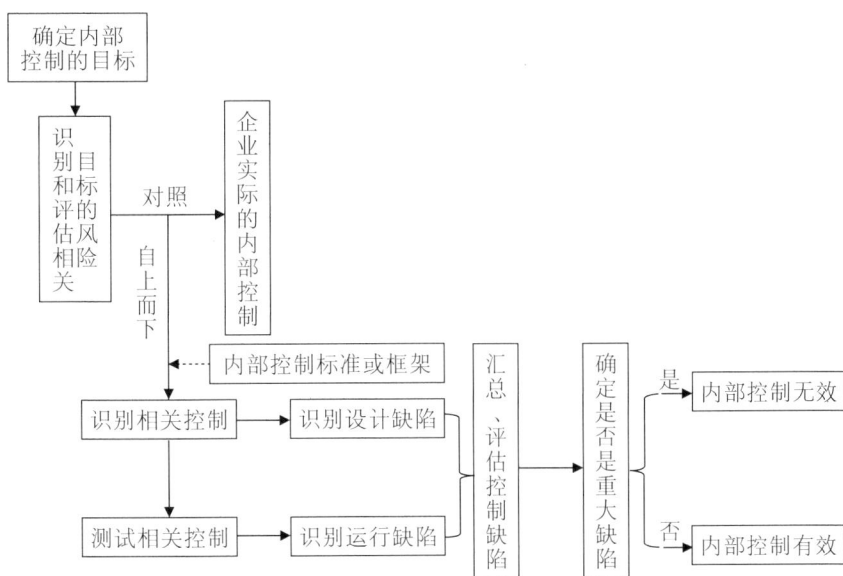

图6-2　风险基础评价模式的逻辑和程序

2）风险基础评价模式体现的理念

风险基础评价模式充分体现了"目标导向""风险基础""自上而下"的理念。

（1）目标导向。企业内部控制是为相关目标的实现提供合理保证的，所以，评价其有效性首先需要明确和清晰界定内部控制的目标，而且目标越明晰越好，既不能没有明确的内部控制目标只是机械地看内部控制制度本身，也不能笼统描述为经营、报告、合规三类目标或者其他四类、五类目标。

（2）风险基础。"风险基础"的理念主要体现在：以识别和评估内部控制目标的风险为基础，以企业实际的内部控制对这些风险的应对效果为标准来评估内部控制设计的有效性；基于风险评估的结果来确定需要获取的证据和需要测试的场所，仅测试企业实际的内部控制体系中能够充分应对风险的相关控制；评价结果衡量的是企业实际的内部控制对相关目标风险的应对效果，或者说企业实际的内部控制能否将相关目标的风险降低至可以接受的水平或能否为相关目标的实现提供合理保证。

（3）自上而下。"自上而下"的理念主要体现在：内部控制目标的识别，从内部控制总体目标开始，然后细化到更明晰的目标；内部控制相关目标风险的识别和评估，从内部控制总体目标的风险开始，然后细化到更明晰目标的风险；识别相关的控制，从企业层面的控制开始，然后到业务活动层面的控制。美国 SEC 发布的《关于管理层报告财务报告内部控制的指引》和 PCAOB 发布的《第 2201 号审计准则——与财务报表审计相结合的财务报告内部控制审计》都采用了这一思路。

3）风险基础评价模式的特点

风险基础评价模式与基于标准（框架）的评价模式的区别类似于财务报表的风险基础审计与详细审计，风险基础评价模式的特点主要体现在以下几个方面：

（1）评价结果反映了风险管理的效果。风险基础评价模式的评价结果衡量的是企业实际的内部控制对实际风险的应对效果，反映的是企业实际的内部控制能否将相关目标的风险降低至可以接受的水平或能否为相关目标的实现提供合理保证，这更符合内部控制评价的本意和目的。

（2）评价结果更可靠。风险基础的评价模式在识别和评估企业内部控制相关目标风险的基础上，根据相关目标的风险对照企业实际的内部控制，参考内部控制概念框架采用自上而下的顺序来识别相关控制，进而评估企业内部控制设计的有效性和运行有效性，这样可以充分考虑企业特定的环境和风险，避免与内部控制标准（框架）的简单核对，适用性和针对性更好，其评价结果更可靠。

（3）效率高，成本低。风险基础评价模式在识别相关控制和测试相关控制时都贯彻了风险基础、自上而下的理念，有效地控制了评估和测试的范围，提高了评价效率，降低了评价的成本费用。

（4）需要更高的专业技能。相对于基于标准（框架）的评价模式，在风险基础评价模式中，无论是内部控制相关目标风险的识别与评估，还是企业实际内部控制体系中相关控制的识别与评估，都不再是简单的核对和比较。这需要结合企业的环境、风险和内部控制等实际情况作出大量的综合分析和判断，需要更高程度的专业判断和更综合的专业知识。风险评估是风险基础评价模式的基础、起点和核心，评价人员贯彻风险基础的理念就需要在企业内外部环境以及战略、经营、报告、合规等目标的内部控制与风险管理方面具有非常专业的知识和很强的判断能力，才能可靠地完成相关风险的识别和评估，从而有效地完成后续评价工作。

6.4 ——基于风险和目标实现的综合评价模式

2004年，当时的中国银行业监督管理委员会发布实施的《商业银行内部控制评价试行办法》（以下简称"试行办法"）对内部控制的评价既考虑了风险的控制过程，也考虑了目标实现的结果。在这种模式中，内部控制的评价包括内部控制的过程评价和内部控制的结果评价两部分，然后加权平均形成对内部控制的综合评价结果，并据以划分为5个等级。

1）内部控制的过程评价

内部控制的过程评价主要是对内部控制环境、风险识别与评估、内部控制措施、信息交流与反馈、监督评价与纠正这五个要素的充分性（过程和风险是否已被充分识别）、合规性（过程和风险的控制措施是否遵循相关要求、得到明确规定并得以实施和保持）、有效性（控制措施是否有效）和适宜性（控制措施是否适宜）进行评价。内部控制过程评价的标准分为500分，其中：内部控制环境100分、风险识别与评估100分、内部控制措施100分、信息交流与反馈100分、监督评价与纠正100分。上述这五部分评价得分加总除以5，得到过程评价的实际得分。

2）内部控制的结果评价

内部控制的结果评价主要评价内部控制目标的实现情况，量化的指标主要包括资本利润率、资产利润率、成本收入比、大额风险集中度指标、关联方交易指标、资产质量指标、不良贷款拨备覆盖率、资本充足指标、流动性指标、案件指标等。内部控制结果评价指标的标准分值为500分，转化为百分制后得出实际得分。

3）综合评价与评级

根据过程评价和结果评价综合确定内部控制体系的总分。其中，过程评价的权重为70%，结果评价的权重为30%，两项得分加总得出综合评价总分。

根据综合评价总分确定被评价机构的内部控制体系评价等级，定级标准为：

一级：综合评分90分以上（含90分）。指被评价机构有健全的内部控制体系，在各个环节均能有效执行内部控制措施，能对所有风险进行有效识别和控制，无任何风险控制盲点，控制措施适宜，经营效果很好。

二级：综合评分80~89分。指被评价机构内部控制体系比较健全，在各个环节能够较好执行内部控制措施，能对主要风险进行识别和控制，控制措施基本适宜，经营效果较好。

三级：综合评分70~79分。指被评价机构内部控制体系一般，虽建立了大部分内部控制，但缺乏系统性和连续性，在内部控制措施执行方面缺乏一贯的合规性，存在少量重大风险，经营效果一般。

四级：综合评分60~69分。被评价机构内部控制体系较差，内部控制体系不健全或重要的内部控制措施没有得到贯彻执行或无效，管理方面存在重大问题，业务经营安全性差。

五级：综合评分60分以下（不含60分）。被评价机构内部控制体系很差，内部控制体系存在严重缺失或内部控制措施明显无效，存在明显的管理漏洞，经营业务失控，存在重大金融风险隐患。

4）评级调整

若被评价机构在评价期内发生重大责任事故，就应在上述评级的基础上，下调一级。重大责任事故包括：

（1）因安全防范措施不当，发生金融诈骗、盗窃、抢劫、爆炸等案件，造成重大影响或损失。

（2）因经营管理不善发生挤提事件。

（3）业务系统故障，造成重大影响或损失。

（4）经查实的重大信访事件。

试行办法中这种模式的过程评价部分基本采用的是基于标准（框架）的评价模式，基于标准（框架）的评价模式在上市公司内部控制指数上的应用所具有的优点和缺点在试行办法中的这种模式上都得到了相应的体现。试行办法中这种模式的结果评价部分采用的是基于目标实现程度的评价模式，有的上市公司内部控制指数也采用类似的评价模式。基于目标实现程度的评价模式相当于将内部控制视为一个"黑箱"，内部控制预定的目标经过了内部控制的处理之后就产生了实际的结果，通过比较预定目标和实际结果来计算目标的实现程度，从而评估内部控制的有效性。其中的目标和目标实现程度往往都是与一定的期间对应的，比如一年。

基于目标实现程度的评价模式通常选择若干个衡量内部控制目标的指标，通过比较预定目标与实际结果来直接量化评价内部控制的整体有效性，相对简单便捷，彻底放弃了内部控制设计和运行的定性和定量评价。然而，从内部控制的本义来看，评价内部控制的有效性是从风险管理的角度出发，应当基于事前，如果基于事后，也应当从大样本和概率的角度来评估目标的实现情况，如果只是以事后某一次的目标的实现程度为依据来判断内部控制是否有效，既有悖于内部控制评价的本来目的，也会导致评价结论的不可靠、不可信，因为有效的内部控制也不是意味着只有把目标的风险降到零才说明内部控制有效，有效的内部控制也并不表示目标绝对能够实现，内部控制无效也不表示控制目标就绝对实现不了。某一次目标能否实现以及实现程度与内部控制是否有效不具有很好的一致性，而且在内部控制无效的时候这种不一致非常严重。

此外，基于风险和目标实现的综合评价模式把过程评价和结果评价的结果加权平均，进行综合评价和评级得到内部控制评价结果，这个结果的含义比较模糊，无法确定具体表示什么。

6.5 多目标内部控制的整体评价模式

COSO的《内部控制——整合框架》将企业内部控制的目标分为运营

目标、报告目标和合规目标三类，中国的《企业内部控制基本规范》将企业内部控制的目标分为合规目标、报告目标、资产安全目标、经营目标和战略目标五类。这几类目标既相互独立又不可避免地有所重叠，每一类目标的内部控制都是专注于这类目标的控制体系，所以，针对某一目标的内部控制进行有效性评价是可行的。针对内部控制的多类目标，一些机构和学者将多类目标的内部控制视为一个整体，进行评价，试图评估其整体有效性，比如中国上市公司内部控制指数研究课题组（2011）、林斌（2014）、中国内部控制研究中心（2017）。

从这些评价模式的实务来看，这种多目标内部控制整体有效性评价的做法主要是：首先，分别评价单个目标的内部控制，具体方法上有所差异，有的基于标准（框架），有的基于目标实现程度，还有的基于标准（框架）和目标实现；其次，在单目标内部控制评价的基础上进行加权平均从而得出多目标内部控制整体有效性的评价结果，但在确定加权平均权数的方法上有所差异。在本书的前面，各种单目标内部控制评价模式的优缺点已经讨论过，现在主要讨论这种多目标加权综合评价内部控制整体有效性存在的问题。

从内部控制的目标来看，战略、经营、报告、合规、资产安全是相对比较全的一种划分方法，但无论是从 COSO 的报告来看，还是从一般的管理理论来看，尽管很多学者和文献资料将这些目标并列，但是这些目标并不是处在一个等级上面的，其中，战略是高等级的目标，经营、报告、合规和资产安全是次一级的目标。在 COSO 报告中将经营、报告、合规和资产安全目标称为相关目标，相关目标是为战略目标提供支撑的。而且，众所周知，战略目标是相对长期的目标，经营、报告、合规和资产安全等相关目标是相对短期的目标，或者往往是一个经营周期或更短期间的目标，所以，战略目标和这些相关目标不但在逻辑上不在一个层级，而且在期间上也是严重不匹配的。因此，在多目标内部控制整体有效性评价模式中，对不同等级的目标相应的内部控制分别评价，然后加权平均得出所谓的内部控制整体有效性，其含义是很难理解和解释的。

抛开战略目标，假定经营、报告、合规和资产安全这些相关目标是同一级别的目标，分别对这些目标的内部控制进行评价，然后加权平均得出所谓的内部控制整体有效性的结果，这种做法是否可行呢？尽管内部控制的理论和实务都列出了这些目标，有些控制措施可以服务于多个控制目标，但是不同的目标面临不同的风险，相关控制的设计首先考虑的是特定目标的风险，内部控制是否有效首先针对特定目标来讲才有意义，因为不同目标内部控制的有效性并不具有完全的内在一致性。比如，一个公司的财务报告内部控制可能是有效的，它提供了可靠的财务报告，但其经营目标的内部控制较差，可能管理不到位，运营效率低，成本费用失控。所以，对同一等级目标的内部控制分别评价然后加权平均得出所谓的多目标内部控制总体有效性在逻辑上也是不可行的，其结果的意义和价值非常可疑。

6.6　各目标内部控制的风险基础评价

　　尽管内部控制为报告目标、合规目标、经营目标和战略目标提供的保证不同，但是，采用风险基础的方法从理论上来讲都可以对报告目标的内部控制、合规目标的内部控制、经营目标的内部控制、战略目标的内部控制进行评价。

6.6.1　报告目标内部控制的评价

　　从广义上讲，报告包括内部报告和对外的财务报告两个方面，对外报告的内部控制一般又被称为财务报告内部控制。对报告目标内部控制的评价没有直接评价内部控制能否为报告的可靠性提供合理保证，而是评价内部控制是否存在重大缺陷，所用的评价方法从基于标准（框架）的评价法转向风险基础评价法。

　　1）财务报告内部控制评价的逻辑

　　对于财务报告目标的内部控制（简称"财务报告内部控制"）来说，有效的内部控制可以合理保证财务报告的可靠性，评价财务报告内部控制的有效性就是确定财务报告内部控制是否能够为财务报告的可靠性提供合理的保证。如果提供的保证水平达到或超过合理保证水平，则财务报告内部控制是有效的；如果提供的保证水平低于合理保证的水平，则财务报告内部控制是无效的。在实际的评价过程中，并不是直接评价财务报告内部控制能够保证财务报告可靠性的水平，而是评价一个等价的命题——财务报告内部控制是否使财务报告发生重大错报的风险降低到了一个适当的水平，即财务报告内部控制是否有重大缺陷。在这个过程中，需要定义4个术语：重大错报、可靠的财务报告、财务报告风险、重大缺陷。

（1）重大错报，是指能够影响财务报表使用人的判断和决策的错报，从数量上来看，超过重要性水平，或者从性质上来看，比较严重。

（2）可靠的财务报告，是指没有重大错报的财务报告。

（3）财务报告风险，是指财务报告发生错报的风险。

（4）重大缺陷，是指财务报告内部控制的一个控制缺陷或多个控制缺陷的组合，会导致内部控制没有防止或发现公司年度或中期财务报表的一个重大错报的可能性达到了相当可能（Reasonable Possibility，RP）的水平。

如前所述，合理保证或有效的内部控制存在一个判定区间 $[P_0, 1)$，只有在内部控制提供保证的水平大于 P_0 的情况下，内部控制才是有效的，也就是说，只有把相关目标实现的风险降低到小于 $(1-P_0)$ 的水平，内部控制才是有效的，所以，有效的内部控制必须满足以下条件：财务报告实际发生重大错报的风险 $AMP < (1-P_0)$。如果 $AMP > (1-P_0)$，则财务报告内部控制无效。因此，单纯从评价财务报告内部控制是否有效的角度来看，RP的变动范围为 $(1-P_0, 1]$，即只要内部控制没有防止或及时发现重大错报的概率超过了 $(1-P_0)$，就存在一个重大缺陷，只要存在一个重大缺陷，内部控制就是无效的。反之，只要财务报告内部控制没有防止或发现公司年度或中期财务报表的一个重大错报的可能性低于 $(1-P_0)$，就能够合理保证财务报告的可靠性，即财务报告就是可靠的。这一等价转化的逻辑如图6-3所示。

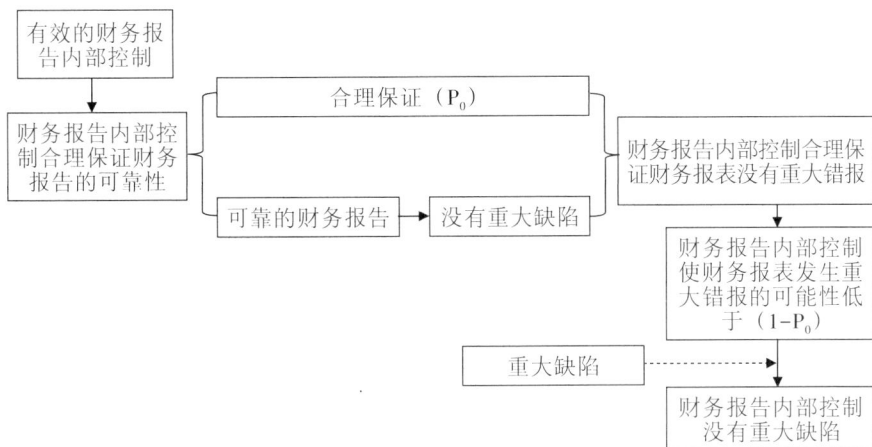

图6-3　财务报告内部控制评价的逻辑

2）财务报告内部控制的评价思路与方法

如前所述，财务报告内部控制的评价主要采用自上而下、风险基础的评价法，其基本的程序和内容主要包括：

（1）识别和评估财务报告风险

管理层首先要根据企业经营管理以及适用会计准则的具体情况识别影响财务报告可靠性的事项，评估财务报告发生错报的风险（财务报告风险）。

（2）识别应对财务报告风险的控制

完成财务报告风险的评估后，管理层需要根据财务报告风险的评估结果，针对企业现有的财务报告内部控制识别出能够充分应对财务报告风险的控制。识别应对财务报告风险的控制需要注意两点：第一，管理层不必识别出企业已有的所有控制，只要识别出能够充分应对财务报告风险的控制（相关控制）即可；第二，识别应对财务报告风险的控制会有两种结果，一种是企业现有的内部控制足够健全，在没有识别所有控制之前，已经识别出能够充分应对评估的财务报告风险的控制，另一种是企业现有的内部控制不够健全，不能充分应对评估的财务报告风险。因此，如果在企业现有的内部控制中能够识别出充分应对财务报告风险的控制，则企业的财务报告内部控制设计有效；如果在企业现有的内部控制中不能识别出充分应对财务报告风险的控制，则财务报告内部控制存在设计缺陷。

识别和评估财务报告风险以及应对财务报告风险的控制时，都要首先考虑主体层面的控制，其次考虑活动层面的控制，是自上而下进行的。

（3）获取相关内部控制运行的证据，评价运行的有效性

识别出充分应对财务报告风险的相关控制后，管理层要根据财务报告风险和相关控制失败的风险确定所需要的证据，并通过企业的持续监督活动和直接的控制测试来获取相关的证据。最后，管理层评价收集到的证据，确定相关控制的运行是否有效。

如果相关控制运行在一个以上的场所或业务单元，则管理层要根据运行在单个场所或业务单元的控制的财务报告内部控制风险而不是覆盖率来确定所需要的证据，以及是否需要直接测试。

（4）控制缺陷的评价与结论

管理层要对注意到的每一项缺陷进行评价，以确定是否构成重大缺陷。控制缺陷的评价要注意以下问题：第一，控制缺陷的评价是基于公司是否没有防止或及时发现一个错报，不必根据错报是否实际已经发生；第二，控制缺陷的评价要从定量和定性两个方面进行；第三，控制缺陷的评价还要考虑其他补偿控制的影响。

采用这种方法评价财务报告内部控制充分体现了自上而下、风险基础的思想，其基本思路和方法如图6-4所示。

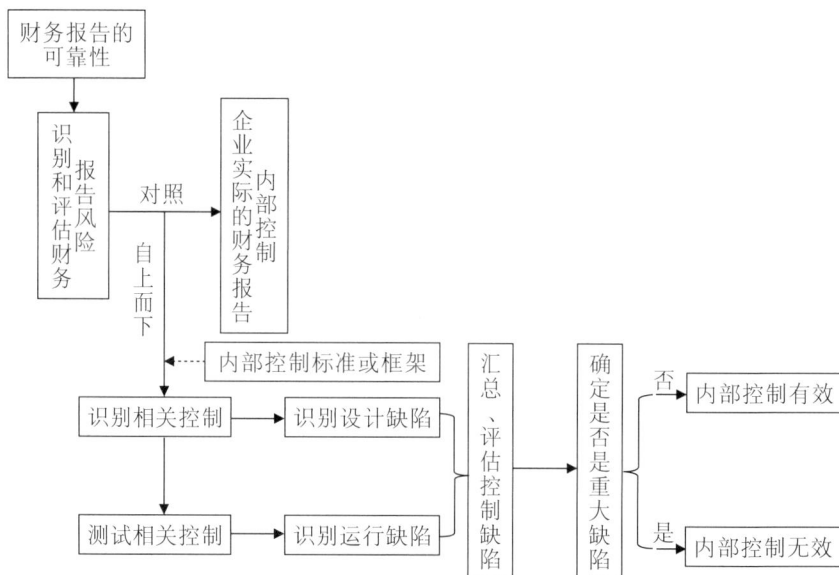

图6-4　财务报告内部控制的评价思路与方法

3）内部报告内部控制的评价

评价内部控制是否为对内报告的可靠性提供合理保证，所采用的思路和方法与评价财务报告内部控制采用的思路与方法基本相同，只需对相关术语针对对内报告进行重新界定：

（1）重大错报，是指能够影响内部报告使用人的判断和决策的错报，从数量和性质上界定。

（2）可靠的内部报告，是指没有重大错报的内部报告。

（3）内部报告的风险，是指内部报告发生错报的风险。

（4）重大缺陷，是指内部控制的一个控制缺陷或多个控制缺陷的组合，它会导致内部控制没有防止或发现内部报告一个重大错报的可能性达到了相当可能（Reasonable Possibility，RP）的水平。

6.6.2　合规目标内部控制的评价

从英美国家来看，评价合规目标内部控制的有效性并形成有效性结论，目前还没有成为一种强制性的要求，但是，合规目标的内部控制与报告目标的内部控制具有相似的特性，即都能合理保证相应内部控制目标的实现，所以，评价其有效性从技术上来讲是可行的，从加强企业管理的角度来看也是非常必要的。由于合规目标与财务报告目标具有相同的特性，即影响因素基本都在企业可以控制的范围内，只要企业有效地实施了相关内部控制，就能合理保证其实现，所以，评价合规目标内部控制的有效性可以采用与评价财务报告内部控制相同的方法，即自上而下、风险基础的方法。

1）评价方法的设计

对于合规目标的内部控制来说，有效的内部控制可以合理保证企业遵守相关的法律法规，评价合规目标内部控制的有效性就是确定合规目标的内部控制是否能够为企业遵守相关的法律法规提供合理的保证。如果提供的保证水平达到或超过合理保证水平，则合规目标的内部控制是有效的；如果提供的保证水平低于合理保证的水平，则合规目标的内部控制是无效的。同样，在实际的评价过程中，也不是直接评价合规目标的内部控制能够为遵守相关的法律法规提供的保证水平，而是评价一个等价的命题：合规目标的内部控制是否使企业发生重大违规的风险降低到了一个适当的水平，即合规目标的内部控制是否有重大缺陷。在这个过程中，需要界定以下三个概念：重大违规，企业违规风险，重大缺陷。

（1）重大违规，是指企业发生的对企业的影响达到一定程度的违规行为。

（2）企业违规风险，是指企业发生违规的风险。

（3）重大缺陷，是指内部控制的一个控制缺陷或多个控制缺陷的组合，它会导致内部控制没有防止或发现公司一个重大违规的可能性达到了相当可能（Reasonable Possibility，RP）的水平。

同样，合理保证或有效的内部控制存在一个判定区间 $(P_0, 1)$，只有在内部控制提供保证的水平大于或等于 P_0 的情况下，内部控制才是有效的，即只有相关目标实现的风险降低到小于 $(1-P_0)$ 的水平，内部控制才是有效的，所以，有效的内部控制必须满足以下条件：企业实际发生重大违规的风险 $AMP \leqslant (1-P_0)$，反之，如果 $AMP > (1-P_0)$，则内部控制无效。因此，RP 的变动范围为 $(1-P_0, 1]$，即只要内部控制没有防止或及时发现重大违规的概率超过了 $(1-P_0)$，那就存在一个重大缺陷；只要存在一个重大缺陷，那么内部控制就是无效的。反之，只要内部控制没有防止或发现一个重大违规的可能性低于或等于 $(1-P_0)$，就能够合理保证企业遵循了相关的法律法规。

2）评价程序和内容

合规目标内部控制的评价主要采用自上而下、风险基础的评价法，其基本的程序和内容主要包括：

（1）识别和评估违规风险

管理层首先要根据企业经营管理以及适用相关法律法规的具体情况识别可能的违规事项，评估企业发生违规的风险（企业违规风险）。

（2）识别应对违规风险的控制

完成企业违规风险的评估后，管理层需要根据企业违规风险的评估结果，针对企业现有的内部控制识别出能够充分应对企业违规风险的控制。识别应对企业违规风险的控制需要注意两点：第一，管理层不必识别出企业已有的所有控制，只要识别出能够充分应对企业违规风险的控制（相关控制）即可；第二，识别应对企业违规风险的控制会有两种结果，一种是企业现有的内部控制足够健全，在没有识别所有控制之前，已经识别出能够充分应对评估的企业违规风险的控制，另一种是企业现有的内部控制不够健全，不能充分应对评估的企业违规风险。因此，如果在企业现有的内部控制中能够识别出充分应对企业违规风险的控制，则企业合规目标的内部控制设计有效；如果在企业现有的内部控制中不能识别出充分应对企业违规风险的控制，则合规目标的内部控制存在设计缺陷。

识别和评估企业违规风险以及应对企业违规风险的控制时，都要首先考虑主体层面的控制，其次考虑活动层面的控制，是自上而下进行的。

（3）获取相关内部控制运行的证据，评价运行的有效性

识别出充分应对企业违规风险的相关控制后，管理层要根据企业违规风险和相关控制失败的风险确定所需要的证据，并通过企业的持续监督活动和直接的控制测试来获取相关的证据。最后，管理层评价收集到的证据，确定相关控制的运行是否有效。

如果相关控制运行在一个以上的场所或业务单元，管理层要根据运行在单个场所或业务单元的控制的企业违规风险而不是覆盖率来确定所需要的证据，以及是否需要直接测试。

（4）控制缺陷的评价与结论

管理层要对注意到的每一项缺陷进行评价，以确定是否构成重大缺陷。控制缺陷的评价要注意以下问题：第一，控制缺陷的评价是基于公司是否没有防止或及时发现一个违规，不必根据违规是否实际已经发生；第二，控制缺陷的评价要从定量和定性两个方面进行；第三，控制缺陷的评价还要考虑其他补偿控制的影响。

3）评价思路与方法

采用自上而下、风险基础评价法评价合规目标的内部控制，其基本思路和方法如图6-5所示。

采用自上而下、风险基础的方法评价合规目标的内部控制，其思路与采用自上而下、风险基础的方法评价财务报告内部控制基本相同，所不同的是对在评价合规目标内部控制的过程中所采用的术语要重新定义，而且，在定义这些术语时面临更大的不确定性，需要管理层根据企业的实际情况作出更高程度的判断：

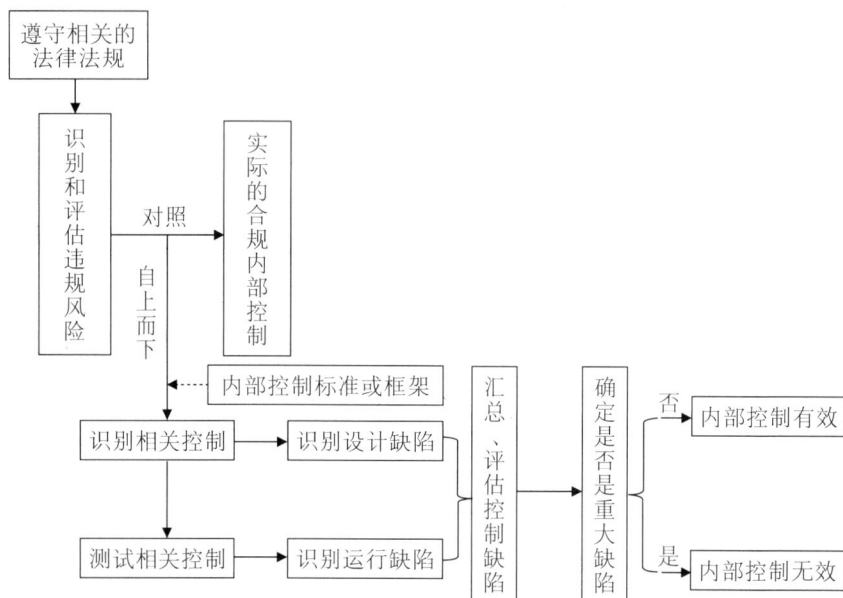

图6-5 采用自上而下、风险基础评价法评价合规目标的内部控制的思路和方法

（1）对重大违规的界定。由于财务报表审计经过了长期的发展，在理论和实务方面已经相对成熟，重大错报是针对财务报表使用者的决策来界定的，所采用的重大错报的概念和确定方法也比较成熟。而对于合规目标内部控制的评价来说，对重大违规尽管也可以从定量和定性两个方面来界定，但如何界定就需要管理层运用自己的经验结合企业适用法律法规的具体情况来进行了，无论是概念和方法都不够成熟，只能基于判断根据违规对企业的影响来确定。

（2）对内部控制重大缺陷的界定。如上所述，对重大违规的界定相对于对重大错报的界定来说需要更高程度的判断，此外，在确定发生重大违规的概率的可容忍区间时也相对严格一些。从理论上讲，财务报告存在一些小的差错是不会影响报表使用人的判断和决策的，在这种情况下可以认为财务报告是可靠的，而违规即使是较小的违规也是违规，所以，人们对违规的容忍度往往要比对财务报表错报的容忍度要小，即RP的下限要小。

6.6.3　战略目标和经营目标内部控制的评价

从英美国家的规制来看，美国SEC选择了只要求评价财务报告内部控制的有效性，英国要求评价战略目标和经营目标的内部控制，但不要求给出有效与否的结论，似乎也是基于上述考虑。因此，从现实的情况来看，一方面，战略目标和经营目标的内部控制是需要评价的，这一点是毋庸置疑的；另一方面，战略目标和经营目标的内部控制是可以评价的，因为很多企业都已经在经营管理中这样做了，英国的监管部门也对上市公司提出了要求。现在的问题是：评价战略目标和经营目标的内部控制是否可以对其有效性形成结论？

按照COSO的观点，对于经营目标和战略目标来说，有效的内部控制只能合理保证管理层和董事会了解这些目标正在实现的程度，而不能合理保证这些目标的实现，因为这两类目标的实现并不完全在企业的控制范围之内。"企业可能像预期那样运作，也可能会被竞争者所超越。这是由于外部事项（例如，政府的变动、恶劣的天气以及类似的情况）的发生超出了企业的控制范围，在目标设定过程中甚至可能已经考虑了某些这类事项，将它们当作具有较低可能性的事项，一旦它们发生就采用一项权变计划来处理。但是，这种计划只能缓解外部事项的影响。它不能确保目标的实现。"因此，评价战略目标和经营目标内部控制的有效性不能直接利用风险基础评价法来评价内部控制为战略目标和经营目标的实现提供的保证水平，必须区分可控的风险和不可控的风险，对于可控的风险，则完全可以应用风险基础评价法来评价现有的内部控制能否针对可控的风险为战略目标和经营目标的实现提供合理的保证；对于不可控风险，只需评价相应的应对措施和权变计划能否合理地保证管理层和董事会及时了解战略目标和经营目标的实现程度。

1）基本概念

应用风险基础法来评价战略目标（或经营目标）的内部控制，首先要界定以下概念：

（1）重大偏差，是指战略目标（或经营目标）可能发生的达到或超过重要性水平的偏差。

（2）战略目标（或经营目标）的风险，是指战略目标（或经营目标）发生重大偏差的风险。

（3）重大缺陷，是指内部控制的一个控制缺陷或多个控制缺陷的组合，它会导致内部控制没有防止或发现公司战略目标（或经营目标）一个重大偏差的可能性达到了相当可能（Reasonable Possibility，RP）的水平。

2）基本思路

利用风险基础法评价战略目标（或经营目标）内部控制的基本思路如下：

（1）识别和评估战略目标（或经营目标）的风险。

（2）将战略目标（或经营目标）的风险按照企业对风险因素的可控性分为可控的战略目标（或经营目标）风险和不可控的战略目标（或经营目标）风险。

（3）对于不可控的风险，主要是评价应对措施和权变计划的适当性，评价能否合理保证管理层和董事会及时地了解不可控风险对战略目标（或经营目标）实现过程的影响。如果应对措施和权变计划能够合理地保证管理层和董事会及时地了解不可控风险对战略目标（或经营目标）实现过程的影响，则内部控制在应对不可控风险方面是有效的，反之，则无效。

（4）对于可控的战略目标（或经营目标）风险采用风险基础评价法。首先，识别充分应对可控风险的控制，评价设计的有效性，识别设计缺陷；其次，评价相关控制运行有效性的证据，评价运行有效性，识别运行缺陷；最后，汇总、评价控制缺陷，评估企业内部控制能否将可控的战略目标（或经营目标）风险发生的概率降低到（$1-P_0$）以下，或者说，评价企业内部控制没有能够防止或及时发现企业发生重大偏差的可能性是否达到了一个相当的概率，即是否存在重大缺陷。如果存在重大缺陷，则内部控制在应对可控风险方面是无效的，如果没有重大缺陷，则内部控制在应对可控风险方面是有效的。

战略目标（或经营目标）内部控制的评价思路和方法如图6-6所示。

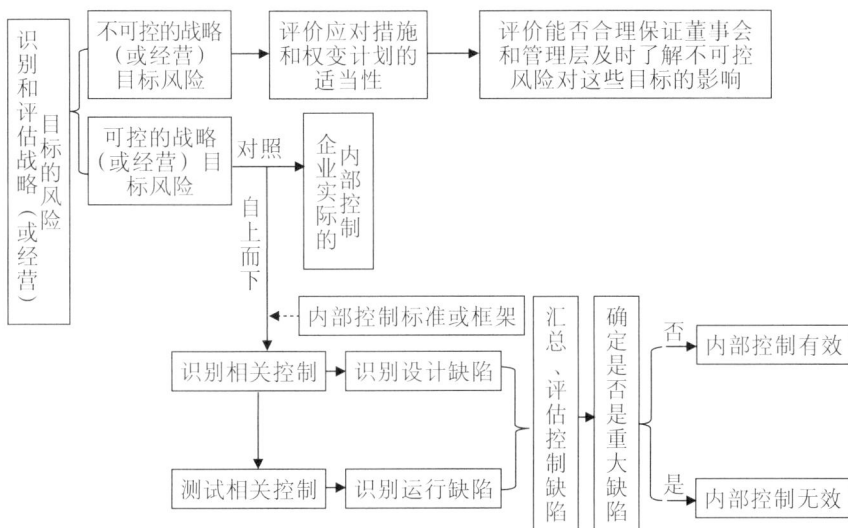

图6-6　战略（或经营）目标内部控制的评价的思路和方法

企业内部控制评价的内容

企业内部控制评价的内容是在评价逻辑基础上对评价对象的细化，COSO的内部控制框架以要素、原则和关注点的形式列出了评价的主要内容，我国的《企业内部控制评价指引》则以《企业内部控制基本规范》和《企业内部控制应用指引》为基础列出了评价的内容。

7.1 ——————COSO内部控制的评价内容——————

COSO在《内部控制——整合框架》中列出了控制环境、风险评估、控制活动、信息与沟通和监督活动五个要素的原则及关注点，作为内部控制的评价内容。

7.1.1 控制环境的原则及关注点

控制环境的原则有5条。

第1条原则强调的是企业要展现对诚信和道德价值观的承诺，评价关注点主要包括[①]：

◉ 确定高层基调——董事会和各级管理层要通过他们的指令、行动和

---

① COSO. Internal Control-Integrated Framework［S］. 2013.

行为展现诚信和道德价值观的重要性，以支持内部控制系统持续发挥职能。

◉制定行为规范——董事会和高级管理层要在企业的行为规范中明确对诚信和道德价值观的期望，并使企业各层级以及外包服务提供商和业务伙伴了解该规范。

◉评估对行为规范的遵守情况——设置流程来评估个人和团队对企业期望的行为规范的遵守情况。

◉及时处理行为偏差——及时、持续地识别偏离企业期望行为规范的行为，并进行整改。

第2条原则强调的是董事会行使监督职责，评价关注点主要包括：

◉建立监督职责——董事会应确认并接受其对已建立要求所负有的监督职责。

◉应用专业知识——董事会确定、维护并定期评估其成员所应具备的技能和专业知识，使其能够向高级管理层提出深入的问题并采取相应的措施。

◉独立运行——董事会必须拥有足够的、独立于管理层的、并能客观地进行评估和决策的成员。

◉履行对内部控制体系的监督职责——董事会对由管理层设计、实施及执行的内部控制负有监督责任。

◉控制环境：应建立诚信和道德价值观、监管结构、权力与责任、期望的胜任能力和董事会问责机制。

◉风险评估：应监督管理层对影响目标实现风险的评估，包括重大变革、舞弊和管理层凌驾的潜在影响。

➤控制活动：应监督高级管理层对控制活动的建立和执行。

➤信息与沟通：应分析和讨论影响企业目标实现的信息。

➤监督活动：应评估和监督监督活动的性质和范围以及管理层对缺陷的评价和纠正。

第3条原则强调的是确立组织架构、权力与责任，评价关注点主要包括：

◉考虑企业的所有架构——管理层和董事会应考虑采用能支持目标实

现的多种架构（包括业务单元、法人主体、分销商和外包服务提供商）。

⊙制定报告路线——管理层设计和评估每个主体组织架构的报告路线，使权力和职责能够得到履行，使信息能够流动，从而管理主体的活动。

⊙确定、分配和限制权力和责任——管理层和董事会应在组织的不同层级授权、确定和分配责任，并根据情况分离职责：

➢董事会：保留重大决策权，并审核管理层对权力和职责的分配与限制。

➢高级管理层：制定指令、指引和控制，使管理层和其他人员能够了解和履行其内部控制职责。

➢管理层：指导和促进高级管理层的指令在主体及下属单位得以执行。

➢员工：了解主体的行为规范、已评估的与目标相关的风险、与主体内其所在层级相关的控制活动、期望的信息与沟通流程和与其目标实现相关的监督活动。

➢外包服务提供商：遵守管理层对所有签约的非雇员确定的权力与责任。

第4条原则强调的是对胜任能力的要求，评价关注点主要包括：

⊙制定政策和实践——政策和实践要反映组织对支持目标实现所需胜任能力的要求。

⊙评估胜任能力并处理不足——董事会和管理层应根据已制定的政策和实践，对整个组织及外包服务提供商的胜任能力进行评估，并采取必要的行动处理不足。

⊙吸引、培养和留用人才——为了支持目标的实现，组织要提供必要的指导和培训，以吸引、培养和留用足够的、有胜任能力的员工和外包服务提供商。

⊙计划和后续准备——高级管理层和董事会应针对内部控制的重要职责安排制定人才应急计划。

第5条原则强调的是实施问责机制，评价关注点主要包括：

⊙通过组织架构、权力和职责强化问责机制——管理层和董事会应建立机制，沟通并要求员工对内部控制职责的履行效果承担责任，并在必要时实施纠正措施。

⊙建立绩效衡量、激励和奖励机制——管理层和董事会要建立适合主体所有层级职责的绩效衡量、激励和其他奖励机制，要反映绩效和期望行为规范的适当度量，要考虑实现短期目标和长期目标。

⊙评估绩效衡量、激励和奖励的持续相关性——管理层和董事会应将激励和奖励与目标实现中内部控制职责的履行情况挂钩。

⊙考虑过度的压力——管理层和董事会在分配职责、建立绩效衡量和评价绩效时，要评估和调整与目标实现相关的压力。

⊙评价绩效并奖励或惩戒——管理层和董事会要评价内部控制职责的履行情况（包括对行为规范的遵守和期望的胜任能力），并酌情提出奖励或实施惩戒措施。

7.1.2 风险评估的原则及关注点

风险评估的原则有4条。

第6条原则强调的是企业要阐明适当的目标，评价关注点主要包括：

⊙运营目标。

➢反映管理层的选择——运营目标应反映管理层对架构、行业考虑以及主体绩效的选择。

➢考虑风险容限——管理层应考虑实现运营目标可以接受的偏离程度。

➢包含运营和财务绩效目标——组织应在运营目标内反映主体期望的运营和财务绩效水平。

➢形成资源配置的基础——管理层应把运营目标作为分配实现期望的经营和财务绩效所需资源的依据。

⊙报告目标。

➢外部财务报告目标。

•遵守适用的会计准则——财务报告目标应与主体适用的且可用的会计原则一致，所选用的会计原则要适合主体的环境。

•考虑重要性——管理层要考虑财务报表列报中的重要性。

•反映主体的活动——外部报告要反映各种基础性交易和事项，以显示质量特征和相关会计认定。

➤外部非财务报告目标。

•遵守外部制定的标准和框架——管理层设定的目标要确保与法律法规、规章或公认的外部机构所发布的标准和框架相一致。

•考虑所需的精确程度——管理层应满足信息使用者所需的精确程度及准确性要求，并遵守第三方对非财务报告方面的相关标准。

•反映主体的活动——外部报告要在可接受限制的范围内反映各种基础性交易和事项。

➤内部报告目标（财务、非财务）。

•反映管理层的选择——内部报告应为管理层提供决策所需的准确、完整信息以及管理组织所需要的信息。

•考虑所需精确程度——管理层要在非财务报告目标中体现满足信息使用者需求的精确程度及准确性要求，并在财务报告目标中体现重要性。

•反映主体的活动——内部报告要在可接受限制的范围内反映各种基础性交易和事项。

◉合规目标。

➤反映外部法律法规及规章——外部法律法规及规章规定了最低行为规范要求，主体应将其纳入合规目标。

➤考虑风险容限——管理层应考虑实现合规目标可以接受的偏离程度。

第7条原则强调的是风险识别与分析，评价关注点主要包括：

◉涵盖主体、子公司、分部、业务单元和职能部门层面——组织要在主体、子公司、分部、业务单元和职能部门层面识别和评估与实现目标有关的风险。

◉分析内部和外部因素——风险识别应考虑内外部因素以及它们对目标实现的影响。

◉涵盖适当层级的管理层——组织要实施有效的风险评估机制，它要涵盖适当层级的管理层。

◉估计识别的风险的严重性——通过一个流程分析识别出的风险，这包括估计风险潜在的严重性。

⊙ 确定如何应对风险——风险评估包括考虑应如何管理风险以及是否接受、规避、降低或分担风险。

第8条原则强调的是评估舞弊风险，评价关注点主要包括：

⊙ 考虑舞弊发生的各种可能方式——评估舞弊要考虑虚假报告、可能的资产损失以及各种方式的舞弊和不当行为导致的腐败。

⊙ 评估动机和压力——舞弊风险的评估要考虑各种动机和压力。

⊙ 评估机会——舞弊风险的评估要考虑未经授权获取、使用或处置资产、更改主体的报告记录或实施其他不当行为的机会。

⊙ 评估态度和合理化——舞弊风险的评估要考虑管理层和其他员工是如何参与不当行为或为此找到正当借口的。

第9条原则强调的是识别和分析重大变化，评价关注点主要包括：

⊙ 评估外部环境的变化——风险识别流程应考虑主体运营中监管、经济和物理环境的变化。

⊙ 评估商业模式的变化——组织应考虑新业务线、现有业务线剧烈的结构变化、收购或剥离的业务经营活动对内部控制系统的潜在影响，对外国地理位置、新技术变化的依赖性，以及企业经营所处自然环境的变化。

⊙ 评估领导阶层的变化——组织要考虑管理层的变动以及他们各自对内部控制系统的态度和理念的变化。

7.1.3 控制活动的原则及关注点

控制活动的原则有3条。

第10条原则强调的是选择和开发控制活动，评价关注点主要包括：

⊙ 与风险评估相结合——控制活动应有助于确保处理和降低风险的风险应对措施得以实施。

⊙ 考虑主体的特定因素——管理层应考虑主体经营的环境、复杂性、性质和范围以及组织的具体特征对选择和开发控制活动的影响。

⊙ 确定相关的业务流程——管理层应确定哪些相关业务流程需要控制活动。

⊙ 评估多种控制活动类型的组合——控制活动包括多种不同类型的控

制，需要通过平衡这些控制形成控制活动组合来降低风险，如同时采取人工控制和自动化控制，以及预防性控制和检查性控制相结合的方式。

⊙考虑控制活动的应用层级——管理层要考虑主体不同层级的控制活动。

⊙处理职责分离——管理层要分离不相容的职责，而且，如果这种分离无法实施，管理层要选择和开发替代的控制措施。

第11条原则强调的选择和开发对技术的一般控制，评价关注点主要包括：

⊙确定业务流程中应用的技术与对技术的一般控制之间的依赖性——管理层应了解和确定业务流程、自动化控制活动和技术一般控制之间的依赖性和联系。

⊙建立技术基础设施相关的控制活动——管理层应选择和开发对技术基础设施的控制活动，用以确保技术处理的完整性、准确性和可用性。

⊙建立安全管理流程相关的控制活动——管理层应选择和开发控制活动，只授予与工作职责相符的技术接触权限，以保护主体资产免受外部威胁。

⊙建立技术采购、开发和维护流程相关的控制活动——管理层应选择和开发技术及其基础设施的采购、开发和维护相关的控制活动，以实现其目标。

第12条原则强调的是通过政策和程序来部署控制活动，关注点主要包括：

⊙制定政策和程序以支持管理层指令的实施——管理层要通过确立期望的政策和将政策付诸实施的程序在业务流程和员工日常活动中建立控制活动。

⊙制定执行政策和程序的职能和责任——管理层要制定相关风险所在业务单元或职能部门的管理层（或其他指定人员）对控制活动的职能和责任。

⊙及时执行——承担相应职责的人员要按照政策和程序的规定及时执行控制活动。

⊙采取整改措施——承担相应职责的人员对实施控制活动所发现的事

项进行调查并采取相应措施。

⊙选用胜任的人员——有胜任能力的人员在充分授权的情况下，应勤勉并持续关注控制活动的执行。

⊙政策和程序的再评估——管理层应定期检查控制活动，以确保其持续相关性，并在必要时进行更新。

7.1.4　信息与沟通的原则及关注点

信息与沟通的原则有3条。

第13条原则强调的是使用相关的信息，评价关注点主要包括：

⊙识别信息需求——组织应建立流程，以识别支持内部控制其他要素发挥作用和实现主体目标所需要的信息。

⊙搜集内部和外部数据——信息系统要搜集内部和外部数据。

⊙把相关数据转化成信息——信息系统要处理相关数据，转化为所需信息。

⊙在处理过程中确保质量——信息系统应提供及时、即时、准确、完整、可获取、受保护、可验证、可保存备份的信息。要对信息进行复核，以评估其支持内部控制要素的相关性。

⊙考虑成本效益——所沟通信息的性质、数量和精确度要与目标相匹配，并能促进目标的实现。

第14条原则强调的是内部沟通，评价关注点主要包括：

⊙沟通内部控制信息——建立信息沟通机制，使所有人员了解和履行其内部控制职责。

⊙与董事会沟通——管理层和董事会之间要进行沟通，从而使双方都能获得履行主体目标相关的职责所需的信息。

⊙提供单独的沟通线路——建立单独的沟通渠道（比如举报热线）作为故障自动防护机制，使匿名或保密的沟通在正常渠道失效或无效时可以进行。

⊙选择相关的沟通方式——沟通方式的确定应考虑沟通时机、受众和信息的性质。

第15条原则强调的是外部沟通，评价关注点主要包括：

133

◉与外部沟通——应建立与外部相关各方及时沟通相关信息的流程，包括股东、合伙人、所有者、监管机构、客户、财务分析师和其他外部各方。

◉应能从外部输入沟通——开放的沟通渠道要使客户、消费者、供应商、外部审计师、监管机构、财务分析师和其他外部各方为管理层和董事会提供相关信息。

◉与董事会沟通——应与董事会就外部评估所获得的相关信息进行沟通。

◉提供单独的沟通线路——建立单独的沟通渠道（比如举报热线）作为故障自动防护机制，使匿名或保密的沟通在正常渠道失效或无效时可以进行。

◉选择相关的沟通方式——沟通方式应考虑沟通时机、受众、信息的性质、法律法规，以及受托人的要求和期望。

7.1.5 监督活动的原则及关注点

监督活动的原则有2条。

第16条原则强调的是开展持续评价和（或）单独评价，评价关注点主要包括：

◉考虑持续评价和单独评价的组合——管理层应考虑持续评价和单独评价的均衡。

◉考虑变化率——管理层在选择和开发持续评价和单独评价时要考虑业务和业务流程的变化率。

◉建立基准了解——把内部控制系统的设计和当前状态用作设定持续评价和单独评价的基准。

◉选用有专业知识的人员——实施持续和单独评价的评价人员应具备充分的专业知识，理解被评价事项。

◉与业务流程整合——持续评价应嵌入业务流程，并根据情况变化作出调整。

◉调整范围和频率——管理层应依据风险调整单独评价的范围和频率。

◉客观评价——应定期实施单独评价以提供客观的反馈。

第17条原则强调的是评估与沟通缺陷，评价关注点主要包括：

◉评估结果——管理层和董事会应酌情评估持续评价和单独评价的结果。

◉沟通缺陷——向负责采取整改措施的各方沟通缺陷，必要时还应与高级管理层以及董事会进行沟通。

◉监督整改措施——管理层应持续跟踪缺陷，确定其是否得到及时整改。

7.2 我国企业内部控制的评价内容

根据我国的《企业内部控制评价指引》，企业应当根据《企业内部控制基本规范》、应用指引以及本企业的内部控制制度，围绕内部环境、风险评估、控制活动、信息与沟通、内部监督等要素，确定内部控制评价的具体内容，对内部控制设计与运行情况进行全面评价。[①]从内部控制的构成要素和内部控制的设计与运行两个维度明确了内部控制评价的内容，二者交织在一起，对每个要素的评价同时包含了对设计和运行的评价。

7.2.1 内部环境的评价内容

根据《企业内部控制评价指引》，企业组织开展内部环境评价，应当以组织架构、发展战略、人力资源、企业文化、社会责任等应用指引为依据，结合本企业的内部控制制度，对内部环境的设计及实际运行情况进行认定和评价。

根据《企业内部控制基本规范》，内部环境是企业实施内部控制的基础，一般包括治理结构、机构设置及权责分配、内部审计、人力资源政策、企业文化等。[②]根据《企业内部控制基本规范》，一个有效的企业内部环境应当满足以下原则性要求。

135

---

① 财政部，证监会，审计署，银监会，保监会. 企业内部控制评价指引 [S]. 2010.
② 财政部，证监会，审计署，银监会，保监会. 企业内部控制基本规范 [S]. 2008.

1）治理结构

企业应当根据国家有关法律法规和企业章程，建立规范的公司治理结构和议事规则，明确决策、执行、监督等方面的职责权限，形成科学有效的职责分工和制衡机制。

股东会享有法律法规和企业章程规定的合法权利，依法行使企业经营方针、筹资、投资、利润分配等重大事项的表决权。

董事会对股东会负责，依法行使企业的经营决策权。

监事会对股东会负责，监督企业董事、经理和其他高级管理人员依法履行职责。

经理层负责组织实施股东会、董事会决议事项，主持企业的生产经营管理工作。

董事会负责内部控制的建立健全和有效实施。监事会对董事会建立与实施内部控制进行监督。经理层负责组织领导企业内部控制的日常运行。

企业应当成立专门机构或者指定适当的机构具体负责组织协调内部控制的建立实施及日常工作。

企业应当在董事会下设立审计委员会。审计委员会负责审查企业内部控制，监督内部控制的有效实施和内部控制自我评价情况，协调内部控制审计及其他相关事宜等。

审计委员会负责人应当具备相应的独立性、良好的职业操守和专业胜任能力。

2）机构设置及权责分配

企业应当结合业务特点和内部控制要求设置内部机构，明确职责权限，将权利与责任落实到各责任单位。

企业应当通过编制内部管理手册，使全体员工掌握内部机构设置、岗位职责、业务流程等情况，明确权责分配，正确行使职权。

3）内部审计

企业应当加强内部审计工作，保证内部审计机构设置、人员配备和工作的独立性。

内部审计机构应当结合内部审计监督，对内部控制的有效性进行监督检查。内部审计机构对监督检查中发现的内部控制缺陷，应当按照企业内部审计工作程序进行报告；对监督检查中发现的内部控制重大缺陷，有权直接向董事会及其审计委员会、监事会报告。

4）人力资源政策

企业应当制定和实施有利于企业可持续发展的人力资源政策。人力资源政策应当包括下列内容：

（1）员工的聘用、培训、辞退与辞职。

（2）员工的薪酬、考核、晋升与奖惩。

（3）关键岗位员工的强制休假制度和定期岗位轮换制度。

（4）掌握国家秘密或重要商业秘密的员工离岗的限制性规定。

（5）有关人力资源管理的其他政策。

企业应当将职业道德修养和专业胜任能力作为选拔和聘用员工的重要标准，切实加强员工培训和继续教育，不断提升员工素质。

5）企业文化

企业应当加强文化建设，培育积极向上的价值观和社会责任感，倡导诚实守信、爱岗敬业、开拓创新和团队协作精神，树立现代管理理念，强化风险意识。

董事、监事、经理及其他高级管理人员应当在企业文化建设中发挥主导作用。

企业员工应当遵守员工行为守则，认真履行岗位职责。

企业应当加强法制教育，增强董事、监事、经理及其他高级管理人员和员工的法制观念，严格依法决策、依法办事、依法监督，建立健全法律顾问制度和重大法律纠纷案件备案制度。

7.2.2　风险评估的评价内容

根据《企业内部控制评价指引》，企业组织开展风险评估机制评价，应当以《企业内部控制基本规范》有关风险评估的要求，以及各项应用指引中所列主要风险为依据，结合本企业的内部控制制度，对日常经营管理过程中的风险识别、风险分析、应对策略等进行认定和评价。

根据《企业内部控制基本规范》，风险评估是企业及时识别、系统分析经营活动中与实现内部控制目标相关的风险，合理确定风险应对策略。企业应当根据设定的控制目标，全面系统持续地收集相关信息，结合实际情况，及时进行风险评估。根据《企业内部控制基本规范》，一个有效的企业风险评估机制应当满足以下原则性要求。

1）目标设定

企业应当设定清晰、明确的内部控制目标，以识别和评估相关风险。

2）风险识别

企业开展风险评估，应当准确识别与实现控制目标相关的内部风险和外部风险，确定相应的风险承受度。风险承受度是企业能够承担的风险限度，包括整体风险承受能力和业务层面的可接受风险水平。

企业识别内部风险，应当关注下列因素：（1）董事、监事、经理及其他高级管理人员的职业操守、员工专业胜任能力等人力资源因素。（2）组织机构、经营方式、资产管理、业务流程等管理因素。（3）研究开发、技术投入、信息技术运用等自主创新因素。（4）财务状况、经营成果、现金流量等财务因素。（5）营运安全、员工健康、环境保护等安全环保因素。（6）其他有关内部风险因素。

企业识别外部风险，应当关注下列因素：（1）经济形势、产业政策、融资环境、市场竞争、资源供给等经济因素。（2）法律法规、监管要求等法律因素。（3）安全稳定、文化传统、社会信用、教育水平、消费者行为等社会因素。（4）技术进步、工艺改进等科学技术因素。（5）自然灾害、环境状况等自然环境因素。（6）其他有关外部风险因素。

3）风险分析

企业应当采用定性与定量相结合的方法，按照风险发生的可能性及其影响程度等，对识别的风险进行分析和排序，确定关注重点和优先控制的风险。

企业进行风险分析，应当充分吸收专业人员，组成风险分析团队，按照严格规范的程序开展工作，确保风险分析结果的准确性。

4）应对策略

企业应当根据风险分析的结果，结合风险承受度，权衡风险与收益，确定风险应对策略。

企业应当合理分析、准确掌握董事、经理及其他高级管理人员、关键岗位员工的风险偏好，采取适当的控制措施，避免因个人风险偏好给企业经营带来重大损失。

企业应当综合运用风险规避、风险降低、风险分担和风险承受等风险应对策略，实现对风险的有效控制。风险规避是企业对超出风险承受度的风险，通过放弃或者停止与该风险相关的业务活动以避免和减轻损失的策略。风险降低是企业在权衡成本效益之后，准备采取适当的控制措施降低风险或者减轻损失，将风险控制在风险承受度之内的策略。风险分担是企业准备借助他人力量，采取业务分包、购买保险等方式和适当的控制措施，将风险控制在风险承受度之内的策略。风险承受是企业对风险承受度之内的风险，在权衡成本效益之后，不准备采取控制措施降低风险或者减轻损失的策略。

企业应当结合不同发展阶段和业务拓展情况，持续收集与风险变化相关的信息，进行风险识别和风险分析，及时调整风险应对策略。

7.2.3　控制活动的评价内容

根据《企业内部控制评价指引》，企业组织开展控制活动评价，应当以《企业内部控制基本规范》和各项应用指引中的控制措施为依据，结合本企业的内部控制制度，对相关控制措施的设计和运行情况进行认定和评价。

根据《企业内部控制基本规范》，控制活动是企业根据风险评估结果，采用相应的控制措施，将风险控制在可承受之内。企业应当结合风险评估结果，通过手工控制与自动控制、预防性控制与发现性控制相结合的方法，运用相应的控制措施，将风险控制在可承受之内。控制措施一般包括：不相容职务分离控制、授权审批控制、会计系统控制、财产保护控制、预算控制、运营分析控制和绩效考评控制等。

1）不相容职务分离控制

不相容职务分离控制要求企业全面系统地分析、梳理业务流程中所涉及的不相容职务，实施相应的分离措施，形成各司其职、各负其责、相互制约的工作机制。

2）授权审批控制

授权审批控制要求企业根据常规授权和特别授权的规定，明确各岗位办理业务和事项的权限范围、审批程序和相应责任。

企业应当编制常规授权的权限指引，规范特别授权的范围、权限、程序和责任，严格控制特别授权。常规授权是指企业在日常经营管理活动中按照既定的职责和程序进行的授权。特别授权是指企业在特殊情况、特定条件下进行的授权。

企业各级管理人员应当在授权范围内行使职权和承担责任。

企业对于重大的业务和事项，应当实行集体决策审批或者联签制度，任何个人不得单独进行决策或者擅自改变集体决策。

3）会计系统控制

会计系统控制要求企业严格执行国家统一的会计准则制度，加强会计基础工作，明确会计凭证、会计账簿和财务会计报告的处理程序，保证会计资料真实完整。

企业应当依法设置会计机构，设置会计人员并指定会计主管人员。会计人员应当具备从事会计工作所需要的专业能力。会计机构负责人应当具备会计师以上专业技术职务资格或者从事会计工作三年以上经历。

大中型企业应当设置总会计师。设置总会计师的企业，不得设置与其职权重叠的副职。

4）财产保护控制

财产保护控制要求企业建立财产日常管理制度和定期清查制度，采取财产记录、实物保管、定期盘点、账实核对等措施，确保财产安全。

企业应当严格限制未经授权的人员接触和处置财产。

5）预算控制

预算控制要求企业实施全面预算管理制度，明确各责任单位在预算管理中的职责权限，规范预算的编制、审定、下达和执行程序，强化预算约束。

6）运营分析控制

运营分析控制要求企业建立运营情况分析制度，经理层应当综合运用生产、购销、投资、筹资、财务等方面的信息，通过因素分析、对比分析、趋势分析等方法，定期开展运营情况分析，发现存在的问题，及时查明原因并加以改进。

7）绩效考评控制

绩效考评控制要求企业建立和实施绩效考评制度，科学设置考核指标体系，对企业内部各责任单位和全体员工的业绩进行定期考核和客观评价，将考评结果作为确定员工薪酬以及职务晋升、评优、降级、调岗、辞退等的依据。

企业应当根据内部控制目标，结合风险应对策略，综合运用控制措施，对各种业务和事项实施有效控制。

企业应当建立重大风险预警机制和突发事件应急处理机制，明确风险预警标准，对可能发生的重大风险或突发事件，制定应急预案、明确责任人员、规范处置程序，确保突发事件得到及时妥善处理。

7.2.4　信息与沟通的评价内容

根据《企业内部控制评价指引》，企业组织开展信息与沟通评价，应当以内部信息传递、财务报告、信息系统等相关应用指引为依据，结合本企业的内部控制制度，对信息收集、处理和传递的及时性、反舞弊机制的健全性、财务报告的真实性、信息系统的安全性，以及利用信息系统实施内部控制的有效性等进行认定和评价。

根据《企业内部控制基本规范》，信息与沟通是企业及时、准确地收集、传递与内部控制相关的信息，确保信息在企业内部、企业与外部之间进行有效沟通。企业应当建立信息与沟通制度，明确内部控制相关信息的收集、处理和传递程序，确保信息及时沟通，促进内部控制有效运行。根据《企业内部控制基本规范》，一个有效的信息与沟通机制应当满足以下原则性要求。

1）信息的收集与处理

企业应当对收集的各种内部信息和外部信息进行合理筛选、核对、整合，提高信息的有用性。

企业可以通过财务会计资料、经营管理资料、调研报告、专项信息、内部刊物、办公网络等渠道，获取内部信息。

企业可以通过行业协会组织、社会中介机构、业务往来单位、市场调查、来信来访、网络媒体以及有关监管部门等渠道，获取外部信息。

2）信息的传递

企业应当将内部控制相关信息在企业内部各管理级次、责任单位、业务环节之间，以及企业与外部投资者、债权人、客户、供应商、中介机构和监管部门等有关方面之间进行沟通和反馈。信息沟通过程中发现的问题，应当及时报告并加以解决。重要信息应当及时传递给董事会、监事会和经理层。

3）信息技术应用与安全

企业应当利用信息技术促进信息的集成与共享，充分发挥信息技术在信息与沟通中的作用。

企业应当加强对信息系统开发与维护、访问与变更、数据输入与输出、文件储存与保管、网络安全等方面的控制，保证信息系统安全稳定运行。

4）反舞弊机制

企业应当建立反舞弊机制，坚持惩防并举、重在预防的原则，明确反舞弊工作的重点领域、关键环节和有关机构在反舞弊工作中的职责权限，规范舞弊案件的举报、调查、处理、报告和补救程序。

企业至少应当将下列情形作为反舞弊工作的重点：

（1）未经授权或者采取其他不法方式侵占、挪用企业资产，牟取不当利益。

（2）在财务会计报告和信息披露等方面存在的虚假记载、误导性陈述或者重大遗漏等。

（3）董事、监事、经理及其他高级管理人员滥用职权。

（4）相关机构或人员串通舞弊。

企业应当建立举报投诉制度和举报人保护制度，设置举报专线，明确举报投诉处理程序、办理时限和办结要求，确保举报、投诉成为企业有效掌握信息的重要途径。举报投诉制度和举报人保护制度应当及时传达至全体员工。

7.2.5　内部监督的评价内容

根据《企业内部控制评价指引》，企业组织开展内部监督评价，应当以《企业内部控制基本规范》有关内部监督的要求，以及各项应用指引中有关日常管控的规定为依据，结合本企业的内部控制制度，对内部监督机制的有效性进行认定和评价，重点关注监事会、审计委员会、内部审计机构等是否在内部控制设计和运行中有效发挥监督作用。

根据《企业内部控制基本规范》，内部监督是企业对内部控制建立与实施情况进行监督检查，评价内部控制的有效性，发现内部控制缺陷，应当及时加以改进。企业应当制定内部控制监督制度，明确内部审计机构（或经授权的其他监督机构）和其他内部机构在内部监督中的职责权限，规范内部监督的程序、方法和要求。根据《企业内部控制基本规范》，一个有效的内部监督机制应当满足以下原则性要求。

1）内部监督的方式

内部监督分为日常监督和专项监督。日常监督是指企业对建立与实施内部控制的情况进行常规、持续的监督检查；专项监督是指在企业发展战略、组织结构、经营活动、业务流程、关键岗位员工等发生较大调整或变化的情况下，对内部控制的某一或者某些方面进行有针对性的监督检查。专项监督的范围和频率应当根据风险评估结果以及日常监督的有效性等予以确定。

2）内部控制缺陷认定与报告

企业应当制定内部控制缺陷认定标准，对监督过程中发现的内部控制缺陷，应当分析缺陷的性质和产生的原因，提出整改方案，采取适当的形式及时向董事会、监事会或者经理层报告。

内部控制缺陷包括设计缺陷和运行缺陷。企业应当跟踪内部控制缺陷整改情况，并就内部监督中发现的重大缺陷，追究相关责任单位或者责任人的责任。

3）内部控制自我评价

企业应当结合内部监督情况，定期对内部控制的有效性进行自我评价，出具内部控制自我评价报告。

内部控制自我评价的方式、范围、程序和频率，由企业根据经营业务调整、经营环境变化、业务发展状况、实际风险水平等自行确定。

4）内部控制档案

企业应当以书面或者其他适当的形式，妥善保存内部控制建立与实施过程中的相关记录或者资料，确保内部控制建立与实施过程的可验证性。

财务报告内部控制评价的程序

自上而下、风险基础的评价模式，综合参考美国SEC发布的《管理层财务报告内部控制指引》[①]，我国的《企业内部控制评价指引》、《企业内部控制审计指引》和中国注册会计师审计准则等归纳总结了财务报告内部控制评价的一般程序，从理论来说，自上而下、风险基础的评价模式既适用于企业管理层的内部控制评价，也适用于注册会计师的内部控制审计。

财务报告内部控制评价的一般程序包括：组织与准备；识别和评估财务报告风险；评价企业财务报告内部控制的设计；评价企业财务报告内部控制的运行；评价控制缺陷；评价报告与披露。其中，评估财务报告风险与评价企业财务报告内部控制的设计并不存在绝对的先后关系，在很多情况下，是在评估财务报告风险的同时识别相关的控制，评价控制的设计。

8.1　　　　　　　　　组织与准备

在开始正式的评价之前，管理层需要首先做好组织和准备工作，主要包括两个方面：建立内部控制评价小组；与外部审计师沟通。

---

① SEC. Commission guidance regarding management's report on internal control over financial reporting under section 13（a）or 15（d）of the Securities Exchange Act of 1934［S］. 2007.

1）建立内部控制评价小组

为了加强对内部控制年度评价的监督和管理，企业应当建立内部控制评价小组。评价小组应由董事长牵头组建，由来自会计、财务、信息技术、法律、内部审计、人力资源和经营部门的人员组成。评价小组成员应具有适当的财务报告和控制的技术与知识。虽然在较小的企业内，CEO和CFO可能是项目小组的成员，但项目小组应当向CEO和CFO报告。评价小组应当承担评价过程中的主要决策工作，为文档记录和测试规划、进展和结果的沟通制定指导原则和程序，还应当明确规定评价小组每一成员的任务和职责。

评价小组应当就评价工作与企业各个层面进行充分的沟通，消除抵触情绪，争取得到各方的支持和配合。如果企业设有监事会或审计委员会，还应当对评价规划进行审查。

如果企业不具备适当的资源或专业知识，如计算机信息系统，那么可以在项目组中加入第三方，第三方可以在文档记录或测试内部控制方面提供帮助。需要注意的是，即使聘用了第三方，管理层也要对评价和报告内部控制设计和运行的有效性负责。

2）与外部审计师沟通

虽然由企业管理层主导整个评价过程，确定文档记录和测试的性质与范围，但是，如果企业的内部控制还要经过注册会计师审计，则企业管理层还应当与审计师进行沟通，讨论这些决定，比如财务报告的风险、相关的控制、要评价的范围和场所以及要实施的测试的性质等。评价小组应当与审计师讨论整体的评价过程、评价规划和进展情况，尽可能与注册会计师取得共识，达成一致意见，将意外问题的影响降到最小。这样，一方面可以改进评价规划，提高评价的效率和质量；另一方面，可以得到注册会计师对企业评价的认可，降低注册会计师的审计成本和收费。

8.2 —————— 识别和评估财务报告风险 ——————

鉴于财务报告的性质，财务报告不可能做到绝对准确和绝对可靠，可靠的财务报告也不是一点错报也没有，所以，财务报告风险是指财务报告要素发生重大错报（包括漏报）的可能性。财务报告要素是指财务报表中的数额或披露。评价小组评估财务报告风险，就是要考虑财务报告要素错报的来源和潜在可能性，识别那些造成财务报表重大错报的来源，评估企业财务报告发生重大错报的风险。这种评估主要是指评估财务报告发生重大错报的固有风险，即在不考虑内部控制、只考虑财务报表要素自身的特性及人为舞弊等原因的前提下，财务报告要素发生重大错报的风险。

评估财务报告风险的基本思路是，了解和分析企业及其环境，评估重要性水平，识别和评估重大错报风险，识别重要账户和披露、相关认定以及主要交易类别和重要流程。

1）了解和分析企业及其环境

识别和评估财务报告的重大错报风险，评价小组首先要了解和分析企业及其环境，识别风险事项。了解和分析的程序主要包括：询问企业的管理层和内部其他相关人员、分析程序、观察和检查。评价小组应当从下列方面了解和分析企业及其环境：行业状况、法律环境与监管环境以及其他外部因素；企业的性质；企业对会计政策的选择和运用；企业的目标、战略以及相关经营风险；企业财务业绩的衡量和评价。①

（1）了解和分析行业状况、法律环境与监管环境以及其他外部因素

企业所处的行业状况、法律环境与监管环境以及其他外部因素可能会对企业的经营活动乃至财务报表产生影响，评价小组应当对这些外部因素进行了解和分析。

了解和分析行业状况有助于评价小组识别与企业所处行业有关的重大错报风险。评价小组应当了解和分析企业所处行业的状况，主要内容包括：所在行业的市场供求与竞争；生产经营的季节性和周期性；产品生产技术的变化；能源供应与成本；行业的关键指标和统计数据。

由于相关法规或监管要求可能对企业经营活动有重大影响，如不遵守将导致停业等严重后果，或者规定了企业的责任和义务，或决定了企业需要遵循的行业惯例和核算要求，所以，评价小组应当了解和分析企业所处

---

① 中国注册会计师协会. 中国注册会计师审计准则第 1211 号——重大错报风险的识别和评估［S］. 2022.

的法律环境及监管环境。了解和分析的主要内容包括：适用的会计准则、会计制度和行业特定惯例；对经营活动产生重大影响的法律法规及监管活动；对开展业务产生重大影响的政府政策，包括货币、财政、税收和贸易等政策；与企业所处行业和所从事经营活动相关的环保要求。

除了企业的行业状况、法律环境和监管环境外，其他外部因素也可能对企业的财务报告产生影响。评价小组还应当了解和分析影响企业经营活动的其他外部因素，这些因素主要包括：宏观经济的景气度；利率和资金供求状况；通货膨胀水平及币值变动；国际经济环境和汇率变动。

（2）了解和分析企业的性质

了解和分析企业的性质有助于评价小组理解预期在财务报表中反映的各类交易、账户余额和列报。评价小组应当从下列主要方面了解和分析企业的性质：所有权结构；治理结构；组织结构；经营活动；投资活动；筹资活动。

评价小组应当了解和分析所有权结构以及所有者与其他人员或单位之间的关系，考虑关联方关系是否已经得到识别，以及关联方交易是否得到恰当核算。

良好的治理结构可以对企业的经营和财务运作实施有效的监督，从而降低财务报表发生重大错报的风险。评价小组应当了解和分析企业的治理结构，考虑治理层是否能够在独立于管理层的情况下对企业事务（包括财务报告）作出客观判断。

评价小组应当了解和分析企业的组织结构，考虑复杂组织结构可能导致的重大错报风险，包括财务报表合并、商誉摊销和减值、长期股权投资核算以及特殊目的实体核算等问题。

了解和分析企业的经营活动有助于评价小组识别预期在财务报表中反映的主要交易类别、重要账户余额和列报，评价小组应当了解和分析企业的以下经营活动：主营业务的性质；与生产产品或提供劳务相关的市场信息；业务的开展情况；联盟、合营与外包情况；从事电子商务的情况；地区与行业分布；生产设施、仓库的地理位置及办公地点；关键客户；重要供应商；劳动用工情况；研究与开发活动及其支出；关联方交易。

了解和分析企业的投资活动有助于评价小组关注企业在经营策略和方向上的重大变化，所以，评价小组应当了解和分析企业的以下投资活动：近期拟实施或已实施的并购活动与资产处置情况；证券投资、委托贷款的发生与处置；资本性投资活动，包括固定资产和无形资产投资，以及近期或计划发生的变动；不纳入合并范围的投资。

了解和分析企业的筹资活动有助于评价小组评估企业在融资方面的压力，并进一步考虑企业在可预见未来的持续经营能力，所以，评价小组应当了解和分析企业的以下筹资活动：债务结构和相关条款，包括担保情况及表外融资；固定资产的租赁；关联方融资；实际受益股东；衍生金融工具的运用。

（3）了解和分析企业对会计政策的选择和运用

评价小组应当了解和分析企业对会计政策的选择和运用，判断是否符合适用的会计准则和相关会计制度，是否符合企业的具体情况。

在了解和分析企业对会计政策的选择和运用是否适当时，评价小组应当关注下列重要事项：重要项目的会计政策和行业惯例；重大和异常交易的会计处理方法；在新领域和缺乏权威性标准或共识的领域，采用重要会计政策产生的影响；会计政策的变更；企业何时采用以及如何采用新颁布的会计准则和相关会计制度。

如果企业变更了重要的会计政策，评价小组应当分析变更的原因及其适当性，并考虑是否符合适用的会计准则和相关会计制度的规定。

评价小组应当分析企业是否按照适用的会计准则和相关会计制度的规定恰当地进行了列报，并披露了重要事项。

（4）了解和分析企业的目标、战略以及相关经营风险

评价小组应当了解和分析企业的目标和战略，以及可能导致财务报表发生重大错报的相关经营风险。目标是企业经营活动的指针。企业管理层或治理层一般会根据企业经营面临的外部环境和内部各种因素，制定合理可行的经营目标。战略是企业管理层为实现经营目标采用的总体层次的策略和方法。为了实现某一既定的经营目标，企业可能有多个可行战略。随着外部环境的变化，企业会对目标和战略作出相应的调整。经营风险源于对企业实现目标和战略产生不利影响的重大情况、事项、环境和行动，或

源于不恰当的目标和战略。评价小组应当了解和分析企业是否存在与下列方面有关的目标和战略，并考虑相应的经营风险：

① 行业发展，及其可能导致的企业不具备足以应对行业变化的人力资源和业务专长等风险。

② 开发新产品或提供新服务，及其可能导致的企业产品责任增加等风险。

③ 业务扩张，及其可能导致的企业对市场需求的估计不准确等风险。

④ 新颁布的会计法规，及其可能导致的企业执行法规不当或不完整，或会计处理成本增加等风险。

⑤ 监管要求，及其可能导致的企业法律责任增加等风险。

⑥ 本期及未来的融资条件，及其可能导致的企业由于无法满足融资条件而失去融资机会等风险。

⑦ 信息技术的运用，及其可能导致的企业信息系统与业务流程难以融合等风险。

多数经营风险最终都会产生财务后果，从而影响财务报表。评价小组应当根据企业的具体情况考虑经营风险是否可能导致财务报表发生重大错报。企业通常会制定识别和应对经营风险的策略，评价小组应当了解和分析企业的风险评估过程。

（5）了解和分析企业财务业绩的衡量和评价

企业内部或外部对财务业绩的衡量和评价可能对管理层产生压力，促使管理层采取行动改善财务业绩或歪曲财务报表。评价小组应当了解和分析企业财务业绩的衡量和评价情况，考虑这种压力是否可能导致管理层采取行动，以至于增加财务报表发生重大错报的风险。

在了解企业财务业绩衡量和评价情况时，评价小组应当分析下列信息：关键业绩指标；业绩趋势；预测、预算和差异分析；管理层和员工业绩考核与激励性报酬政策；分部信息与不同层次部门的业绩报告；与竞争对手的业绩比较；外部机构提出的报告。

在了解的这些信息中，评价小组应当关注企业内部财务业绩衡量所显示的意外结果或趋势、管理层的调查结果和纠正措施，以及相关信息是否显示财务报表可能存在重大错报。

2）评估重要性水平

评价小组在了解和分析企业及其环境、评估财务报告风险时需要评估重要性水平，它是判断错报是否重要的标准，也是评估财务报告风险的依据。

（1）内部控制评价中的重要性水平

根据美国 PCAOB 的第 2201 号审计准则，在规划财务报告内部控制审计时，审计师应用的重要性判断应当与其在规划公司年度财务报表审计时所用的重要性判断相同；也就是说，财务报表审计与内部控制审计所采用的重要性水平应当是相同的。因此，评价小组采用风险基础的方法评价内部控制的有效性，评估财务报告风险时确定重要性水平的方法应当与财务报表审计确定重要性水平的方法相同。

根据中国注册会计师执业准则，重要性取决于在具体环境下对错报金额和性质的判断。在财务报表审计中，如果一项错报单独或连同其他错报可能影响财务报表使用者依据财务报表作出的经济决策，则该项错报是重大的。美国财务会计准则委员会第 2 号公告将重要性定义为：会计信息漏报或错报的严重程度，在特定环境下足以改变或影响任何一位理性决策者依赖这些信息所作出的判断。重要性水平可被视为会计报表中的错报、漏报能否影响会计报表使用者决策的临界点，超过该临界点，就会影响使用者的判断和决策，这种错报和漏报就应被看作"重大的"。

在确定重要性水平时，要注意以下几点：

① 重要性概念中的错报包含漏报，而且，财务报表错报包括财务报表金额的错报和财务报表披露的错报。

② 重要性包括对数量和性质两个方面的考虑，既要考虑错报金额的大小，也要考虑错报的性质。仅从数量角度考虑，重要性水平只是提供了一个门槛或临界点，在该门槛或临界点之上的错报就是重要的；反之，则不重要。对于某些财务报表披露的错报，难以从数量上判断是否重要，应从性质上考虑是否重要。

③ 重要性概念是针对财务报表使用者决策的信息需求而言的。判断一项错报重要与否，应视其对财务报表使用者依据财务报表作出经济决策的影响程度而定。如果财务报表中的某项错报足以改变或影响财务报表使

用者的相关决策，则该项错报就是重要的，否则就不重要。

④ 重要性的判断与具体环境相关。由于不同的被审计单位面临不同的环境，不同的报表使用者有着不同的信息需求，因此确定的重要性也不相同。

⑤ 对重要性的评估需要运用经验和判断。影响重要性的因素很多，评价小组应当根据被审计单位面临的环境，并综合考虑其他因素，运用自己的经验和判断合理确定重要性水平。

（2）重要性的定量考虑

评价小组首先要从数量方面确定重要性水平。重要性水平是一个经验值，评价小组只能通过经验和判断确定重要性水平。重要性的定量考虑一般从两个层次进行：财务报表层次和各类交易、账户余额、列报的认定层次。

①财务报表层次的重要性水平。

财务报表层次的重要性水平直接与财务报告风险相对应，评价小组在评估财务报告风险时必须考虑财务报表层次的重要性水平，从而确定重大错报的范围。只有这样，才能对控制缺陷进行评价，进而确定内部控制的有效性。

确定多大错报会影响到财务报表使用者所作出的决策，是评价小组运用经验和判断的结果。通常先选择一个恰当的基准，再选用适当的百分比乘以该基准，从而得出财务报表层次的重要性水平。

在实务中，有许多汇总性财务数据可以用作确定财务报表层次重要性水平的基准，如总资产、净资产、销售收入、费用总额、毛利、净利润等。在选择适当的基准时，应当考虑的因素包括：财务报表的要素（例如，资产、负债、所有者权益、收入和费用等）、适用的会计准则和相关会计制度所定义的财务报表指标（例如，财务状况、经营成果和现金流量），以及适用的会计准则和相关会计制度提出的其他具体要求；对企业而言，是否存在财务报表使用者特别关注的报表项目（例如，特别关注与评价经营成果相关的信息）；企业的性质及所在行业；企业的规模、所有权性质以及融资方式。对基准的选择有赖于企业的性质和环境。对于以营利为目的的企业而言，来自经常性业务的税前利润或税后净利润可能是适当的基准；而对于收益不稳定的企业或非营利组织来说，选择税前利润或税后净利润作为判断重要性水平的基准就不合适；对于资产管理公司来说，净资产可能是一个适当的基准。评价小组应当选择一个相对稳定、可预测且能够反映被审计单位正常规模的基准。由于销售收入和总资产具有相对稳定性，通常将它们用作确定重要性水平的基准。

在确定恰当的基准后，评价小组还要运用经验和判断合理选择百分比，确定重要性水平。一般情况下可以参考以下经验数值：对于以营利为目的的企业，来自经常性业务的税前利润或税后净利润的5%，或总收入的0.5%；对于非营利组织，费用总额或总收入的0.5%；对于共同基金公司，净资产的0.5%。这些百分比只是一般经验数值，评价小组可以根据企业的具体情况作出判断，调高或调低上述百分比。此外，在确定重要性时还要考虑以前期间的经营成果和财务状况、本期的经营成果和财务状况、本期的预算和预测结果、企业情况的重大变化（如重大的企业购并）以及宏观经济环境和所在行业环境发生的相关变化等。比如，在将净利润作为确定某单位重要性水平的基准时，情况变化使企业本年度净利润出现意外的增加或减少，那么，选择近几年的平均净利润作为重要性水平的基准可能更合适。

②各类交易、账户余额、列报认定层次的重要性水平。

由于财务报表提供的信息由各类交易、账户余额和列报的认定层次的信息汇集加工而成，因此，评价小组还应当考虑各类交易、账户余额、列报认定层次的重要性。

各类交易、账户余额和列报认定层次的重要性水平称为"可容忍错报"。可容忍错报的确定以管理层对财务报表层次重要性水平的评估为基础。它是在不导致财务报表存在重大错报的情况下，对各类交易、账户余额、列报确定的可接受的最大错报，也是管理层评价这个层次的控制缺陷的依据。

在确定各类交易、账户余额、列报认定层次的重要性水平时，应当考虑以下主要因素：各类交易、账户余额、列报的性质及错报的可能性；各类交易、账户余额、列报的重要性水平与财务报表层次重要性水平的关系。为各类交易、账户余额、列报确定的重要性水平即可容忍错报，是控制测试时评价控制缺陷的标准，对审计证据数量有直接的影响，评价小组应当合理确定可容忍错报。

此外，还应当对那些金额本身就低于所确定的财务报表层次重要性水平的特定项目作出额外的考虑。注册会计师应当根据被审计单位的具体情况，运用职业判断，考虑是否能够合理地预计这些项目的错报将影响使用者依据财务报表作出的经济决策。作出这一判断应当考虑的因素包括：会计准则、法律法规是否影响财务报表使用者对特定项目计量和披露的预期；与被审计单位所处行业及其环境相关的关键性披露；财务报表使用者是否特别关注财务报表中单独披露的特定业务分部的财务业绩。

（3）重要性的定性考虑

确定重要性，除了考虑错报的数额，还要考虑错报的性质。特别是在有些情况下，金额不重要的错报从性质上看有可能是重要的。在判断错报的性质是否重要时一般应当考虑以下内容：

• 错报对遵守法律法规要求的影响程度。

• 错报对遵守债务契约或其他合同要求的影响程度。

• 错报掩盖收益或其他趋势变化的程度（尤其在联系宏观经济背景和行业状况进行考虑时）。

• 错报对用于评价被审计单位财务状况、经营成果或现金流量的有关比率的影响程度。

• 错报对财务报表中列报的分部信息的影响程度。

• 错报对增加管理层报酬的影响程度。

• 错报对某些账户余额之间错误分类的影响程度，这些错误分类影响到财务报表中应单独披露的项目。

• 相对于注册会计师所了解的以前向报表使用者传达的信息（例如，盈利预测）而言，错报的重大程度。

• 错报是否与涉及特定方的项目相关，例如，与被审计单位发生交易的外部单位是否与被审计单位管理层的成员有关联。

• 错报对信息漏报的影响程度。在有些情况下，适用的会计准则和相关会计制度并未对该信息作出具体要求，但是该信息对财务报表使用者了解被审计单位的财务状况、经营成果或现金流量很重要。

•错报对与已审计财务报表一同披露的其他信息的影响程度，该影响程度能被合理预期将对财务报表使用者作出经济决策产生影响。

（4）重大错报和重要错报

重大错报是指达到或超过重要性水平的错报。重要错报也是一种错报，小于重大错报，但其重要性足以引起那些负责监督公司财务报告的人的注意。PCAOB的第2201号审计准则删除了重要错报的概念，但在界定重要缺陷时采用了重要错报的定义方法。因此，这个术语也有其历史意义和实践中的部分参考意义。

3）识别和评估重大错报风险

通过了解和分析企业及其环境，评价小组应当识别和评估财务报表层次以及各类交易、账户余额、列报认定层次的重大错报风险。

（1）评估重大错报风险的程序

在识别和评估重大错报风险时，评价小组应当实施下列程序。

① 在了解和分析企业及其环境的整个过程中识别风险，并考虑各类交易、账户余额、列报，将识别的风险与各类交易、账户余额和列报相联系。

② 将识别的风险与认定层次可能发生错报的领域相联系。

③ 考虑识别的风险是否重大。风险是否重大是指，风险造成后果的严重程度，需要根据事先确定的重要性水平来判断。

④ 考虑识别的风险导致财务报表发生重大错报的可能性。

（2）确定两个层次的风险

财务报告发生重大错报的风险可以分为财务报表层次的重大错报风险和认定层次的重大错报风险。评价小组在了解和分析企业及其环境，识别和评估了重大错报风险之后，应当确定识别的重大错报风险是与特定的某类交易、账户余额、列报的认定相关，还是与财务报表整体广泛相关，进而影响多项认定。

如果重大错报风险与财务报表整体广泛相关，进而影响多项认定，则这类重大错报风险是财务报表层次的重大错报风险。如果重大错报风险与特定的某类交易、账户余额、列报的认定相关，则这类错报风险是认定层次的重大错报风险。

4）识别重要账户和披露、相关认定以及主要交易类别和重要流程

认定层次的重大错报风险与特定的某类交易、账户余额、列报的认定相关，评价小组应当识别重要账户和披露、相关认定以及主要交易类别和重要流程。

（1）识别重要账户和披露

在考虑多报风险和低报风险的情况下，如果一个账户相当可能包含一个单独或与其他错报组合在一起对财务报表有重要影响的错报，那么，这个账户或披露是一个重要账户。

评价小组应当识别重要账户和披露。识别重要账户和披露主要考虑三个方面的因素：在合并财务报表中单独披露的项目；定性和定量的因素；合并财务报表层次的重要性。确定一个账户是否是重要账户，应当在不考虑控制影响的情况下进行。

为了识别重要账户，评价小组应当从考虑财务报表排列项目或科目开始。总体来看，财务报表所有的排列项目和附注都是重大的。但是，如果财务报表是高度分散的，通常情况下，应当假定大于计划重要性下限的所有合并资产负债表和利润表账户余额或组成部分都是重大的。那些在特定的时间不重大，但是经历重大的活动或未被识别责任的风险的账户也被认为是重大的。

在识别重要账户时，评价小组应当评价定性和定量的风险因素。在识别重要账户的过程中，评价小组应当评价的风险因素主要包括：①账户的数额和组成。②由于错误或舞弊而产生错报的敏感性。③活动的数量、复杂性以及通过该账户处理的单个交易的同质性。④账户的性质。⑤与账户相关的会计与报告的复杂性。⑥账户中遭受损失的风险。⑦由该账户所反映的活动引发重要或有负债的可能性。⑧该账户中存在的关联方交易。⑨账户特征相对于以前期间的变化。

评价小组还应当根据相关风险因素评价潜在重要账户的组成部分，以确定它们是否遭受实质上不同的重大风险。如果是这样，为了充分应对这些风险，不同类型的控制可能是必要的。评价小组在选择要测试的控制时应当考虑这些实质上不同的重大风险。

如果企业有多个场所或业务单元，评价小组应当根据合并财务报表确

定重要账户及它们的相关认定、主要交易类别和重要流程。

（2）识别相关认定

相关认定指的是一个相当可能包含一个或多个会错报的财务报表认定，这个或这些错报会导致财务报表发生重大错报。确定一个认定是否是相关认定，应当在不考虑控制影响的情况下进行。

对每一个重要账户来说，评价小组要确定下列财务报表认定中的哪些是相关认定：存在或发生；完整性；估价或分摊；权利和义务；呈报和披露。

为了识别相关认定，评价小组要确定每一重要账户中会导致财务报表发生重大错报的那些潜在错报的可能来源。评价小组可以通过分析一个给定的重要账户中"什么可能会出错"来确定潜在错报可能的来源。

在确定一个认定是否是相关认定时，应当考虑：认定的性质；与认定相关的交易量；系统（包括企业用于处理和控制支持认定的信息的信息技术系统）的性质和复杂性。

（3）识别主要交易类别和重要流程

主要交易类别指的是这样一些交易流：它们对公司重要账户的累计总额有重要影响，从而对相关认定有重要影响。评价小组应当识别公司的主要交易类别。不同类型的主要交易类别会具有与之相关的不同固有风险，因此需要不同水平的管理层监督和参与。这些差异可能会影响充分应对风险所必需的控制的类型。

重要流程指的是开始、批准、处理和记录主要交易类别所必需的活动。对主要交易类别的控制存在于公司的重要流程中，因此，评价小组应当识别影响主要交易类别的重要流程。

评价小组应当完成以下工作：

① 识别构成公司财务报告过程的交易循环。交易循环是不同收入和费用以及资产负债表账目的分组，反映了正常的业务过程、复式记账和会计系统的职能（如收入、工资、存货采购、库存）。

② 使所有的重要账户和披露与识别出的交易循环相匹配。大部分重要账户和披露都包含在交易循环中。也存在一些不属于任何交易循环的重要账户（例如，环境负债），对这些账户必须个别评价。

③ 确定每一交易循环实施了哪些活动和过程。比如，订货、运输、计价和收款是收入循环的活动，而提供客户信用、保存客户主文件以及生产销售发票是订货活动中的过程。这一过程可以表述为：交易循环→活动→过程→控制。

④ 以一种恰当的方式记录这一过程，让一个没有参与这一过程的人能够理解总体的信息流（高级流程图和简短的叙述通常用于达到这种目的）。

⑤ 通过评价关于财务报表和披露的相关风险（如重要性水平、复杂性、过去的问题、近期的变化）确定每一过程的重要性。

评价小组应用常识及对企业、企业的组织、经营和流程的了解来分析财务报告要素错报的来源和潜在可能性，并识别那些给财务报表造成重大错报的来源。评价小组要对整个评估过程以及评估的结果进行记录。

8.3 ————评价企业财务报告内部控制的设计————

评价小组在完成财务报告风险的评估之后要对企业已经实施的控制的设计进行评价，确定是否能够充分应对评估的财务报告风险，识别出相关控制和设计缺陷，并确定要进行运行有效性测试的控制。评价小组不必识别存在的所有控制，只需识别充分应对那些能够导致财务报表发生重大错报的财务报告要素的错报风险的控制。在识别充分应对财务报告风险的相关控制时，一方面，评价小组遵循自上而下的顺序，首先识别企业层次的控制和 IT 一般控制，然后再识别活动（或流程）层次的控制；另一方面，评价小组要考虑评价一项控制运行证据的效率，在识别相关控制时考虑评价控制运行证据的效率通常会提高评价过程的总体效率。

1）识别企业层次的控制

识别充分应对财务报告风险的控制首先从企业层次的控制开始。管理层在识别和评价财务报告风险和某一财务报告要素的相关控制时要考虑企业层次的控制。

企业层次的控制通常包括：①与控制环境相关的控制。②对管理层逾越的控制。③公司的风险评估过程。④集中式处理和控制，包括共享服务环境。⑤监督运行结果的控制。⑥监督其他控制的控制，包括内部审计职能部门、审计委员会和自我评估计划的活动。⑦对期末财务报告流程的控制。⑧处理重大业务控制的政策和风险管理惯例。

控制环境包括职业道德、员工的胜任能力、管理理念和经营风格、组织结构、权力和责任的分配、人力资源政策与措施、董事会与审计委员会以及反舞弊等内容。鉴于控制环境对有效财务报告内部控制的重要性，评价小组必须评价公司的控制环境，评价内容主要包括：①管理层的理念和经营方式是否会促进有效的财务报告内部控制。②管理层和员工是否被赋予了适当的权力和责任，以促进有效的财务报告内部控制。③健全的诚信与道德价值观是否建立并得到充分理解。④董事会或审计委员会是否了解并实施了对财务报告内部控制的监督职责。

期末财务报告流程包括：用来把交易总额过入总账的程序；用来开始、批准、记录以及在总账中处理日记账分录的程序；用来记录年度和季度财务报表的经常性和非经常性调整的程序；草拟年度和季度财务报表及相关披露的程序。鉴于期末财务报告流程对财务报告的重要性，评价小组必须评价期末财务报告流程，评价内容主要包括：①公司用来生成其年度和季度财务报表的流程的输入、实施的程序和输出。②期末财务报告流程包含信息技术的程度。③管理层的哪些成员参与。④期末财务报告流程涉及的场所。⑤调整分录和合并分录的类型。⑥管理层、董事会和审计委员会对该流程所实施监督的性质和范围。

识别企业层次的控制要考虑其性质以及它们如何与财务报告要素相联系：①有些企业层次的控制是设计在流程、交易或应用层次运行的，并且可以充分地及时防止或发现能够导致财务报表发生重大错报的一个或多个财务报告要素的错报。有些企业层次的控制可以用来识别较低层次控制的可能故障，但自身并不能充分应对能够导致财务报表重大错报的财务报告要素的错报没有被及时防止或发现的风险。②一项控制与财务报告要素的关系越间接，它防止或发现错报的有效性就越低。有些企业层次的控制与财务报告要素间接相关，自身不能有效地防止或发现财务报告要素中的错报。因此，虽然评价小组在评估财务报告风险和评价控制的充分性时通常会考虑这种性质的企业层次控制，但不可以仅将这种类型的企业层次控制视为充分应对了财务报告要素中识别出的财务报告风险。

2）识别IT一般控制

如果评价小组识别出的应对财务报告风险的控制是自动的或依赖IT功能，评价小组的评价过程通常要考虑识别出的自动或IT依赖型控制的设计和运行以及提供IT功能的应用软件的IT一般控制。虽然IT一般控制一般没有直接防止或发现财务报表中的重大错报，但是，自动或IT依赖型控制的适当和一致运行取决于有效的IT一般控制。与财务报告内部控制（ICFR）评价相关的IT一般控制的特点会因企业的实际情况和环境不同而有差异。通常情况下，管理层应当考虑与程序开发有关的IT一般控制目标、程序改变、计算机运行和对程序和数据的接触是否适用于其实际情况和环境以及适用程度如何。对ICFR的评价来说，评价小组只需要评价充分应对财务报告风险所必需的那些IT一般控制。

3）识别活动（或流程）层次的控制

活动层次的控制是在交易循环内的流程层次实施的控制。流程是每一个企业在经营其业务时所实施的行动步骤。活动层次的控制具有以下属性：①记录的或未被记录的；②自动的或手工的；③预防性的或检查性的；④基础的、运行的或监督的。

基础控制，提供了一个确保活动的实施和控制与管理目标一致（政策与程序）的整体背景或环境；运行控制，是防止、发现和改正错误的防御前线（比较分批总额与预定数字）；监督控制，确保所有其他控制像设计的那样运行（观察运行控制，审查经营标准）。

活动层次的控制是对交易的开始、处理和记录的控制。下列控制目标适用于活动层次的控制：授权、完整性、准确性、诚信、预算性、一致性和防护。典型的活动层次的控制包括：①检查交易的准确性、完整性和授权的控制。②职责分离。③绩效审查（实际绩效与预算绩效的审查，预测绩效与前期绩效的审查，比率分析）。④保护资产的物理控制。⑤核对控制。⑥记录所有重要过程的活动层次的控制，包括谁实施了这个过程和控制。⑦记录那些为不能与交易循环匹配的重要账户和披露建立的控制。

⑧记录对期末财务报告过程的控制。

对识别出的每个重要流程，评价小组应当：①了解主要交易类别的流程，包括这些交易如何开始、审批、处理和记录。②识别流程中发生错报（这些错报单独或与其他错报组合在一起是重要的）的点，包括由舞弊造成的错报。③识别管理层为了应对这些潜在的错报实施的控制。④识别管理层对防止或及时发现公司资产未经批准的取得、使用或处置（它们会导致财务报表发生重大错报）实施的控制。

评价小组可以考虑实施穿行测试。穿行测试要从交易开始追查，穿过过程，最终到财务报表，可以帮助管理层评价文档记录是否准确地反映了公司的过程和实施的控制。

4）确定内部控制运行测试的范围

在识别应对财务报告风险的控制时，评价小组可以了解有关控制特征的信息，比如运行它们所需的判断或它们的复杂性，这些是在判断控制没有按照设计运行的风险时要考虑的。在这个识别过程的最后，评价小组识别出要测试的控制只是那些充分应对财务报表重大错报风险而且其运行的证据能够非常有效地取得的控制。

5）评价记录

作为整个评价过程的一部分，评价小组应当记录识别相关控制的整个过程和识别结果，以及识别出的控制的设计。记录的形式和内容因公司的规模、性质和复杂程度不同而有所差异。记录可以采取多种形式（比如，纸质文档、电子或其他媒介），并且可以多种方式出现（比如，政策手册、过程模型、流程图、工作描述、单证、内部备忘录、表格等）。文档记录不必包括影响财务报告的流程中存在的所有控制，相反，文档记录要能够集中在评价小组认为能充分应对财务报告风险的那些控制上。

除了为财务报告的评估提供证据，记录控制的设计情况还支持一个有效内部控制系统的其他目标。比如，它能证明财务报告内部控制（包括这些控制的变化）已经被识别出来，能够传达给那些负责其效果的人，能够受到公司的监督。该文档记录还为适当地沟通实施控制的责任和公司评价的责任以及监督控制的运行提供了基础。

除了记录充分应对财务报告风险的控制，评价小组还应当根据有效内部控制系统所必需的要素考虑是否需要保存企业层次控制和其他普遍要素的证据（包括文档记录）。

8.4　　评价企业财务报告内部控制的运行

评价小组不但要评价企业内部控制的设计，识别出充分应对财务报告风险的控制，还要评价这些控制的运行有效性。如果一项控制是按照设计的方式由具有必要权力和胜任能力的人实施的，该项控制就是运行有效的。

1）确定支持评估所需的证据

评价小组根据评估的财务报告风险以及识别的充分应对财务报告风险的控制来确定支持评估所需要的证据，主要根据财务报告要素发生重大错报的风险以及相应控制失效的风险来确定所需证据的多少。

评价小组首先要考虑的是财务报告要素发生重大错报的风险，这主要取决于财务报告要素的特征。财务报告要素的特征包括财务报告要素的重要性和主要会计余额、交易或其他支持信息对重大错报的敏感性。相对于被认为对财务报表而言重要的错报数额来说，如果财务报告要素的重要性提高了，管理层一般会相应地提高所评估的风险的等级。此外，如果财务报告要素包括了易于错报的交易、账户余额或其他支持信息，那么它通常具有较高的风险。比如，如果财务报告要素在确定记录的数额时涉及判断、容易遭受舞弊、在基本会计要求方面存在复杂性，或者易受环境因素的影响（例如技术或经济发展），那么它一般被评估为较高风险。

其次，评价小组要考虑的是相应控制没有有效运行的可能性。这种可能性取决于控制的类型（比如，人工的，还是自动的）、控制的复杂性、管理层逾越的风险、运行该项控制所需要的判断、该项控制预计要防止或发现的错报的性质和重要性，以及该项控制对其他控制有效性（例如，IT一般控制）的依赖程度。例如，如果一个财务报告要素涉及那些需要重大判断的控制，相对于一个涉及简单控制、几乎不需要管理层作出判断的财务报告要素来说，评价小组评估的风险会更高。

某些财务报告要素，比如那些涉及重大会计估计、关联方交易或重要会计政策的财务报告要素，一般都把财务报告要素发生重大错报的风险和控制失效的风险评估为较高。如果与财务报告要素相关的控制易受管理层逾越的风险、涉及重大判断或非常复杂，它们通常都应当评估为具有较高的控制风险。

如果需要一个控制的组合来充分应对一个财务报告要素的风险，评价小组应当分析每一项控制的风险特征。这是因为，与既定财务报告要素相关的这些控制不一定具有相同的风险特征。比如，涉及重大估计的财务报告要素可能需要自动控制（收集源数据）和人工控制（需要高度判断确定假设）的一个组合。在这个例子中，自动控制可能受到一个稳定的（例如，没有经过重大的改变）、受到有效一般控制支持的系统的控制，从而评估为较低风险，而人工控制就要评估为较高风险。

企业层次的控制（比如，控制环境内的控制）的存在会影响管理层确定充分支持其评估结果所需要的证据。比如，评价小组对一项控制没有有效运行发生概率的判断会受到一个非常有效的控制环境的影响，从而影响到对该项控制要评估的证据。但是，一个强有力的控制环境不会消除对评价程序的需要，它要考虑该项控制以某种方式有效运行。

2）获取内部控制运行的证据

（1）评价方法的选择

评价小组用来收集控制有效运行证据的方法和程序要根据其对控制风险的评估来确定，因此，获取证据的方法和程序，包括实施的时间安排，是评价小组根据对控制风险的评估认为为其财务报告内部控制（ICFR）评估提供合理支持所必需证据的一个函数。这些程序可以与其员工的日常职责结合在一起，或者专门为控制评价而实施。与评估相关的证据可以来自为其他原因（例如，每天管理企业运行的活动）而实施的活动，而且，为了满足控制框架的监督目标而实施的活动会提供支持评估的证据。

评价小组要评价的证据可以来自持续监督和直接的控制测试的组合。持续监督包括的活动可以提供有关控制运行的信息，而且可能是通过（例如）自我评估程序和分析追踪控制运行效果的指标获得。直接的控制测试

163

是为了提供某一时点的证据而定期实施的测试，它可以提供有关持续监督活动可靠性的证据。

财务报告风险的评估能够帮助评价小组确定为其评估提供合理支持的评价程序。随着评估风险的增大，评价小组通常会调整所获取证据的性质。比如，通过定期地直接测试主要控制调整证实的范围或调整那些实施自我评估的人员的客观性，评价小组可以改变通过持续监督所获取证据的性质。评价小组还可以通过调整直接测试涵盖的期间来改变所获取证据的性质。如果ICFR风险评估为高，评价小组的评价通常要包括通过直接测试获取的证据。而且，评价小组的评价通常要考虑来自一年中（包括财务年度末）一个合理期间的证据。对较低的风险领域，管理层可以决定：来自持续监督的证据足够了，不必进行直接测试。

在较小的公司，评价小组与控制的日常相互作用可以使评价小组充分了解这些控制的运行情况，以评价ICFR的运行。从日常相互作用中获得的了解包括：经由那些负责通过他们的持续直接了解和直接监督控制运行来评价ICFR有效性的人获得的信息。在确定其与控制的日常相互作用是否为评价提供了充分证据时，评价小组应当考虑特定的情况和情形。例如，日常相互作用在控制集中运行并且控制的运行涉及的人员有限的情况下可以提供充分的证据。相反，在一个具有多个管理报告层或经营部门的公司内，日常相互作用通常不会提供充分的证据，这是因为那些负责评价ICFR有效性的人一般不能充分了解控制的运行。在这些情形下，评价小组通常应用直接测试或持续监督类型的评价程序为其评估获得合理的支持。

（2）控制测试

可以实施的控制测试程序一般有：

① 询问和观察。在实施询问和观察程序时，管理层通过询问企业的适当员工和观察控制的运用来评价控制的实施情况。仅是询问和观察不足以支持一个高水平的保证。未记录的控制只能用询问和观察来测试。

② 抽样。抽样是一种用来测试较大总体中记录的人工控制运行有效性的方法。抽样一般不适合用来测试每月或每隔一定期间实施的控制，在这样的情况下，使用重新执行。在应用抽样时，在每一样本项目上实施的

工作既包含控制性能，也包含受该控制制约的信息的正确性。控制性能通过审查记录来进行测试。信息正确性通过重新实施控制程序来测试。

③ 计算机辅助审计技术（CAAT）。在自动化环境里，CAAT可以用来测试控制。CAAT程序各不相同，但总是涉及用IDEA或ACL等软件应用程序询问电子数据。

④ 重新执行。重新执行是一种通常适用于不常（每月、每季、每年）运行的人工控制的测试方法。在把重新执行用作一种测试方法时，管理层要重新执行控制，以测试控制的性能。

⑤ 检查交易和事项的凭证。

（3）测试的类型与项目

确定支持其内部控制有效运行的评价所需要的测试范围，是管理层的责任。测试的范围主要由建立控制的流程的重要性来确定。流程越重要，控制运行有效的需要越大。因此，非常重要的流程的测试范围要大于那些有点重要的流程的测试范围。确定测试项目的适当数量可以参考表8-1。

表8-1　　　　　　　　　　　　测试样本的规模

控制频率	测试类型	有点重要的流程	非常重要的流程
每一交易	抽样	20～30	40～50
每天	抽样	20～30	40～50
每周	重新执行	5	10
每月	重新执行	3	4
每季	重新执行	2	2
每年	重新执行	1	1

关于内部控制有效性的保证是对全部控制的运行进行评价，而不是对某一个控制的运行进行评价。在那些罕见的情况下，如果一个单一人工记录控制要防止或发现重要账户余额的错误或重要交易循环的一个非常重要的过程中的错误，管理层就应考虑增加测试项目的数量。在抽样[①]时，一般要至少增加20个项目。

---

① 用于测试控制的抽样技术一般是属性抽样。不同于其他用来对特定账户余额或货币数额作出结论的抽样技术，属性抽样寻找特定属性出现与否，比如控制被适当实施的次数。在使用属性抽样时，超过100～200个项目的总体规模对样本规模几乎没有影响。

3）评价内部控制运行的证据

评价小组评价所收集的证据，以确定控制的运行是否有效。这种评价要考虑该项控制是否像设计的那样运行，包括如下事项：该项控制是如何应用的，应用的一致性如何，以及实施这项控制的人是否具有有效实施控制所必需的权力和能力。如果评价小组确定该项控制的运行是无效的，就存在一个缺陷，必须评价该项缺陷以确定它是否是重大缺陷。

（1）多场所的考虑

评价小组对财务报告风险的考虑通常包括其所有的场所或业务单元。根据评价小组的评价，如果财务报告风险由集中运行的控制充分应对了，那么，评价方法与有单个场所或业务单元的企业相同。如果应对财务报告风险所必需的控制在一个以上的场所或业务单元运行，那么，评价小组通常要评价控制在单个场所或业务单元运行的证据。

如果评价小组确定运行在单个场所或业务单元的控制的风险是低水平，那么，评价小组可以确定，自我评估的日常程序或其他持续监督活动，结合监督单个场所运行结果的集中控制获得的证据，可以为其评价提供充分的证据。在其他情形下，评价小组会认为，鉴于在单个场所运行控制的复杂性或需要的判断，控制的风险处于高水平，因而，需要更多关于控制在场所运行有效的证据。

如果对识别出的控制的风险特征实施评价，那么，评价小组应当考虑是否存在场所特定的风险，这些风险可能会影响该项控制没有有效运行的风险。此外，在一个给定的场所可能存在普遍因素，导致该场所所有的控制或大部分控制被认为具有较高的风险。在确定证据的性质和范围是否充分时，评价小组一般应当考虑针对每一财务报告要素的控制的风险特征，而不是对该场所所有的控制作出单一的判断。

（2）评价的记录

评价小组的评估结果必须由为其评估提供合理支持的证明材料来支持。证明材料的性质会因主要控制的风险的评估水平和其他情况的不同而有所差异，但是，对评估的合理支持要包括评价小组评估的依据（包括他们对用来收集和评价证据的方法和程序的记录）。证明材料可以采取多种形式，而且会因对每一财务报告要素的控制风险的评估水平不同而有所差异。比如，评价小组可以在一个综合备忘录中记录其总体策略，这个总体策略确定了评价方法、评价程序和对每一财务报告要素形成结论的依据。评价小组可以确定不必单独保存其评价证据的备份，但是，公司账簿和记录内的证明材料应当足以为其评估提供合理支持。比如，在较小的公司，如果评价小组与公司控制的日常相互作用为其评估提供了依据，则评价小组为 ICFR 的评价专门生成的记录可以是有限的。但是，在这些情形下，评价小组应当考虑其评估的合理支持是否要包括相互作用如何为其评估提供充分证据的记录。这种记录可能包括备忘录、电子邮件以及管理层对公司员工的命令或指示。

此外，在确定支持性证明材料时，评价小组还应当考虑控制的复杂程度、运行该项控制所需判断的程度以及可能导致财务报表重大错报的财务报告要素错报的风险。随着这些因素增加，评价小组会决定，支持评估的证明材料应当单独保存。比如，评价小组会认为，单独保存记录有助于审计委员会实施其对公司财务报告的监督。

如果评价小组认为，企业层面和其他内部控制的普遍要素与其适用的内部控制框架描述的有效内部控制系统所必需的内部控制要素相对应，那么，构成评价小组评估合理支持的证明材料通常要包括对如何形成这种理念的记录。

167

8.5   评价控制缺陷

为了确定一个控制缺陷或控制缺陷的组合是否是重大缺陷，评价小组应当评价引起其注意的每一个控制缺陷。被确定为重大缺陷的控制缺陷必须在管理层有关财务报告内部控制有效性评估的年度报告中披露。如果一个或多个控制缺陷被确定为重大缺陷，那么，管理层不可以披露他们把财务报告内部控制评估为有效。作为财务报告内部控制评价的一部分，评价小组要考虑，截至财务年度末，这些缺陷单独或组合在一起是否构成重大缺陷。影响相同财务报表账户余额或披露的多个控制缺陷增加了错报的可能性，而且，如果一个财务报表的重大错报没有被及时防止或发现存在一个相当大的概率，这些缺陷组合在一起就构成了一个重大缺陷，尽管这些缺陷单个可能是不重要的。因此，评价小组应当评价影响相同账户余额、披露和相关认定或内部控制要素的单个控制缺陷，以确定它们是否共同导致了一个重大缺陷。

评价小组应当清晰地表述其对财务报告内部控制有效性的评估结果，因此，不能通过宣称公司的财务报告内部控制在某些限制或意外的情况下是有效的或表述类似的情形来限定其评估结果。比如，管理层不能宣称：除了已经识别出的重大缺陷，公司的控制和程序在某种程度上是有效的。此外，如果存在一个重大缺陷，管理层就不能声明说公司的财务报告内部控制是有效的。但是，管理层可以声明说，仅在已识别的重大缺陷的基础上，控制是无效的。在作出这个声明之前，管理层应当考虑重大缺陷的性质和普遍性。

8.6 评价报告与披露

企业应当根据国家有关法律、行政法规或者有关监管规则的规定提交并披露内部控制评价报告。

企业内部控制评价报告通常包括董事会对内部控制报告真实性的声明、内部控制评价工作的总体情况、内部控制评价的依据、内部控制评价的范围、内部控制评价的程序和方法、内部控制缺陷及其认定情况、内部控制缺陷的整改情况及针对重大缺陷拟采取的整改措施、内部控制有效性的结论等主要内容。

IT内部控制评价的程序

IT内部控制已经成为企业内部控制体系中非常重要的一个组成部分，在企业内部控制中发挥着越来越重要的作用，企业内部控制评价也必然要求对IT内部控制进行评价。

9.1 IT内部控制的评价思路和程序

根据IT治理委员会的报告《针对〈萨班斯–奥克斯利法案〉的IT控制目标》，上市公司遵循《萨班斯–奥克斯利法案》对财务报告内部控制进行年度评价时，可以通过以下思路和程序来实施对IT内部控制的评价。

（1）确定评价范围，计划评价活动。主要包括三个方面：复核整个项目记录，并识别应用程序控制；识别范围内的应用程序；识别范围内的基础设施和数据库。

（2）评估IT风险。评估IT系统导致财务报表发生错误或舞弊的可能性和影响。

（3）记录相关控制。主要包括两个方面：记录应用程序控制（自动的或设置的控制和混合的控制）；记录IT一般控制（接触、程序开发和变动，以及计算机运行）。

（4）评价控制的设计和运行有效性。主要包括两个方面：确定所有关键的控制都已记录；测试控制，以确认它们的运行有效性。

（5）排序和纠正缺陷。主要包括两个方面：通过评估缺陷导致财务报表错误或舞弊的影响和可能性来评价它们；考虑是否存在弥补性控制并能够信赖。

（6）建立持续性。主要包括两个方面：考虑使控制自动化，以改进它们的可靠性和减少测试的工作；使控制合理化，以删除冗余的和重复的控制。

IT内部控制评价的思路如图9-1所示。

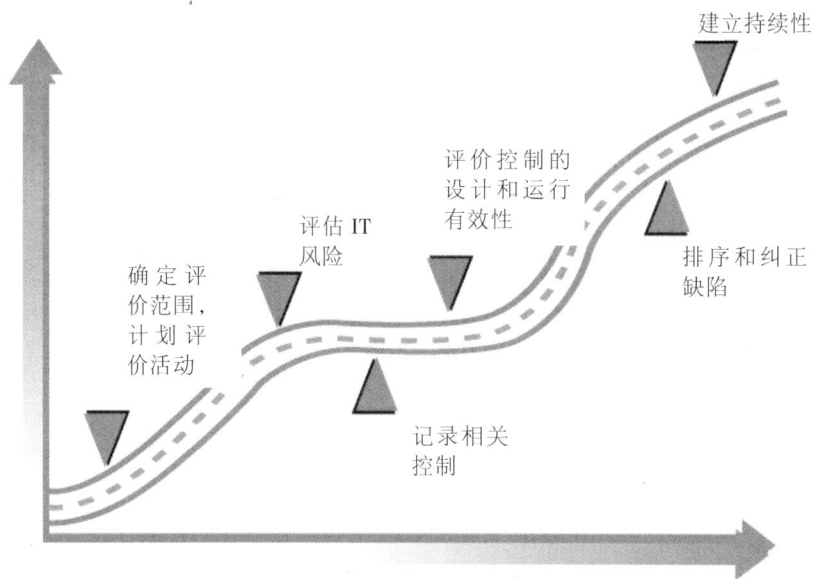

图9-1 IT内部控制评价的思路

9.2 —————确定评价范围，计划评价活动—————

本阶段的工作主要是适当地确定评价范围，并对评价活动的时间进行计划。确定评价范围，就是要确定哪些IT应用程序和相关子系统应当在评价的范围内，哪些应用程序和子系统可以被排除在外，这要根据整体财务报告风险评估程序的结果来确定。只有那些支撑业务和财务报告相关控制的应用程序及相关子系统才应当进入评价的范围内。计划评价活动，就是制定各项评价活动的时间表，据以分配任务和监督进程。本阶段的具体工作包括：

（1）分配责任和职责。建立IT控制评价小组，并给予适当的授权和责任。

（2）编制相关应用程序和相关子系统的目录。识别支撑相关应用控制的应用程序，编制纳入评价范围的应用程序的目录。通常情况下，支持在线授权、复杂计算或估价或负责保持重要账户余额（如存货、固定资产或借款余额）完整性的应用程序都应当识别出来。

（3）复核财务流程记录并识别应用控制。企业可能会有许多业务流程和控制，但是，遵循《萨班斯–奥克斯利法案》仅限于那些支撑财务报告的流程和控制。IT控制评价小组要识别出那些支持财务报告目标的应用控制。

（4）制订一个初步计划，并获得批准。利用应用程序和子系统目录制订一个包括六个阶段的初步计划，并不断修改和完善，最终获得批准。

（5）确定应用控制的职责。应当由业务属主来负责业务流程专用的应用控制，以避免重复的工作和不必要地测试重复的相关控制。

（6）考虑多场所的问题。对于分散经营或有多个场所的公司来说，评价小组需要确定每个场所的IT是运行在单个控制环境中还是运行在多场所环境中。单个控制环境是指有一个领导结构，而多场所环境是指有多个领导结构。在一般情况下，多场所环境如果重要，就必须分别处理，并因此导致更大的工作量。

（7）考虑是否可以从评价范围内排除一些应用程序。如果某个应用程序支撑非常少的应用控制（比如，只有一个控制），就可以考虑排除这些应用控制，从而排除该应用程序，并且识别相关的人工控制或提高对现有人工控制的信赖程度以减少总体的工作量。

采用自上而下的方法确定评价范围的思路如图9-2所示。

171

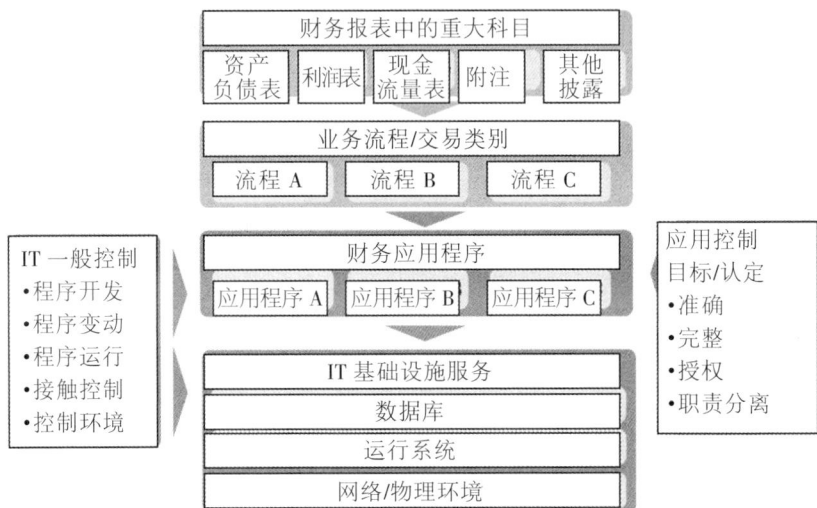

图9-2 采用自上而下的方法确定IT内部控制评价范围的思路

9.3 ———————————— 评估IT风险 —————

本阶段的工作主要是评估IT流程以及支撑应用程序的层级内的风险。并不是所有的IT系统或流程都会给财务报表造成高风险，因此，不必包括所有的IT系统或流程，也不必评价到相同的范围，应当采用风险基础的方法。在本阶段实施风险评估时，需要考虑的是固有风险而不是剩余风险。本阶段的具体工作包括以下内容。

1）评估应用程序和相关子系统的固有风险

评估应用程序和相关子系统（如数据库、运行系统、网络和物理环境）的固有风险，是为了确定管理这些风险所需控制的性质和范围，也是为了了解应用程序和相关子系统的固有风险以适当计划和实施对这些控制运行有效性的测试。在实施固有风险评估时，应当考虑许多风险因素，但是，最终的评估是判断性的。考虑共同风险因素的目的是为公司提供相关的信息，从而可以作出公允和合理的风险评估。在实施风险评估时，应当考虑风险事项发生的概率和影响两个方面。需要注意的是，IT内部控制的目的是把风险降低到一个合理的水平，而不是完全地消除风险。风险评估的结果有助于确定控制以及所需测试的性质和范围。

进行风险评估时，需要考虑的因素主要包括：（1）技术的性质（复杂的或简单的）；（2）人员的性质（有经验的或没有经验的）；（3）流程的性质（集中的或分散的）；（4）过去的经验；（5）对财务报告的重要性。不论评估结果如何，都应当保存所做决策以及这些决策的合理性的记录，并与企业管理层和外部审计师讨论。

2）优化评价范围并更新计划

完成风险评估后，IT控制评价小组应当能够优化评价的范围，并校正哪些应用程序和相关子系统可以从评价范围中排除。风险评估可以容许只是因为技术层面相关的事项发生的概率或影响不足以进行任何工作而排除某些IT控制流程，但是，应当清晰地记录风险评估过程和相关结论，特别是把系统从评价范围内排除的地方。此外，还要根据风险评估的结果和评价范围调整的结果更新计划。

173

9.4　记录相关控制

本阶段的主要工作是记录相关控制。记录相关控制可以向管理层说明，与可靠财务报告相关的风险是如何应对的，并使管理层能够对剩余风险水平的可接受性作出基于可靠信息的判断。本阶段的具体工作主要包括以下内容。

1）识别IT企业层次的控制

企业层次的控制反映在一个企业的经营方式中，它包括政策、程序和其他高层面的惯例，设定了企业的基调。企业层次的控制是COSO框架的一个基础性要素，并且应当把支撑财务报告的IT运行考虑在内。识别IT企业层次的控制应当统一到对公司实施的整体企业层次评估中进行。强有力的IT企业层次控制的存在，比如定义明确和沟通良好的政策和程序，通常表明一个更可靠的IT运行环境。同样，具有弱IT企业层次控制的企业更可能在一致地实施控制活动（如变动管理和接触控制）时遭遇困难。因此，企业层次控制的相对强势或软弱将会影响测试活动的性质、范围和时间安排。

2）识别应用控制

识别支撑财务报告的应用控制是一个关键的步骤。一旦识别出了所有的应用控制，它们的支撑性IT一般控制也能够被识别出来。大多数情况下，应用控制包含在业务流程记录中。在理论上，IT专家会让一个控制专家来记录一个流程，并且一起识别该流程的相关控制。但是，在很多情况下，已经完成了流程的记录，因此，只需复核这些记录并识别应用控制。

企业通常使用的应用控制分为两类：（1）自动控制，由计算机实施，在本质上是二进制的，它们按照设计发挥作用，并且不受间歇性错误的影响；（2）IT依赖型的人工控制（混合），这些控制本质上是人工控制，但依赖IT系统。这两类应用控制都需要记录。随着错误侦测的实时性和控制的成本效益受到更多关注，IT应用控制变得更加重要。

3）识别IT一般控制

IT一般控制是支撑应用控制可靠性所需要的。尽管IT一般控制很少直接影响财务报表，但是，它对所有的内部控制措施具有普遍深入的影响。也就是说，如果一个相关的IT一般控制失败了，它会对所有依赖它的系统（包括财务应用程序）产生普遍深入的影响。因此，在无法确信只有经过授权的使用者才可以接触财务应用程序时，企业不能断定只有获得授权的使用者初始化和审定了交易。

4）识别相关控制

财务风险在发生的可能性和重要性方面并不是相同的，同样，财务控制在降低已识别风险的有效性方面也是不同的。而且，并没有要求管理层评价与某一风险有关的所有控制活动。因此，企业应当尽力将其对控制的记录限于相关控制。相关控制是指企业为了实现控制目标所选择依赖的控制，它们就财务控制目标的实现向控制属主提供最大的保证。

在判断某一个控制是否是相关控制时，应当考虑下列问题：（1）相关控制通常包括管理层降低重大风险以及实现相关控制目标所不可缺少的政策、程序、惯例和组织结构；（2）相关控制通常支撑一个以上的控制目标；（3）直接应对重大风险或直接实现目标的控制通常是相关控制；（4）预防性控制通常比检查性控制更有效；（5）自动控制比人工控制更可靠。

5）考虑IT基础的反舞弊控制

IT系统在防止和发现舞弊方面发挥着重要的作用，因为反舞弊控制需要依赖IT系统。在评价IT内部控制时，应当考虑下列基于IT的反舞弊控制：

（1）应用程序实施的职责分离。许多系统有能力定义在应用程序内应当赋予使用者什么特权。因此，这样的系统对交易处理实施了适当的审批，并且防止使用者初始化和审批他们自己的交易。

（2）接触控制。大部分系统赋予了使用者接触敏感信息（如工薪册数据）的特权，使他们能够增加虚构的员工，从而实施舞弊。把这种接触限于少数人并且确保财务报告小组的人没有这种接触的权力对于建立财务报告内部控制来说非常重要。

6）控制的记录

根据《萨班斯–奥克斯利法案》，企业需要记录财务报告内部控制并评估它们的设计和运行有效性。记录可以采取多种形式，包括企业政策手册、IT政策和程序、说明书、流程图、决策表、程序记录，或完成的问卷。记录的内容是不同的，取决于企业的规模和复杂性。

对大多数企业来说，IT控制的记录应当包括：

（1）企业层次，包括：企业层次控制的评估，支撑管理层应对和意见的证据。

（2）活动层次，包括：①对流程和相关子流程的描述。②对流程或子流程相关风险的描述，包括对其影响和发生概率的分析。③为了把流程或子流程的风险降到一个可以接受的水平而设计的控制目标的说明，以及对它与COSO框架协同性的描述。④为了实现流程或子流程的控制目标而设计和实施的控制活动的说明。⑤对证实（或测试）控制活动的存在和运行有效性所采用方法的说明。⑥作为测试的结果，对控制的有效性形成的结论。

9.5 ——————评价控制的设计和运行有效性——————

1）评价控制的设计

评价控制的设计就是评价控制把 IT 风险降低到一个可以接受的水平的能力，也就是在对控制的设计形成结论时评价控制特征的适当性，包括预防性、检查性、自动和人工等。根据设计和运行的有效性与记录的程度、认知和监控两个维度，控制的可靠性可以分为 6 个时期，如图 9-3 所示。

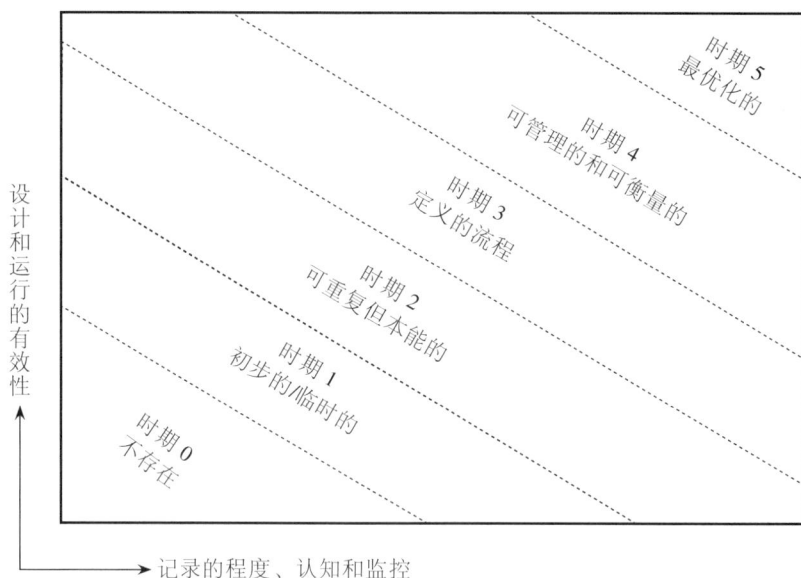

图9-3　控制的可靠性

企业应当仔细考虑企业内部控制目前所处的时期以及当前的情况是否造成了风险。通常情况下，企业的 IT 控制至少要达到时期 3 才能满足基本的要求。管理层需要记录其对控制设计的评价，以为控制设计的充分性提供认定的依据。管理层对控制设计评价的记录应当足够详细，从而外部审计师可以复核控制的设计、实施穿行测试来测试其有效性。

2）评价运行的有效性

在评价了控制的设计之后，如果适当，就应当测试它的设计和运行有效性。负责相关控制的人员和内部控制评价小组应当实施初步的和持续的测试，以测试控制活动的设计和运行有效性。在测试控制的运行有效性时，根据控制的性质和实施频率确定样本规模，见表9-1。

表9-1　　　　　　　　　　　　　　　　样本的规模

控制的性质	实施频率	样本规模
人工	每天数次	25
人工	每天	25
人工	每周	5
人工	每月	2
人工	每季度	2
人工	每年度	1
自动	测试每一程序化控制活动的一个应用程序 （假定IT一般控制有效）	
IT一般控制	遵循上面对IT一般控制的人工和程序化方面的指南	

管理层需要记录其对运行有效性的测试以及有关评价的控制是否按照设计运行的结论。与记录对控制设计的评价类似，管理层需要足够详细地记录对运行有效性的评价。除了在控制设计评价中记录的信息，运行有效性的记录可以包括下列信息：①所实施测试步骤的性质、时间和范围；②测试结果；③实施测试的人员和日期；④样本规模和测试总体；⑤证据的索引/场所；⑥运行有效性的结论；⑦识别出的例外以及相关的纠正计划和弥补性控制。

3）考虑所需证据的性质

在评价设计和运行有效性的过程中，评价小组要综合进行询问、检查文档记录、观察和重新实施来获取证据。

4）考虑控制测试的时间安排

在对相关控制进行测试时，测试涵盖的期间要足以确定截至特定日期实现控制标准的目标所必需的控制是否有效运行。实施测试所涵盖的期间因被测试控制的性质以及特定控制运行的频率和特定政策应用的频率而异。

5）前滚测试

对许多企业来说，IT 控制的测试是在年末之前的一个日期实施的。在这种情况下，应当确定对剩余期间控制的运行需要获得哪些附加证据。此时，应当考虑以下内容：①在截止日期之前测试的特定控制以及测试结果；②获取控制运行有效性的证据；③剩余期间的长度；④财务报告内部控制在这个日期之后发生重大变动的可能性。

9.6   排序和纠正缺陷

1）识别和评估 IT 一般控制缺陷

所有的缺陷，包括 IT 缺陷在内，都应当在内部控制评价小组内复核并作为整个内部控制评价的一部分。对 IT 控制缺陷不应当个别评价，同样，直接支持财务报表控制目标的应用控制也需要在内部控制小组内复核和评价。根据 PCAOB 的指引，在以下三种情况下，IT 一般控制缺陷可能会超过一般缺陷，并可能成为重大缺陷：应用层次的缺陷，控制环境的缺陷，没有在合理的期间内纠正一个缺陷。

2）考虑缺陷的累积影响

在许多情况下，单个控制缺陷可能不重大，但是如果和其他类似缺陷组合起来，其影响可能是重大的。

3）纠正控制缺陷

在 IT 控制的评价过程中，对于发现的控制缺陷可以进行纠正。在许多情况下，短期纠正措施实施起来较快，成本也较低，但运行起来耗费可能较多。而长期的解决方案可能包括流程自动化，它限制使用者在未获得适当授权下的接触。长期解决方案在短期来看一定是耗费较多的，但是，从长期来看，却更加可靠和更有成本效益。

9.7 ——————建立持续性——————

在本阶段，IT控制评价小组应当能够评估IT内部控制的有效性。有效的内部控制、控制评估和管理能力应当成为IT部门组织和文化的组成部分，并得到长期维持。控制不是一个事项，控制是一个过程，必须持续支持和评价以保持目前的状态。具体的工作包括以下内容。

1）控制的合理化

随着时间的过去，记录的一些控制会变得越来越没有用。公司应当定期地复核其控制，识别那些可以从控制列表上删除的控制。

2）使控制自动化

在许多情况下，企业会有大量的人工控制可以自动化。鉴于自动化控制相对于人工控制的优势，企业应当考虑将某些人工控制自动化，以提高控制运行和评价的有效性。

3）实施应用程序基准测试

应用程序基准测试是指，一旦一个应用程序通过测试表明是有效的，就没有必要每年都进行测试。因此，实施应用程序基准测试可以减少工作量，提高评价效率和成本效益。

企业内部控制评价报告

企业内部控制评价报告阶段的工作主要包括汇总企业内部控制评价工作底稿和撰写企业内部控制评价报告。

10.1 —————企业内部控制评价工作底稿—————

企业应当建立内部控制评价工作档案管理制度，内部控制评价的有关文件资料、工作底稿和证明材料等应当妥善保管。

内部控制评价工作应当形成工作底稿，详细记录企业执行评价工作的内容，包括评价要素、主要风险点、采取的控制措施、有关证据资料以及认定结果等。评价工作底稿应当设计合理、证据充分、简便易行、便于操作。

内部控制评价工作组应当对被评价单位进行现场测试，综合运用个别访谈、调查问卷、专题讨论、穿行测试、实地查验、抽样和比较分析等方法，充分收集被评价单位内部控制设计和运行是否有效的证据，按照评价的具体内容，如实填写评价工作底稿，研究分析内部控制缺陷。

10.1.1 企业内部控制评价工作底稿的类型

企业内部控制评价工作底稿一般是通过一系列评价表来实现的，通常包括内部控制要素评价表、业务流程内部控制评价表、内部控制评价汇总表三类。内部控制要素评价表是按照内部控制的内部环境、风险评估、控制活动、信息与沟通、内部监督五个要素来进行评价的表格。业务流程内部控制评价表是对构成"控制活动"要素的业务流程进行评价的表格，这些业务流程一般划分为销售与收款、采购与付款、货币资金、投资、筹资、生产与存货、工资与人员等业务循环和业务流程，汇总形成内部控制要素评价表的"控制活动要素评价"部分。内部控制缺陷汇总表、内部控制缺陷跟踪整改汇总表等一起构成内部控制评价汇总表，是形成内部控制结果和编制评价报告的直接依据。

10.1.2 企业内部控制评价表

常见的企业内部控制评价表主要有内部控制要素评价表、业务流程内部控制评价表、内部控制评价汇总表三类。

1）内部控制要素评价表（见表10-1）

表10-1　　　　　　　　　　　**内部控制要素评价表**

年　　度：

评价人员：

涉及领域及测试步骤			风险点描述	实际控制情况			
控制领域	子领域	访谈内容及测试步骤		实际控制点描述	负责部门	企业层面控制证据	发现的问题

2）业务流程内部控制评价表（见表10-2至表10-6）

表10-2　　　　　　　　**风险控制矩阵及控制测试表**

公司名称：

年　　　度：

评价人员：

一级流程编号：　　　　　　　一级流程名称：

二级流程编号：　　　　　　　二级流程名称：

三级流程编号：　　　　　　　三级流程名称：

目标编号	控制目标	风险编号	风险描述	控制编号	控制活动描述	该控制涉及的部门及负责人	是否为关键控制	控制频率	穿行测试底稿	控制设计是否发现异常	关键控制测试底稿	控制执行是否发现异常	测试结论	发现问题描述

表10-3　　　　　　　　**业务流程控制测试表**

公司名称：

涵盖期间：

被测试部门名称：

测试业务流程名称：

业务流程	子流程	控制点	测试方法	抽取样本量	测试人	测试发现	内部控制是否有效[是/否]	评价根据	影响程度（高、中、低）	是否存在替代控制以降低风险（是/否）	替代控制	剩余影响程度（高、中、低）	改进建议	后续跟进的日期

表10-4　　　　　　　　　**子业务流程控制测试表**

公司名称：

业务流程名称：

内部控制标准			评价内容										控制测试					
子流程	控制编号	控制标准	本地化控制现状描述	控制手段	执行频率	涉及制度	责任部门/岗位负责人	开始执行日（日/月/年）	开始执行日说明	自评价结论	自评价缺陷		是否与财务报表认定相关	控制重要性	相关联的控制点	测试底稿索引	测试结论	测试发现

表10-5　　　　　　　　　**抽样控制测试表**

公司名称：

年　　　度：

一级流程编号：　　　　　　一级流程名称：

二级流程编号：　　　　　　二级流程名称：

三级流程编号：　　　　　　三级流程名称：

一、控制测试文档编码：

二、评价人：

　　审阅人：

　　完成日期：

三、抽样标准

抽样方法：	
样本规模描述：	
抽样涉及期间：	
抽样另选（如适用）：	

四、控制测试步骤

控制点编号	控制点内容
控制测试步骤	控制测试内容
步骤1	
步骤2	
步骤3	
步骤4	

五、详细测试记录

步骤号				步骤1	步骤2	步骤3	步骤4	备注
样本描述								

控制测试结论：根据上面的测试，我们认为：

表10-6 　　　　　　　　**内部控制穿行测试表**

公司名称：　　　　年　　度：　　　　流程名称：

编制人：　　　　　编制日期：

审阅人：　　　　　审阅日期：

穿行测试——内部控制文档内容						
序号	内部控制文档内容	实施时间	控制性文档描述	该步骤是否为控制点	是否发现异常	备注

3）内部控制评价汇总表（见表10-7和表10-8）

表10-7　　　　　　　　　　内部控制缺陷汇总表

公司名称：

年　　度：

业务流程名称	关键控制数量	缺陷类别		缺陷等级			缺陷种类		备注
		设计缺陷	运行缺陷	一般缺陷	重要缺陷	重大缺陷	财务报告内部控制缺陷	非财务报告内部控制缺陷	

编制人：　　　　　　　　　编制日期：

审批人：　　　　　　　　　审批日期：

单位盖章：

表10-8　　　　　　　内部控制缺陷跟踪整改汇总表

公司名称：

年　　度：

序号	所属流程	内控缺陷描述	内控缺陷类型	缺陷等级	风险及影响	所属部门	管理层回复	整改措施	整改情况

10.2 ————企业内部控制评价报告————

本部分主要包括企业内部控制评价报告的编制要求、企业内部控制评价报告的内容、企业内部控制评价报告的审批、披露以及上市公司内部控制年度评价报告的一般格式。

10.2.1　企业内部控制评价报告的编制要求

企业应当根据《企业内部控制基本规范》、《企业内部控制应用指引》和《企业内部控制评价指引》，设计内部控制评价报告的种类、格式和内容，明确内部控制评价报告编制程序和要求，按照规定的权限报经批准后对外报出。企业应当根据年度内部控制评价结果，结合内部控制评价工作底稿和内部控制缺陷汇总表等资料，按照规定的程序和要求，及时编制内部控制评价报告。

根据《公开发行证券的公司信息披露编报规则第21号——年度内部控制评价报告的一般规定》，公司应当以内部控制评价工作获取的测试、评价证据为基础，如实编制和对外提供年度内部控制评价报告，不得含有虚假的信息或者隐瞒重要事实。公司董事会及全体董事应保证提供的年度内部控制评价报告不存在虚假记载、误导性陈述或重大遗漏，并就年度内部控制评价报告的真实性、准确性、完整性承担个别和连带的法律责任。

10.2.2　企业内部控制评价报告的内容

根据《企业内部控制评价指引》，内部控制评价报告应当分别内部环境、风险评估、控制活动、信息与沟通、内部监督等要素进行设计，对内部控制评价过程、内部控制缺陷认定及整改情况、内部控制有效性的结论等相关内容作出披露。①

《企业内部控制评价指引》规定："内部控制评价报告至少应当披露下列内容：（一）董事会对内部控制报告真实性的声明。（二）内部控制评价工作的总体情况。（三）内部控制评价的依据。（四）内部控制评价的范围。（五）内部控制评价的程序和方法。（六）内部控制缺陷及其认定情况。（七）内部控制缺陷的整改情况及重大缺陷拟采取的整改措施。（八）内部控制有效性的结论。"

对于公开发行证券的上市公司来说，《公开发行证券的公司信息披露编报规则第21号——年度内部控制评价报告的一般规定》对上市公司年

---

① 财政部，证监会，审计署，银监会，保监会. 企业内部控制评价指引［S］. 2010.

度内部控制评价报告也提出了相关要求，从具体内容来看与《企业内部控制评价指引》的要求也是基本一致的。

根据中国证监会、财政部2014年第1号公告《公开发行证券的公司信息披露编报规则第21号——年度内部控制评价报告的一般规定》，公司年度内部控制评价报告应包括以下要素①：

1）标题

年度内部控制评价报告标题统一为"××股份有限公司××年度内部控制评价报告"。

2）收件人

年度内部控制评价报告收件人统一为"××股份有限公司全体股东"。

3）引言段

年度内部控制评价报告引言段应当说明评价工作主要依据、内部控制评价报告基准日等内部控制评价基本信息。

4）重要声明

年度内部控制评价报告重要声明应当说明董事会、监事会及董事、监事、高级管理人员对内部控制及年度内部控制评价报告的相关责任，以及内部控制的目标和固有的局限性。

5）内部控制评价结论

年度内部控制评价报告内部控制评价结论应当分别披露对财务报告内部控制有效性的评价结论，以及是否发现非财务报告内部控制重大缺陷，并披露自内部控制评价报告基准日至内部控制评价报告发出日之间是否发生影响内部控制有效性评价结论的因素。

公司对财务报告内部控制有效性的评价结论与注册会计师对财务报告内部控制有效性的审计意见存在差异的，以及公司与注册会计师对非财务报告内部控制重大缺陷的披露存在差异的，公司应在年度报告内部控制的相关章节中予以说明，并解释差异原因。

6）内部控制评价工作情况

年度内部控制评价报告内部控制评价工作情况应当披露内部控制评价

---

① 中国证券监督管理委员会，财政部. 公开发行证券的公司信息披露编报规则第21号——年度内部控制评价报告的一般规定［S］. 2014.

范围、内部控制评价工作依据及内部控制缺陷认定标准，以及内部控制缺陷认定及整改情况。

内部控制评价范围应当从纳入评价范围的主要单位、业务和事项以及高风险领域三个方面进行披露，并对评价范围是否存在重大遗漏形成明确结论。如果评价范围存在重大遗漏或法定豁免，则应当披露评价范围重大遗漏的具体情况及对评价结论产生的影响以及法定豁免的相关情况。

内部控制评价工作依据及缺陷认定标准应当披露公司开展内部控制评价工作的具体依据以及进行缺陷认定的具体标准及其变化情况。公司应当区分财务报告内部控制和非财务报告内部控制，分别披露重大缺陷、重要缺陷和一般缺陷的认定标准。

内部控制缺陷认定及整改情况应当区分财务报告内部控制和非财务报告内部控制，分别披露报告期内部控制重大缺陷和重要缺陷的认定结果及缺陷的性质、影响、整改情况、整改计划等内容。

7）其他内部控制相关重大事项说明

公司应当在年度内部控制评价报告其他内部控制相关重大事项说明段中披露可能对投资者理解内部控制评价报告、评价内部控制情况或进行投资决策产生重大影响的其他内部控制信息。

10.2.3　企业内部控制评价报告的审批

根据《企业内部控制评价指引》，内部控制评价报告应当报经董事会或类似权力机构批准后对外披露或报送相关部门。企业应当以12月31日作为年度内部控制评价报告的基准日。企业内部控制评价部门应当关注自内部控制评价报告基准日至内部控制评价报告发出日之间是否发生影响内部控制有效性的因素，并根据其性质和影响程度对评价结论进行相应调整。

根据《公开发行证券的公司信息披露编报规则第21号——年度内部控制评价报告的一般规定》，公司编制的年度内部控制评价报告经董事会审议通过，并按定期报告相关要求审核后，与年度报告一并对外披露。

10.2.4   企业内部控制评价报告的披露

根据《企业内部控制评价指引》，企业内部控制审计报告应当与内部控制评价报告同时对外披露或报送。内部控制评价报告应于基准日后4个月内报出。

《公开发行证券的公司信息披露编报规则第21号——年度内部控制评价报告的一般规定》规定，公司内部控制评价结论认定公司于内部控制评价报告基准日存在内部控制重大缺陷，或者公司内部控制被会计师事务所出具了非标准内部控制审计报告，以及标准内部控制审计报告披露了非财务报告内部控制重大缺陷的，公司应当在年度报告"重要提示"中对以上情况作出声明，并提示投资者注意阅读年度报告内部控制相关章节中内部控制评价和审计的相关信息。凡对投资者投资决策有重大影响的内部控制信息，公司均应充分披露。

如果在对内部控制出具了评价报告之后获知财务报告发生了一个重大错报，企业应当考虑其最初的披露是否还适当，是否应当修改和补充。此外，企业还应当考虑其有关财务报告内部控制有效性的结论是否需要修改或补充。

如果因为重要业务流程外包等原因无法对其内部控制的有效性进行评价，又无法以替代的方式确定该业务流程控制的有效性，那么，企业要充分考虑该流程以及该流程相关控制的重要性，确定其对内部控制整体有效性评价的影响。

10.2.5   上市公司年度内部控制评价报告披露的一般格式

根据中国证监会、财政部2014年第1号公告《公开发行证券的公司信息披露编报规则第21号——年度内部控制评价报告的一般规定》，上市公司年度内部控制评价报告对外披露的一般格式如下。[①]

---

① 中国证券监督管理委员会，财政部. 公开发行证券的公司信息披露编报规则第21号——年度内部控制评价报告的一般规定［S］. 2014.

××股份有限公司××年度内部控制评价报告

××股份有限公司全体股东：

根据《企业内部控制基本规范》及其配套指引的规定和其他内部控制监管要求（以下简称企业内部控制规范体系），结合本公司（以下简称公司）内部控制制度和评价办法，在内部控制日常监督和专项监督的基础上，我们对公司20××年12月31日（内部控制评价报告基准日）的内部控制有效性进行了评价。

一、重要声明

按照企业内部控制规范体系的规定，建立健全和有效实施内部控制，评价其有效性，并如实披露内部控制评价报告是公司董事会的责任。监事会对董事会建立和实施内部控制进行监督。经理层负责组织领导企业内部控制的日常运行。公司董事会、监事会及董事、监事、高级管理人员保证本报告内容不存在任何虚假记载、误导性陈述或重大遗漏，并对报告内容的真实性、准确性和完整性承担个别及连带法律责任。

公司内部控制的目标是合理保证经营管理合法合规、资产安全、财务报告及相关信息真实完整，提高经营效率和效果，促进实现发展战略。由于内部控制存在的固有局限性，故仅能为实现上述目标提供合理保证。此外，由于情况的变化可能导致内部控制变得不恰当，或对控制政策和程序遵循的程度降低，根据内部控制评价结果推测未来内部控制的有效性具有一定的风险。

二、内部控制评价结论

根据公司财务报告内部控制重大缺陷的认定情况，于内部控制评价报告基准日，不存在财务报告内部控制重大缺陷［由于存在财务报告内部控制重大缺陷］，董事会认为，公司已按照企业内部控制规范体系和相关规定的要求在所有重大方面保持了有效的财务报告内部控制［公司未能按照企业内部控制规范体系和相关规定的要求在所有重大方面保持有效的财务报告内部控制］。

根据公司非财务报告内部控制重大缺陷认定情况，于内部控制评价报告基准日，公司未发现［发现×个］非财务报告内部控制重大缺陷。

自内部控制评价报告基准日至内部控制评价报告发出日之间未发生影

响内部控制有效性评价结论的因素。[若发生影响内部控制有效性评价结论的因素，则需描述相关因素的性质、对评价结论的影响及董事会拟采取的应对措施。]

三、内部控制评价工作情况

（一）内部控制评价范围

公司按照风险导向原则确定纳入评价范围的主要单位、业务和事项以及高风险领域。纳入评价范围的主要单位包括：[若单位或级次众多，可以考虑按照层级、业务分部、板块等形式披露]，纳入评价范围单位资产总额占公司合并财务报表资产总额的×%，营业收入合计占公司合并财务报表营业收入总额的×%；纳入评价范围的主要业务和事项包括：[具体描述纳入评价范围的主要业务和事项]；重点关注的高风险领域主要包括[具体描述重点关注的高风险领域]。

上述纳入评价范围的单位、业务和事项以及高风险领域涵盖了公司经营管理的主要方面，不存在重大遗漏。[如存在重大遗漏]公司本年度由于［原因］未能对构成内部控制重要方面的［具体描述应纳入而未纳入评价范围的主要单位/业务/事项/高风险领域的名称］进行内部控制评价，由于上述评价范围的重大遗漏，[描述对内部控制评价范围完整性及对评价结论的影响]。[如存在法定豁免]本年度，公司根据［法律法规的相关豁免规定］，未将［具体描述未纳入评价范围的缘由及涉及单位/业务/事项/高风险领域的名称］纳入内部控制评价范围。

（二）内部控制评价工作依据及内部控制缺陷认定标准

公司依据企业内部控制规范体系及［具体描述除企业内部控制规范体系之外的其他内部控制评价的依据］组织开展内部控制评价工作。

公司董事会根据企业内部控制规范体系对重大缺陷、重要缺陷和一般缺陷的认定要求，结合公司规模、行业特征、风险偏好和风险承受度等因素，区分财务报告内部控制和非财务报告内部控制，研究确定了适用于本公司的内部控制缺陷具体认定标准，并与以前年度保持一致[作出调整的，应描述调整原因，具体调整情况，及调整后标准]。公司确定的内部控制缺陷认定标准如下：

1.财务报告内部控制缺陷认定标准

公司确定的财务报告内部控制缺陷评价的定量标准如下：

[按照重大缺陷、重要缺陷和一般缺陷分别描述公司财务报告内部控制缺陷的定量标准，若定量标准包括多个量化指标，需指出具体如何应用这些指标，如孰低原则或分别情形适用]

公司确定的财务报告内部控制缺陷评价的定性标准如下：

[按照重大缺陷、重要缺陷和一般缺陷分别描述公司财务报告内部控制缺陷的定性标准]

2.非财务报告内部控制缺陷认定标准

公司确定的非财务报告内部控制缺陷评价的定量标准如下：

[按照重大缺陷、重要缺陷和一般缺陷分别描述公司非财务报告内部控制缺陷的定量标准，若定量标准包括多个量化指标，需指出具体如何应用这些指标，如孰低原则或分别情形适用]

公司确定的非财务报告内部控制缺陷评价的定性标准如下：

[按照重大缺陷、重要缺陷和一般缺陷分别描述公司非财务报告内部控制缺陷的定性标准]

（三）内部控制缺陷认定及整改情况

1.财务报告内部控制缺陷认定及整改情况

根据上述财务报告内部控制缺陷的认定标准，报告期内公司存在［不存在］财务报告内部控制重大缺陷［数量×个］、重要缺陷［数量×个］［若适用］（含上年度末未完成整改的财务报告内部控制重大缺陷、重要缺陷）。

具体的重大和重要缺陷分别为［若适用，重大缺陷与重要缺陷分别披露］：

缺陷1：

（1）缺陷性质及影响

[具体描述重大缺陷的具体内容，缺陷分类（设计缺陷/运行缺陷），发生时间、产生原因及对实现控制目标的影响]

（2）缺陷整改情况

[整改开始时间、已采取的整改措施、整改后运行时间、整改后运行有效性的评价结论]

（3）整改计划（适用于内部控制评价报告基准日未完成整改的情况）

［拟采取的具体整改计划、整改责任人、预计完成时间］

经过上述整改，于内部控制评价报告基准日，公司发现［未发现］未完成整改的财务报告内部控制重大缺陷［数量×个］、重要缺陷［数量×个］。

2.非财务报告内部控制缺陷认定及整改情况

根据上述非财务报告内部控制缺陷的认定标准，报告期内发现［未发现］公司非财务报告内部控制重大缺陷［数量×个］、重要缺陷［数量×个］［若适用］（含上年度末未完成整改的非财务报告内部控制重大缺陷、重要缺陷）。

具体的重大和重要缺陷分别为［若适用，重大缺陷与重要缺陷分别披露］：

缺陷1：

（1）缺陷性质及影响

［具体描述重大缺陷的具体内容，缺陷分类（设计缺陷/运行缺陷），发生时间、产生原因及对实现控制目标的影响］

（2）缺陷整改情况

［整改开始时间、已采取的整改措施、整改后运行时间、整改后运行有效性的评价结论］

（3）整改计划（适用于内部控制评价报告基准日未完成整改的情况）

［拟采取的具体整改计划、整改责任人、预计完成时间］

经过上述整改，于内部控制评价报告基准日，公司存在［不存在］未完成整改的非财务报告内部控制重大缺陷［数量×个］、重要缺陷［数量×个］。

四、其他内部控制相关重大事项说明

［若适用，需披露可能对投资者理解内部控制评价报告、评价内部控制情况或进行投资决策产生重大影响的其他内部控制信息。与内部控制无关的重大事项不需要在此披露］

董事长（已经董事会授权）：［签名］

［公司签章］

××股份有限公司

20××年××月××日

内部控制有效性的影响因素

本项研究以内部控制被出具非标意见的上市公司为基础，参考成熟资本市场非标审计意见的比例生成配对样本，采用一般逻辑回归模型分别对整体样本、国有企业样本和非国有企业样本进行回归和检验，研究结果表明，从总体上来看，国有企业财务报告内部控制的有效性普遍好于非国有企业，企业所属的行业类型会对财务报告内部控制的有效性产生影响，进一步的分组研究发现国有企业和非国有企业有不一样的影响因素和作用机理。因此，在完善企业财务报告内部控制时，要充分考虑企业的所有权性质以及由此导致的内部环境的差异。

11.1 ————研究问题与研究现状————

企业内部控制理论与实务在经历了长期的发展之后，在定义、目标、构成要素、原则等基本问题上形成了相对一致的认识，逐渐形成了系统的理论概念框架体系，比如COSO的内部控制框架等，这也极大地推动了内部控制实务的进一步发展。这表明企业内部控制在理论上有一定的共性，但内部控制在实务上更有其个性。每个企业面临的风险不同，都有自己独特的内部控制与风险管理体系，其规范和完善程度不同又进一步导致其整体有效性不同，应对风险的效果也不同。导致内部控制失效的因素既有所有企业共同面对的因素，也有具体企业面对的特定因素，系统、有效地识别这些共同的因素和特定因素，从而有针对性地提出系统和具体的解决对策，对于提高企业内部控制与风险管理的整体水平，实现内部控制目标具有非常重要的价值和意义。监管部门可以据以识别监管的重点，注册会计师可以据以识别和评估审计风险，投资者可以据以识别和评估投资风险，公司管理层可以据以识别可能存在的内部控制缺陷并进行修正。

关于企业内部控制有效性影响因素的研究主要集中在三个方面：第一，公司规模及其组织架构与业务的复杂性对内部控制的影响，如 Ge 和 McVay（2005）、Bryan 和 LiLen（2005）、Doyle 等（2007b）、Leone（2007）、Yan（2007）、Rice 等（2012）。第二，公司内部监督机构的运行效率与公司治理水平对内部控制有效性的影响，如 Krishnan（2005）、Yan（2007）、Zhang 等（2007）、Canada 等（2008）、Hay 等（2008）、Hoitash 等（2009）、Naiker 等（2009）等。第三，用于财务报告内部控制制度建设及运行的资源投入对内部控制有效性的影响，如 Leone（2007）、Ashbaugh 等（2008）、Petrovits 等（2011）、Rice 等（2012）、Hoitash 等（2012）等。研究发现，当公司出现以下情形时，企业的财务报告内部控制存在缺陷的可能性较大：组织架构在近期有过变动，业务相比更加复杂，注册会计师及会计师事务所更换较为频繁，以及在内部控制建设上投入资源较少。

在财务报告内部控制缺陷的影响因素研究中，Ashbaugh-Skaife 等（2006）认为，无论从外部监管因素、投资者期望还是对公司管理层自身而言，研究影响企业内部控制缺陷的因素具有重要的意义，因为监管部门可以根据内部控制缺陷的存在与否来识别重点监管对象，从而节约监管成本；注册会计师则需要根据公司财务报告内部控制制度的设计及运行状况对管理层的财务报告内部控制报告进行审核，并且根据审核结果发表财务报告内部控制有效性的意见报告；投资者更在意企业的价值增加从而取得投资收益，而内部控制问题存在的概率与其收益息息相关；管理层则需要对公司存在的内部控制缺陷进行识别并且对其进行修正。

阎达五和杨有红（2001）认为企业内部控制的有效实施需要拥有良好

的公司治理结构为其提供合理的环境基础，在此之上，企业的内部控制才能与公司治理成为企业内部监督系统与企业控制环境的存在。程新生（2004）认为，公司治理水平则是影响企业经营效率的因素之一，而企业追求经营效率是影响企业内部控制制度进化的根本原因。

11.2 　　理论分析与研究假设

综合现有的研究，围绕公司自身特征、内部监督机构的运行和资源投入三个角度，从企业所有权性质、企业规模、所属行业类型、股权集中度、股权制衡度、董事会领导结构、独立董事比例、高管薪酬、股东大会召开次数、外部审计等10个方面分析其对内部控制有效性的影响。

1）企业所有权性质

在我国特殊的背景制度下，国有企业"一股独大"，然而却明显地存在"所有者缺位"，造成大股东没有发挥应有的治理作用，这加剧了企业的代理问题。而公司治理与财务报告内部控制存在交叉，尤其公司治理质量是控制环境的重要组成部分，董事会和监事会的疏于监督往往造成了财务报告内部控制重大缺陷。吴益兵等（2009）研究发现国有企业比民营企业的内部控制质量更高，机构投资者大量持股能够有效提升公司的内部控制质量，而股权过度集中将会降低企业内部控制的有效性。而张先治和戴文涛（2010）通过问卷调查的方式发现国有控股与企业内部控制效果负相关。

财政部、中国证券监督管理委员会于2012年8月联合颁布了《关于2012年主板上市公司分类分批实施企业内部控制规范体系的通知》，即国家希望在条件更加成熟的国有企业先执行《企业内部控制基本规范》和《企业内部控制配套指引》。另外，2012年，国务院国有资产监督管理委员会、财政部在《关于加快构建中央企业内部控制体系有关事项的通知》中，要求确保在2013年全面完成内部控制体系的建设和实施工作，并将内部控制有效性与央企绩效评价考核相挂钩。综上所述，国有企业较早开始执行内部控制体系全面建设，且受到更多重视和监督，促进了国有企业改善财务报告内部控制。因此，提出假设1：

H1：国有企业的财务报告内部控制比非国有企业的财务报告内部控制更有效。

2）企业规模

现有的研究大多表明，企业规模对企业财务报告内部控制的有效性具有积极的影响。Ge 和 McVay（2005）研究表明，企业规模越大，披露重大内部控制缺陷的概率越低。Doyle 等（2007b）发现，规模越小的企业，其内部控制缺陷存在的概率越高，尤其体现在企业层面的内部控制缺陷。Rice 等（2012）研究发现，规模越大的企业，其对于内部控制建设的投入也越高，内部控制制度的建设也越加完善。所以，从内部控制建设和投入的角度来看，规模大的企业存在的时间相对更久，在财务报告内部控制建设上面有能力比规模小的企业投入更多的资源，其财务制度及内部控制制度也相对更加完善。因此，提出假设2：

H2：企业的规模越大，财务报告内部控制有效性越好。

3）所属行业类型

按照国家统计局的行业分类标准，根据企业主营业务的不同分为19个行业。在以往学者的研究中，除了刘梦甜（2013）在其文中对样本企业的行业性质进行了研究，并发现不同的行业背景会影响企业财务报告内部控制的有效性，其余学者都将行业作为控制变量进行实证研究，并没有深入探讨行业是否会对企业财务报告内部控制的有效性产生影响。企业所属行业不同，其业务内容和业务流程就会存在差异，业务的复杂程度也会存在差异，财务报告内部控制体系也会存在差异，从而，企业财务报告内部控制的有效性也会存在差异。

因此，提出假设3：

H3：企业所属的行业的类型会对财务报告内部控制的有效性产生影响。

4）股权集中度

研究表明，股权结构与公司治理质量息息相关，并影响公司绩效（Grossman 和 Hart，1980；Shleifer 和 Vishny，1986）。股权集中度越高，大股东为了实现自身利益的最大化，会最大程度地履行对管理层的监督职能，有效地抑制管理层的机会主义行为，从而更能形成有效的内部控制环境，降低内部控制缺陷出现的概率；反之，当公司股权分散时，普遍存在小股东"搭便车"现象，企业内部监督弱化，公司治理质量下降，管理层更可能为了实现自身的私利而营造薄弱的内部控制。曹建新等（2009）研究认为，股权集中度越高，内部控制有效性越好，李育红（2011）也持有同样观点。张先治和戴文涛（2010）通过调查问卷得出结论认为股权集中度与内部控制有效性具有负相关关系，张颖和郑洪涛（2010）也持有相同观点。所以，第一大股东持股比例越高，股权集中度越高的公司，更能发挥大股东的内部治理作用，对管理层以及对公司财务报告内部控制的监督越有效，从而，内部控制越有效。因此，提出假设4：

H4：第一大股东持股比例越高，财务报告内部控制越有效。

5）股权制衡度

股权制衡度是指控股股东与其他股东持股比例相当或公司几大股东之间持股比例相当，从而使得股东之间形成一定的制约、监督关系。在这样的形式下，任何一个股东都无法单独决定一个公司的经营决策权，同时股东之间的制衡也能保证控股股东无法随意地对上市公司进行利益侵占。在一般情况下，股权制衡度越高，则其他股东对于控股股东的制约能力也越强，相应地，其他股东对于企业经营过程的监督的动力以及能力也越强，能够有效防止企业内出现控股股东肆意操控企业，缓解企业内出现"内部控制人"的现象。因此，提出假设5：

H5：股权制衡度越高，财务报告内部控制越有效。

6）董事会领导结构

朱海珅和闫贤贤（2010）在其实证研究中发现，董事长与总经理由同一人兼任时，企业内部控制有效性更差。童品波（2010）对2009年深圳证券交易所上市公司进行研究后也得出了相同的结论。公司的董事会是公司治理的核心机构，其作用的发挥很大程度影响了公司治理质量。同时，董事会的监督也是维护公司内部控制环境的关键，尤其是审计委员会对公司的财务会计的监督，是财务报告内部控制有效性的重要保障。众多学者研究发现，董事长和总经理两职合一不利于公司治理，两职合一造成总经理的自我监督，这为总经理的利益侵占行为创造了更便利的条件，且容易导致管理层凌驾于内部控制之上，造成严重的内部控制缺陷。而公司董事长与总经理两职分离能够有效地监督对方，对公司运行过程中出现的财务报告内部控制缺陷问题也会督促对方去解决，从而提高财务报告内部控制的有效性。因此，提出假设6：

H6：公司董事长与总经理两职分离有利于提高财务报告内部控制的有效性。

7）独立董事比例

目前，独立董事是固定薪资，与公司业绩不相关，而且能被中国证监会认可具有任职独立董事资格的人选，无一例外都是企业家、学者和政府工作人员，因此，对于他们来说，声誉比经济利益更为重要。独立董事可以不关心公司业绩，但是他们不得不关注公司的内部控制，因为企业发生财务舞弊或者涉及违法违规事件，会严重损害到独立董事的声誉。因此，独立董事不再仅仅作为企业的一个组织结构的摆设，而是能够在企业的相关决策过程中提出多样化的建议，为企业内部控制的设立与运行提供行之有效的方法。刘祖基（2013）对上交所2011年主板上市公司进行研究发现独立董事比例与内部控制有效性具有显著正相关关系。张先治和戴文涛（2010）通过问卷调查也发现独立董事的比例越高则企业内部控制越有效。所以，公司独立董事人数越多，占董事会人数的比例越高，董事会的独立性越强，独立董事不作为的可能性越低，当他发现财务报告内部控制制度中存在的问题与实施过程中出现的缺陷时，会积极与管理层沟通，保证财务报告内部控制的有效性，因此，提出假设7：

H7：公司董事会中独立董事的比例越高，财务报告内部控制越有效。

8）高管薪酬

企业高管与企业一般员工不同，他们的薪资并不像普通员工一样是固定工资，还和公司业绩紧密相关。除了固定的薪资外，高管还能从当年的业绩中获取部分奖励性薪酬，而另外部分长期激励性报酬则是与企业的价值密切相关的。

由于公司内部控制制度的合理设计与有效实施能够为企业实现其经营目标提供合理保证，而企业都是以自身的资产增值为最终目的的，所以当企业高管能够充分发挥自身职能，使得企业内部控制制度的设立与运行有效，则能够最大程度地为企业实现其经营目标提供帮助，也使得企业高管能够从公司当年利润中获取不菲的奖励。祝捷和栗宁（2010）通过研究辽宁省上市公司后发现，高管人员薪酬与内部控制效果具有显著正相关关系。公司高管薪酬越高，则他们对公司责任心越高，对财务报告内部控制制度的制定与实施的监督更加严格，因此出现财务报告内部控制缺陷的可能性越低，因此，提出假设8：

H8：公司高管薪酬越高，财务报告内部控制越有效。

9）股东大会召开次数

股东大会是公司的最高权力机构，公司经营方针政策、投融资的决议、董事会的选举更换、变更公司章程、增加或减少公司资本等问题都由股东大会投票决定。我国规定，上市公司每年至少召开一次股东大会，然而公司在正常经营过程中，会因一些原因召开临时股东大会进行决议。其股东大会召开的次数也代表着公司在处理重大事项方面的态度，过多的股东大会召开次数则在一定程度上反映该公司在生产经营过程中出现过多的重大问题，在一定程度上影响了公司的正常发展。同样，过少地召开股东大会，是对公司相关问题的不重视，也会影响到公司正常运转。所以，在一个会计年度内，过多或过少地召开股东大会，在一定程度上不但影响也会反映公司财务报告内部控制的质量。因此，提出假设9：

H9：股东大会召开次数的偏差与财务报告内部控制的有效性负相关。

10）外部审计

从审计质量的角度来看，DeAnglo等（1982）提出审计质量取决于两个方面：审计人员的独立性和其专业胜任能力。一方面，实证研究中通常使用会计师事务所的规模来衡量审计质量，规模较大的事务所往往被认为能提供高质量的审计。首先，大型会计师事务所在人事招聘以及人员培训方面优势明显，因此大型会计师事务所的审计人员的专业胜任能力较强，并且长期以来大型会计师事务所的客户规模也较大，审计人员积累了更丰富的外勤审计经验，这也有助于他们更好地提高职业判断能力。其次，大型会计师事务所通常面临"深口袋"，即假如审计失败，事务所的声誉损失并导致的客户流失损失将是巨大的，并且声誉恢复成本也是不可估量的，因此大型会计师事务所的审计人员往往更加谨慎，独立性也更高，这使得审计人员在审计过程中更加认真负责，从而提高了审计质量。所以，从内部控制审计意见的角度来看，大型事务所更可能反映真实的审计结果，出具非标审计意见。

另一方面，赵渊贤和吴伟荣（2014）在其文中用企业盈余管理的程度来衡量注册会计师审计的质量，即盈余管理程度越小，注册会计师审计质量越高，以此研究对企业内部控制有效性的影响，结果发现高质量的注册会计师审计与内部控制有效性具有显著正相关性。因此，提出假设10：

H10：会计师事务所的审计质量对财务报告内部控制的有效性有显著影响。

11.3 研究模型与变量

1）研究模型

由于被解释变量为0和1的二分变量，建立以下一般逻辑回归模型：

$$P(\text{Opinion} = 1|x) = \frac{1}{1 - e^{-g(x)}} \tag{1}$$

$$g(x) = \text{Logit}(p) = a_0 + a_1 \text{State} + a_2 \text{Size} + a_3 \text{Ind} + a_4 \text{Share1} + a_5 \text{Share2} + a_6 \text{Duality} + a_7 \text{Indep} + a_8 \text{Reward} + a_9 \text{Gdh} + a_{10} \text{Big4} + \varepsilon \tag{2}$$

模型 Logit(p)中的 p 值代表被解释变量为财务报告内部控制失效的概率；a_1 至 a_{10} 分别代表10个解释变量的系数，系数的正负符号代表其影响方向，系数的大小与影响程度无关；a_0 是模型的常数项；ε 是模型的误差项。

2）变量

（1）被解释变量

根据《企业内部控制审计指引》的内容可知，企业披露的财务报告内部控制审计报告中的审计意见为非标准意见时，该企业财务报告内部控制失效，同理，当企业财务报告内部控制有效时，注册会计师将出具标准意见的财务报告内部控制审计报告。

因此本项研究将以企业披露的财务报告内部控制审计报告中的审计意

见作为衡量企业财务报告内部控制有效性的指标。本项研究使用Opinion表示财务报告内部控制有效性，当财务报告内部控制审计报告意见为非标准审计意见时，被解释变量取值为1，当该报告意见为标准审计意见时，取值为0。

（2）解释变量

本项研究选取的解释变量主要包括9个与公司自身因素相关的变量和1个外部审计变量。解释变量的说明见表11-1。

表11-1 解释变量

变量类别	变量代号	变量解释
解释变量	State	企业所有权性质，国有企业为1，非国有企业为0
	Size	企业规模，按《关于印发中小企业划型标准规定的通知》（工信部联企业〔2011〕300号）中的规定，大规模企业为1，非大规模企业为0
	Ind	按照国家统计局的分类标准，一共分为19个行业，本项研究样本数据共涉及11个行业
	Share1	股权集中度，第一大股东控股比例
	Share2	股权制衡度，企业第一大股东控股比例/企业第二大股东至第十大股东控股比例之和，比值越大则股权制衡度越差
	Duality	董事长与总经理两职合一情况，两职合一取值为1，其他取值为0
	Indep	独立董事占董事会人数的比例
	Reward	高管薪酬前三名总薪酬的自然对数
	Gdh	企业一个会计年度内召开股东大会会议次数与其所在行业的企业召开股东大会次数平均值的偏差
	Big4	提供内部控制审计的会计师事务所，为国际"四大"的取值为1，其他取值为0

11.4   样本数据与描述性统计

1）样本数据

根据《关于 2012 年主板上市公司分类分批实施企业内部控制规范体系的通知》（财办会〔2012〕30 号）规定以及《深交所中小企业板上市公司规范运作指引》第七章的要求，本项研究从 2015 年主板上市与中小板上市企业中选择财务报告内部控制审计报告中被出具非标准内部控制审计意见的公司。在剔除 ST、金融业的公司后，最后一共有 70 家上市公司被出具非标准内部控制审计意见。

在筛选出上述被出具内部控制审计报告非标意见的公司后，本项研究将按照国家统计局于 2017 年发布的国民经济行业分类（GB/T 4754-2017）的标准进行分类，然后分深市主板、深市中小板、沪市主板，按等间距的随机抽样方法，对非标审计意见的样本公司按 1∶4 的比例配对财务报告内部控制审计报告为标准意见的公司。这样的配对比例主要考虑到 2015 年内部控制审计报告被出具非标准审计意见的公司比例只有 4%，如果按照实际比例进行回归分析，会由于非标审计意见比例过低从而得不到有效的结论；如果按照 1∶1 的比例配对，则会高估非标审计意见的样本概率。由于美国的证券市场相对成熟，所以本项研究按照美国证券市场的比例 1∶4 来选择配对。本项研究还对所有的连续变量在 1% 和 99% 分位点进行了缩尾。最终一共得到 350 个观察值。本项研究的财务报告内部控制审计意见来自于迪博内部控制与风险管理数据库，其他数据均来源于国泰安数据库（CSMAR）。

2）样本分布

在对存在财务报告内部控制重大缺陷的企业进行筛选后，根据国家统计局规定的国民经济行业分类（GB/T 4754-2017）以及财办会〔2012〕30 号的《关于 2012 年主板上市公司分类分批实施企业内部控制规范体系的通知》中所规定的国有控股企业率先披露内部控制审计报告的实施方案，将存在财务报告内部控制重大缺陷的企业按国有控股、非国有控股进行分类，具体分布情况见表 11-2。

203

表11-2 企业样本分布情况

行业	国企数量	非国企数量	合计	频率
A	0	1	1	1.43%
B	1	3	4	5.71%
C	15	25	40	57.14%
D	2	0	2	2.86%
E	1	0	1	1.43%
F	4	4	8	11.43%
G	2	0	2	2.86%
I	0	1	1	1.43%
K	1	6	7	10.00%
N	0	2	2	2.86%
R	2	0	2	2.86%
小计	28	42	70	100.00%

根据统计可以初步发现，国有企业与非国有企业由于行业原因，财务报告内部控制的有效性具有明显的差异，此外，由于国有企业与非国有企业在强制披露财务报告内部控制审计意见的时间上具有时间差，因此为了探讨国有企业与非国有企业对于企业财务报告内部控制有效性是否有不同的影响因素，在做回归的时候进一步进行了分组检验。

3）变量描述性统计

本项研究一共选取了10个与财务报告内部控制有效性相关的变量，试图从内部与外部环境中找到影响上市公司财务报告内部控制有效性的因素。在进行配对后，整体样本变量的描述性统计结果见表11-3，其中股东大会召开次数的行业均值为3次，因此本项研究选取的变量股东大会召开次数的偏差值取值为企业在2015年度召开股东大会次数减去3的绝对值。

表11-3 变量描述性统计

变量	均值	方差	最小值	中位数	最大值
Opinion	0.200	0.401	0	0	1
State	0.563	0.497	0	1	1
Size	0.786	0.411	0	1	1
Share1	0.356	0.164	0.059	0.342	0.771
Share2	3.990	5.021	0.230	1.923	28.270
Duality	0.206	0.405	0	0	1
Indep	0.370	0.050	0.333	0.333	0.625
Reward	14.290	0.712	12.610	14.290	16.210
Gdh	1.357	1.338	0	1	8
Big4	0.066	0.248	0	0	1

4) 变量相关性分析

从表11-4中可以看出，内部控制报告意见与企业所有权性质、企业规模、董事长总经理两职合一、独立董事比例、高管薪酬前三名总薪酬的自然对数存在显著性关系，初步表明内部控制有效性与企业所有权性质、企业规模、董事长总经理两职合一、独立董事比例、高管薪酬前三名总薪酬的自然对数有关。另外，变量之间的相关性系数最大为0.584，可以初步判定模型不存在严重的多重共线性。

表11-4 变量之间的Pearson相关分析

	Opinion	State	Size	Share1	Share2	Duality	Indep	Reward	Gdh	Big4
Opinion	1									
State	-0.164***	1								
Size	-0.157***	0.228***	1							
Share1	-0.075	0.204***	0.183***	1						

续表

	Opinion	State	Size	Share1	Share2	Duality	Indep	Reward	Gdh	Big4
Share2	0.039	0.199***	0.092*	0.584***	1					
Duality	0.117**	−0.207***	−0.113**	−0.163***	−0.153***	1				
Indep	0.118**	−0.080	−0.070	0.078	0.052	0.034	1			
Reward	−0.243***	0.084	0.249***	0.150***	−0.001	−0.082	−0.029	1		
Gdh	0.059	−0.027	0.103*	0.107**	0.064	−0.057	−0.034	0.110**	1	
Big4	−0.046	0.164***	0.054	0.139***	−0.021	−0.106**	0.048	0.232***	0.007	1

注：***、**和*分别表示在1%、5%和10%水平上显著。

11.5 ————————回归结果及分析————————

为了确保数据结构的合理性，参考美国成熟资本市场非标审计意见与标准审计意见的比例，对具有内部控制重大缺陷的观测按照1∶4进行配对，而后使用一般逻辑回归模型对样本进行实证分析。同时，为了深入研究所有权性质的不同对财务报告内部控制有效性可能带来的影响，又进一步分为国有企业样本组和非国有企业样本组，分别进行回归检验，回归结果见表11-5。

表11-5 回归结果

变量	整体	State=1	State=0
State	−0.733**		
	(−2.23)		
Size	−0.315	0.486	−0.878*
	(−0.83)	(0.62)	(−1.76)
Share1	−1.488	0.831	−3.142*
	(−1.22)	(0.40)	(−1.95)

续表

变量	整体	State=1	State=0
Share2	0.066*	0.027	0.111*
	（1.90）	（0.52）	（1.82）
Duality	0.492	−0.966	0.914**
	（1.43）	（−1.19）	（2.04）
Indep	5.054*	8.383*	5.065
	（1.81）	（1.79）	（1.24）
Reward	−0.909***	−1.680***	−0.283
	（−3.73）	（−3.71）	（−0.87）
Gdh	0.202*	0.339*	0.117
	（1.89）	（1.81）	（0.82）
Big4	0.437	0.174	1.050
	（0.61）	（0.19）	（0.73）
Ind_1	−0.431		−0.487
	（−0.30）		（−0.27）
Ind_2	0.200	−3.809**	0.262
	（0.19）	（−2.23）	（0.17）
Ind_3	−0.256	−2.913**	−1.886
	（−0.29）	（−2.17）	（−1.64）
Ind_4	0.140	−2.533	
	（0.12）	（−1.64）	
Ind_5	−0.259	−3.750*	
	（−0.17）	（−1.90）	
Ind_6	−0.016	−2.793*	−1.287
	（−0.02）	（−1.89）	（−1.01）

变量	整体	State=1	State=0
Ind_7	0.564	−2.402	
	（0.46）	（−1.46）	
Ind_8	−0.058		−1.395
	（−0.04）		（−0.78）
Ind_9	−0.213	−3.255*	−1.647
	（−0.22）	（−1.94）	（−1.25）
Ind_10	−0.138		
	（−0.11）		
cons	10.166***	20.455***	3.499
	（2.84）	（3.14）	（0.74）
N	350	186	147
LR chi2	43.98	32.04	25.59
Prob>chi2	0.0010	0.0064	0.0291
Pseudo R2	0.1255	0.2033	0.1455

注：***、**和*分别表示在1%、5%和10%水平上显著。

从整体样本以及国有企业和非国有企业分组样本的回归结果来看，回归方程总体显著，逻辑回归结果具有高度可信性。

1）企业所有权性质对财务报告内部控制的影响

从整体样本来看，回归系数为−0.733，显著，这表明国有企业财务报告内部控制的有效性更可能比非国有企业好，企业的所有权性质对财务报告内部控制的有效性有积极影响，假设1得到验证。国有企业存在的时间普遍长于非国有企业，内部控制建设的时间长，在内部控制制度完善程度上普遍好于非国有企业，所以，国有企业财务报告的内部控制好于非国有企业的内部控制。

2）企业规模对财务报告内部控制有效性的影响

从整体样本来看，回归系数为−0.315，不显著，这表明企业规模对财务报告内部控制的有效性有积极影响，但不显著，假设2整体上没有得到验证，这与以往的研究结论不一致。从国有企业样本组来看，回归系数为0.486，不显著，这表明国有企业的规模对财务报告内部控制的有效性有消极影响，但不显著。从非国有企业样本组来看，回归系数为−0.878，显著，这表明非国有企业的规模对财务报告内部控制的有效性有积极影响，非国有企业的规模越大，其内部控制可能更有效，假设2在非国有企业样本组得到验证。

综合上述结果，单从系数的符号来看，企业的规模在整体样本组和非国有企业样本组都对财务报告内部控制的有效性有积极的影响，尽管在整体样本组不显著。然而，从国有企业样本组的系数来看，企业的规模对财务报告内部控制的有效性却是有消极的影响，尽管不显著。这表明，企业的规模对国有和非国有企业财务报告内部控制的有效性在一定程度上产生了截然相反的影响。

之所以出现这种结果，一方面是因为，企业的规模对内部控制有效性的影响也有消极的一面。企业的规模越大，组织结构通常越复杂，纵向的层级越多，横向的管理幅度越广，业务流程也越复杂，内部控制的难度越高，内部控制也就越容易失效。

另一方面，国有企业和非国有企业存在体制机制的差异，这导致企业规模对财务报告内部控制的有效性产生影响的机理和逻辑发生变异和扭曲，从而导致综合效果截然相反。在非国有企业的发展过程中，企业规模会随着公司效益的上升而扩大，这种扩张通常都是企业所有者考虑成本效益原则，根据企业自身发展所决定的。而国有企业的规模扩张并不一定是因为企业的效益很好，国家宏观政策以及全球经济的走势都会影响国有企业规模的扩张，并不意味着规模越大的国有企业的经济效益越高，因此，财务报告内部控制的资源投入也无法根据规模的大小进行衡量对比。此外，国有企业的正式编制一直被视为"铁饭碗"，即成为正式员工就不会面临失业，所以在这点上与非国有企业有差异，当国有企业规模越大时，其员工数量也会随之增多，公司组织结构的层数也会增加，从而使得财务报告内部控制制度更难以被员工有效执行，企业财务报告内部控制的有效性也随之下降。

3）行业类型对财务报告内部控制有效性的影响

从回归结果来看，在国有企业样本组与非国有企业样本组，行业类型的不同会对企业财务报告内部控制的有效性产生不同的影响。根据统计局的划分，国有企业样本组，公司所属行业为 B（采矿业）、C（制造业）、D（电力、燃气及水生产和供应业）、E（建筑业）和 K（房地产业）相对于行业 R（文化、体育和娱乐业），其财务报告内部控制的有效性更好；非国有企业样本组则显示制造业相对于文化、体育和娱乐业来说，其财务报告内部控制更有效。而从系数的符号上来看，非国有企业样本组，采矿业相对于文化、体育和娱乐业，其财务报告内部控制的有效性更差。

4）股权集中度对财务报告内部控制有效性的影响

从整体样本来看，回归系数为-1.488，不显著，这表明股权集中度对财务报告内部控制的有效性有积极影响，但不显著，假设2整体上没有得到验证，这与以往的研究结论不一致。从国有企业样本组来看，回归系数为0.831，不显著，这表明国有企业的股权集中度对财务报告内部控制的有效性有消极影响，但不显著。从非国有企业样本组来看，回归系数为-3.142，显著，这表明非国有企业的股权集中度对财务报告内部控制的有效性有积极影响，即非国有企业的股权越集中，其内部控制可能越有效，假设4在非国有企业样本组得到验证。

综合上述结果，单从系数的符号来看，股权集中度在整体样本组和非国有企业样本组都对财务报告内部控制的有效性有积极的影响，尽管在整体样本组不显著。然而，从国有企业样本组的系数来看，股权集中度对财务报告内部控制的有效性却是有消极的影响，尽管不显著。这表明，股权集中度对国有企业和非国有企业财务报告内部控制的有效性在一定程度上产生了截然相反的影响。

之所以出现这种结果，是因为国有企业和非国有企业在内部环境方面存在较大的差异。对于国有企业而言，国有企业第一大股东大多是国家政府机构，并不是实际的个人，第一大股东主要通过委派高级管理层的方式来履行所有者职责，参与企业的日常运行，存在"所有者缺位"的现象。而对于非国有企业来说，第一大股东无论是个人还是法人，要么第一大股东担任企业董事长，要么由法人指定直接代表个人大股东的人选担任董事长，从而，非国有企业的第一大股东比国有企业第一大股东会更积极参与企业的日常运营和管理，更有利于提高公司财务报告内部控制的有效性。

5）股权制衡度对财务报告内部控制有效性的影响

从整体样本来看，回归系数为0.066，显著，这表明股权制衡度对财务报告内部控制的有效性有积极影响，假设5整体上得到验证。从国有企业样本组来看，回归系数为0.027，不显著，这表明股权制衡度对财务报告内部控制的有效性有积极影响，但不显著，假设5在国有企业样本组没有得到验证。从非国有企业样本组来看，回归系数为0.111，显著，这表明股权制衡度对财务报告内部控制的有效性有积极影响，即非国有企业的股权制衡度越高，其内部控制可能越有效，假设5在非国有企业样本组得到验证。

从回归结果的系数符号来看，该解释变量对被解释变量的影响具有高度的一致性，各分组中股权制衡度的提高都能使企业内部控制有效性得到提升，即股权制衡的存在，能够缓解大股东在企业中产生的"内部控制人"现象，减弱控股股东对企业的侵害能力。但整体样本与非国有企业样本组均显著，而国有企业样本组则不显著。可能的原因是国有企业的战略以及经营受国家政策和国有控股股东的影响较大，其他小股东很难参与和影响国有企业的战略和经营管理，小股东在相关决策上普遍采用"用脚投票"的方式，从而对财务报告内部控制很难产生实质性影响。

6）董事长与总经理两职合一对财务报告内部控制有效性的影响

从整体样本的统计结果来看，80%的企业都选择了董事长总经理两职分离。从整体样本来看，回归系数为0.492，不显著，这表明董事长总经理两职合一对财务报告内部控制的有效性有消极影响，但不显著。从国有企业样本组来看，回归系数为-0.966，不显著，这表明董事长总经理两职合一对财务报告内部控制的有效性有积极影响，但不显著。从非国有企业样本组来看，回归系数为0.914，显著，这表明董事长总经理两职合一对财务报告内部控制的有效性有消极影响，假设6在非国有企业样本组得到验证。

综合上述结果，单从系数的符号来看，董事长总经理两职合一在整体样本组和非国有企业样本组都对财务报告内部控制的有效性有消极影响，尽管在整体样本组不显著。然而，从国有企业样本组的系数来看，董事长与总经理两职合一却对财务报告内部控制的有效性有积极影响，尽管不显著。这表明，董事长总经理两职合一对国有企业和非国有企业财务报告内部控制的有效性在一定程度上产生了截然相反的影响。

随着《企业内部控制基本规范》和《企业内部控制应用指引》的颁布实施，上市公司都意识到了不相容岗位分离的重要性，董事长总经理两职分离也越来越普遍。但由于控制权行使和内部环境存在的根本差异，导致董事长和总经理两职分离在国有企业与非国有企业尽管形式相似，但却存在实质上的差异。董事长与总经理由不同的人担任，其目的是让股东对管理层起到监督、制约的作用，但正如谢劼（2006）所认为的"两职分离可能会产生董事长与总经理的权力之争"，这就会阻碍企业的正常运作，这种权力之争在国有企业体现得尤为明显和严重。国有企业的董事长和总经理都是由政府部门直接指派的，都是代表国家在管理企业，两职分离下存在权力之争的内在基础，而两职兼任反而能更好地发挥其职能，更有利于国家政策的实行。非国有企业的董事长是由股东选举产生的，总经理是由董事会选择和任命的，两者权力之争的基础相对较弱，两职分离就能够更好地促进各自履行职责，创造更好的内控环境，相反，两职兼任则为大股东实现内部人控制提供了便利，不利于内部控制的有效运行。

7）独立董事比例对财务报告内部控制有效性的影响

从整体样本来看，回归系数为5.054，显著，这表明独立董事比例对财务报告内部控制的有效性有消极影响，这与假设6正好相反，也与以往的研究结论相反。从国有企业样本组来看，回归系数为8.383，显著，这表明独立董事比例对财务报告内部控制的有效性有消极影响。从非国有企业样本组来看，回归系数为5.065，不显著，这表明独立董事比例对财务报告内部控制的有效性有消极影响，但不显著。

综合上述结果，独立董事的比例对财务报告内部控制的有效性有显著的消极影响，尽管在非国有企业样本组不显著，这表明，独立董事在我国上市公司中仍然没有起到相应的作用，尤其在国有企业中，独立董事比例越高，财务报告内部控制的有效性反而越差。在国有企业中，独立董事比例越高，则意味着董事会中非独立董事比例越低，人数越少，这在国有企业现有的内部环境下反而加强了"内部人控制"的作用，独立董事的独立性得不到保证，独立董事的职能得不到有效的发挥，更高的独立董事比例反而不利于财务报告内部控制的有效性。在非国有企业中，独立董事的独立性也得不到有效保证，独立董事更多的是拿固定薪资，与他们是否切实担负起自己的职责也没有直接关联，对于企业财务报告内部控制制度的设立与运行关注度和参与度往往不高，而是任由其发展，从而没有产生显著的影响。

8）高管薪酬对财务报告内部控制有效性的影响

从整体样本来看，回归系数为-0.909，显著，这表明高管薪酬对财务报告内部控制的有效性有积极影响，假设8整体上得到验证。从国有企业样本组来看，回归系数为-1.680，显著，这表明高管薪酬对财务报告内部控制的有效性有显著的积极影响。从非国有企业样本组来看，回归系数为-0.283，不显著，这表明高管薪酬对财务报告内部控制的有效性有积极影响，但不显著。

综合上述结果，高管薪酬对财务报告内部控制的有效性有显著的积极影响，尽管在非国有企业样本组不显著，这表明，高管薪酬越高，高管更愿意投入更多的精力来完善内部控制体系，尤其是在国有企业，企业财务报告内部控制的有效性也越好。由于企业内部环境的不同，非国有企业样本组与国有企业样本组在回归结果的显著性上产生了差异。在高管的任命方面，国有企业的高管大多是政府任命的，而非国有企业的高管有多种来源，由企业创始团队成员担任、董事会共同决议任命以及猎头公司推荐等。在高管的激励方面，国有企业与非国有企业也有着较大差异，国有企业在股权激励上比非国有企业更加谨慎，从样本数据来看，自2010年起，197家国有企业中仅8家对高管进行了股权激励，而153家非国有企业中则有34家对高管进行了股权激励。此外，随着近年来国有企业反腐工作和问责机制的持续推进，拿着高薪资的国有企业高管比以往会更好地履行自己的岗位职责，更加重视企业的经营过程与经营结果，更加关注自身以及其他员工对公司制度的遵守。而非国有企业的高管则没有这样的担忧，他们只需尽可能地完成董事会提出的经营目标，并不需要太多考虑在实现目标过程中公司制度上以及员工工作过程中存在的缺陷。

9）股东大会召开次数对企业财务报告内部控制有效性的影响

从回归结果来看，股东大会召开次数的偏差与财务报告内部控制的有效性显著负相关，尽管在非国有企业样本组不显著，假设9得到验证。这表明，股东大会召开的次数过少，则不利于财务报告内部控制的有效性；召开的次数过多，则表明财务报告内部控制存在严重的问题。股东大会召开次数对财务报告内部控制有效性的影响在非国有企业组不显著，可能是因为国有企业和非国有企业公司治理的运作机制以及股东大会召开的原因存在差异。对于非国有企业来说，股东积极参与公司治理和经营管理决策，尤其是对于大股东来说，由于本身大多是公司董事长或总经理，不必非要通过召开股东大会来实现自己的诉求；而对于国有企业来说，为了实现程序上的合规性，规避风险，则大多会召开股东大会，而且召开股东大会在很多时候是由于企业在财务报告内部控制上存在问题。

10）外部审计对财务报告内部控制有效性的影响

从回归结果来看，无论是整体样本，还是国有企业样本组和非国有企业样本组，回归系数都为正数，但均不显著，假设10没有得到验证。这表明，尽管高质量的会计师事务所更可能发现企业财务报告内部控制的缺陷，但并不显著，这与以往的研究结论不完全一致。尽管通常我们认为，国际"四大"成立较早，长期发展下来具有一套完整的培训体系以及更多的经验丰富的员工，在企业财务报告内部控制审计上具有更丰富的理论经验以及实务经验，具有更好的专业胜任能力和更好的独立性，但在国内目前的环境下，就样本来说，与"非四大"会计师事务所在审计内部控制和促进内部控制完善方面并没有显著的差别。

11.6　研究结论与政策建议

从总体上来看，国有企业财务报告内部控制的有效性普遍好于非国有企业，企业所属的行业类型会对财务报告内部控制的有效性产生影响，进一步的分组研究发现国有企业和非国有企业有不一样的影响因素和影响机理。

对于国有企业来说，提高高管的薪酬能够提高企业财务报告内部控制的有效性，过高的独立董事比例则会降低企业财务报告内部控制有效性，股东大会召开次数偏离行业均值越多也会体现出其财务报告内部控制有效性越差。而企业规模、股权集中度、股权制衡度、董事长总经理两职合一、是否由"四大"审计等因素对财务报告内部控制的有效性没有显著的影响。

对于非国有企业来说，企业的规模越大，投入财务报告内部控制的资源也就越多，财务报告内部控制越有效，股权集中度与股权制衡度的提高能够提高企业的财务报告内部控制有效性，董事长与总经理两职分离也能提高财务报告内部控制的有效性。而独立董事的比例、高管的薪酬水平、股东大会召开的次数、是否由"四大"审计等因素对财务报告内部控制的有效性没有显著的影响。

由于受客观因素限制，样本数量较少，涵盖的行业类型不全面，而且，在现实环境中，影响财务报告内部控制有效性的因素也不仅仅是公司自身因素以及外部审计，还有企业文化特征、政治因素、市场发育程度等都会对财务报告内部控制有效性产生影响，从而会造成本项研究不足。随着内部控制审计报告的逐年披露，其质量也会得到提升，用审计意见来衡量财务报告内部控制的有效性也将越来越可靠。而且，随着审计报告的增多，样本数量也将随之增加，行业分布也将更加齐全，这将会为以后的研究提供更加详实的数据。

基于上述研究结果，提出以下政策建议：

（1）加快国有企业混合所有制改革，引入非国有资本，进一步完善股权结构和公司治理结构，提高公司治理水平，完善内部环境，提高内部控制的有效性。

（2）加大内部控制建设的时间和资源投入，不断建立健全内部控制体系和制度，提高内部控制的有效性。

（3）在完善公司治理机制的基础上进一步完善独立董事制度，加强对独立董事的激励和考核，确保独立董事和董事会的独立性，使得独立董事能够充分发挥其职能，从而促进内部控制水平的提高。

（4）在完善国有企业公司治理机制的基础上按照现代企业制度的管理

模式选聘董事长和总经理等高管，将董事长与总经理两职分离，实现有效监督和制衡，提高内部控制的有效性。

（5）加大对企业管理层的激励和考核力度，促使管理层重视和关注内部控制的建设与运行，推动内部控制水平的提高。

（6）在完善公司股权结构和治理结构的基础上，引导股东积极通过股东大会参与公司的战略和经营决策，提高公司内部控制水平。

财务报告重大错报风险的定量评估

财务报告重大错报风险的识别和评估不但是现代风险导向审计下财务报表审计的核心和关键，也是财务报告内部控制评价和审计的核心和关键，通常采用以分析程序为主的风险评估程序来完成。本项研究基于通用分析程序的逻辑，根据年度、行业、规模以及成熟资本市场的审计意见结构选取配对样本，构建配对样本的条件逻辑回归模型，检验财务指标的相对偏差与重大错报风险之间的关系。研究结果表明，有些类别的财务指标，如偿债能力、盈利能力、现金创造能力、费用配比合理性、增长潜力等，其相对偏差可以显著表征重大错报风险的大小，有些类别的财务指标，如营运能力、发展协调性等，其相对偏差则不能显著表征重大错报风险的大小。这说明利用财务指标实施分析程序识别和评估财务报告错报风险是可行的，但重大错报的领域却不是随机的，而是有选择的，从而并不是所有的财务指标都适合实施分析程序进行重大错报风险的识别和评估，必须选择适当、相关的财务指标才能得到可靠的风险评估结果。①

---

① 张宜霞，郭玉.财务报告重大错报风险的定量识别与评估——基于财务指标相对偏差的逻辑回归模型［J］. 财务研究，2015（6）：74-80.

12.1 —————研究背景与问题的提出—————

2003年10月，国际审计与鉴证准则理事会（IAASB）发布了一系列审计风险准则，并将审计风险模型修改为：审计风险=重大错报风险×检查风险，这标志着审计进入了现代风险导向审计阶段。我国2006年制定发布的审计准则也引入了重大错报风险的概念，明确要求审计工作应以评估重大错报风险为起点，我国2010年修订后的审计准则更加注重风险导向的审计理念，进一步强调了识别和评估重大错报风险的必要性和重要性。从现代风险导向审计来看，重大错报风险不但直接影响审计风险的大小，还直接决定着可接受检查风险的大小，从而影响着审计师对整个审计工作的规划和安排。为了确保审计质量，控制审计风险，注册会计师要根据审计风险配置审计资源以提高审计效率，用尽可能少的审计资源将审计风险降低到可以接受的低水平，以达到投入与产出的最佳效率。面对规模庞大、日益复杂的财务数据，注册会计师如果能够准确、快速地识别和评估重大错报风险，不但可以有效控制审计风险，而且可以大大提高审计效率，节约审计成本。因此，识别和评估重大错报风险是现代风险导向审计的核心和关键。

从当前审计理论、审计准则的要求和审计实务来看，注册会计师通常采用以分析程序为主的风险评估程序来识别和评估财务报表的重大错报风险，而分析程序又通常以财务信息和财务指标的比较分析为主。通过对财务信息和财务指标应用分析程序来识别和评估重大错报风险，其隐含的假定是重大错报会导致财务指标发生异常变动和较大的相对偏差，从而可以通过财务指标的异常变动和相对偏差的大小来识别和评估财务报表的重大错报风险。然而，从当前理论与实务的现状来看，尽管对这一模式的理论研究和实务应用都比较多，但这一模式的有效性大多限于定性的分析和经验判断，缺乏充分的定量分析证据，尤其是对于以财务指标分析为主的分析程序来说。通过对财务指标实施分析程序来识别和评估财务报表重大错报风险是否可行？是否所有的财务指标都适合用来实施分析程序以识别和评估财务报表的重大错报风险？这些问题一方面尚没有得到充分的实证证据的验证和支持，另一方面既有的相关研究在样本、模型和方法方面的问题也导致研究结论不够可靠。本项研究的重点是在综合评估既有研究的基础上采用更适当的样本、更可靠的模型和方法来检验基于财务指标比较的分析程序是否可以识别和评估重大错报风险，哪些财务指标的相对偏差对重大错报风险具有显著的表征作用以及这些财务指标对重大错报风险有显著表征作用的内在逻辑机理。

12.2　研究现状与存在的问题

国内外学者的相关研究主要关注了财务舞弊、盈余管理、财务报告舞弊风险与财务指标的关系以及重大错报风险与公司治理特征和财务指标的关系，获得了很多的相关研究成果，但也存在一些问题。

12.2.1　国内外研究现状

国外的相关研究主要关注了财务舞弊、盈余管理以及企业财务报告舞弊的可能性与财务指标的关系。Beneish（1999）采用 Probit 判别方法，利用筛选出的财务指标建立识别舞弊的模型，并划分了使预期错报成本最小的阈值点。Lee，Ingram 和 Howard（1999）以及 Bell 和 Carcello（2000）通过建立 Logistic 模型来预测财务舞弊和财务报告舞弊。Lin，Hwang 和 Becker（2003）构建了基于模糊神经网络的财务舞弊识别模型。Ettredge，Sun，Lee 和 Anandarajan（2006）以 169 家被美国 SEC 处罚的公司按照规模、行业、是否盈利形成配对样本研究发现，递延所得税、营业收入增长率、是否更换会计师事务所、市值与净值之比以及是否是场外交易公司这几个指标能够很好地预测重大错报。Blay，Sneathen 和 Kizirian（2007）对美国 78 家科技公司的审计文件数据进行的研究表明，持续经营风险和舞弊风险与重大错报风险显著相关、与所需搜集证据的说服力和及时性显著相关，指出评估重大错报风险应充分考虑持续经营风险和舞弊风险。Brazel，Jones 和 Zimbelman（2009）对 50 家被处罚的公司进行研究发现，非财务指标（比如专利数量、雇员数以及产品数量）的增长率在有重大错报和没有重大错报的两类样本公司中有显著的不同。Dechow，Ge 和 Larson（2011）以 1982—2005 年美国证券交易委员会（SEC）发布的会计与审计实施公告（AAER）中共计 494 个错报公司作为研究样本，通过应计质量、财务绩效、非财务指标、资产负债表外事项以及市场基础的度量五大类指标建立识别重大错报的 Logistic 模型研究发现，发生重大错报的公司应计质量下降，财务状况和非财务状况都明显恶化，公司的管理层对股价非常敏感。

国内学者的相关研究主要集中在重大错报风险与公司治理特征、财务指标的关系方面。朱小平和余谦（2003）选取 1998—2000 年首次被出具非标准审计意见的 A 股上市公司形成配对样本，以财务指标作为自变量，以审计意见作为因变量建立 Logistic 模型，识别财务欺诈。路云峰和刘国常（2008）从公司治理特征与重大错报风险的关系角度研究发现，第一大股东持股比例、设立审计委员会、短期负债比率、长期负债比率等因素与重大错报风险都存在显著的关系。连竑彬（2008）筛选舞弊导致的异常财务指标，采用 Logistic 回归分析法来构建舞弊识别模型，总体判别率为80.2%。吴革和叶陈刚（2008）利用财务指标建立 Logit 舞弊识别模型，依据筛选出的指标建立的 Logit 模型总体识别率为71.3%。闫丽娜（2010）将公司规模、净资产收益率、资产负债率作为控制变量，以 Logistic 回归模型来研究公司治理特征与重大错报风险之间的相关性，发现前十大股东的持股比例、流通股比例与重大错报风险显著相关，而董事会规模和监事会规模与重大错报风险不具有显著相关性。邱学文和吴群（2010）基于重大错报风险的 Logistic 预测模型的研究发现，资产负债率、能否持续经营、总资产收益率、行业风险等与重大错报风险显著相关，而公司治理特征指标与重大错报风险不存在显著相关关系。王翠琳和何其恩（2012）通过基于 1∶1 配对样本的 Logit 回归模型和基于 LM 算法的神经网络模型的研究发现，资产负债率、资产报酬率、资产周转率、关联购销比例以及年度股东大会出席股份比率五个指标与重大错报风险显著相关。

12.2.2 现有研究存在的问题

尽管国内外现有的研究取得了较多的成果，但这些研究在样本数据、模型、变量选择等方面还存在一些不足。

1）样本数据的时间跨度

为了收集规模足够大的样本，现有的大部分研究选择的样本数据时间跨度较大，而重大错报的类型和发生重大错报的领域并不是稳定的，是随着环境和时间的变化而变化的，从而导致发生异常变动的财务指标也会随之发生变化，所以，样本数据时间跨度过大，而模型又没有进行相应控制，由此估计出的模型应用于现实数据时其稳定性和可靠性是难以保证的。

2）样本数据的结构

鉴于同样的财务指标在不同行业和不同规模的企业之间差距较大，现有的大部分研究在选取数据时采用了配对样本试图控制公司规模、公司所在行业等因素的影响，但配对比例和模型上的缺陷却导致很难有效控制它们的影响。现有的研究在配对比例上基本都是选择1：1，但这个比例与成熟市场的实际结构相差较大，比如，美国资本市场非标准审计意见的上市公司大概占20%，而中国资本市场非标准审计意见上市公司实际上远远没有达到这一比例。所以，根据1：1的配对比例形成的样本可能会因过度抽样高估解释变量的重要性或低估模型的误判率，从而高估模型的预测能力，影响研究结果的可靠性，或者说模型预测的可靠性仅对样本数据来说较好，而对实际资本市场中公司的数据来说却较差。

3）模型的内在逻辑

从模型的内在逻辑和结构来看，现有的研究主要是从可能形成重大错报的原因角度构建因果模型，即证实某些因素与重大错报在统计上的相关性，以原因预测结果，一些学者也会把企业规模和行业作为控制变量纳入模型试图控制它们的影响，实质上也是将它们作为原因因素。然而，公司规模、所在行业以及公司治理特征这些所谓的原因与重大错报风险的结果之间在理论上并不存在内在的完全一致性，或者说具备这些特征的公司的财务报表，其重大错报风险未必就高，不具备这些特征的公司的财务报表，其重大错报风险也未必就低。这些因素只是可能的原因，它们与重大错报风险之间可能只是一种统计相关关系，而不是因果关系。所以，这种因果模型在实际用于识别和评估重大错报风险时，其可靠性难以保证。而且，这些原因因素很多是非公开数据，这也导致这种因果模型的适用性大打折扣，更多只能是用于研究目的。

4）模型的稳健性和可靠性

从模型的形式来看，尽管现有的研究采用了配对样本数据，但采用的模型大多是一般逻辑回归模型。虽然一般逻辑回归模型是目前研究二分类变量的首选模型，具有广泛的适用性，但只在选取样本时采用配对的方式考虑行业、公司规模、时点的影响，而采用的模型却没有相应考虑，这样就会因为财务数据缺乏可比性而导致模型本身并不符合分析程序的基本原理，从而使得模型缺乏有效的理论支撑和内在的逻辑合理性，仅仅是一个统计上的数据拟合模型。在处理配对样本时，条件逻辑回归模型具有更大的优越性，能够控制样本公司所在行业、公司规模以及会计年度等对重大错报风险产生的不稳定影响，与一般逻辑回归模型相比，其回归结果更加稳健。其他更为复杂的方法，比如神经网络法，虽然拥有较强的数据挖掘能力，但运算较为复杂，要求拥有大量的训练样本以保证足够的代表性和覆盖面，还要求使用者有较强的数学背景知识，这导致实际应用存在很大的困难和局限。

5）模型变量的选择

从现有研究模型的因变量来看，现有的研究大多以是否发生财务舞弊或是否被处罚的二元变量作为重大错报风险的替代变量，但是否发生财务舞弊或是否被处罚考虑更多的是是否违法的问题，而且只有少数财务舞弊或被处罚的违规错报被披露出来，所以，是否发生财务舞弊或是否被处罚与财务报告重大错报风险的大小并不存在完全的内在一致性，尤其是对于那些没有被发现或处罚的公司来说。

从现有研究模型选择的自变量来看，既有造成重大错报的因素，也有重大错报引发的结果因素，自变量不但包括了导致重大错报风险的原因变量，还包含了一些由重大错报风险导致的结果变量，但导致重大错报风险的原因因素和重大错报风险导致的结果因素在理论上与重大错报风险之间存在不同的逻辑关系，形成两个不同的模型，二者无论是以何种理由混合在一个模型里在逻辑上都是很难解释的。通过样本数据进行估计，即使统计上显著，也完全背离了其本来的逻辑和关系，用于预测和评估的可靠性和可信性就更难以确定。

现有的研究模型大多是直接分析财务舞弊或重大错报风险与财务指标的关系，而考虑到行业、规模和时间等因素的差异，不同企业的财务指标必然存在一定的差异，所以，直接用财务指标来识别和评估重大错报风险不但在逻辑上缺乏理论支持，而且在可靠性方面也难以令人信服。

12.3 ————— 理论分析与模型构建—————

鉴于当前研究存在的一些问题，应当在厘清分析程序、重大错报风险与财务指标的内在逻辑基础上，在样本数据选择、模型设计和回归方法上进行完善和改进，以确保模型和研究结论的可靠性。

12.3.1　分析程序与重大错报风险的识别和评估

从理论和审计准则的要求来看，尽管注册会计师在财务报表审计中通常会实施询问、观察与检查、分析程序等风险评估程序以识别和评估重大错报风险，但从这些风险评估程序的本质来看，除分析程序外，其他风险评估程序实质上都是在为分析程序收集数据和信息，最终还是要通过分析程序来完成重大错报风险的识别和评估，所以，分析程序的有效应用是识别和评估重大错报风险的主要手段。

分析程序是指注册会计师通过研究不同财务数据之间以及财务数据与非财务数据之间的内在关系，对财务信息作出评价，还包括调查识别出的、与其他相关信息不一致或与预期数据严重偏离的波动和关系，比如，将公司的财务数据与同行业或历史同期数据相比较、识别异常的交易或事项、异常或未预期到的关系。更为复杂和量化的分析程序是利用大量经验数据和指标体系建立模型来识别和评估重大错报风险，它为人们提供了一个系统、客观的数量分析方法，减少了个人主观意识和经验的片面性带来的不利影响，使评价结果更具有科学性和可靠性。本项研究通过配对样本构建条件逻辑回归模型的方法模拟了分析程序的这种作用，检验了公司财务指标相对于类似公司的偏差与重大错报风险之间的关系。

12.3.2　重大错报风险与相关财务指标

1）重大错报风险与财务指标异常变动和相对偏差

基于复式记账法和会计等式的原理，公司财务报表上的数据以及据此计算出的财务指标通常存在一定的勾稽关系和内在逻辑关系。如果财务报表的某些数据出现重大错报，相应的财务指标也会发生较大变动，这种变动一方面体现在这些财务指标与其他财务指标之间的勾稽关系和内在逻辑关系出现异常变动，另一方面体现在这些财务指标在这家公司与同行业类似公司之间出现相对偏差，这些异常变动和偏差恰恰就是应用分析程序识别和评估重大错报风险的基础和依据。而且，从证据的可靠性来说，根据被审计公司与同行业类似公司财务指标的相对偏差实施分析程序来识别和评估重大错报风险会更客观，获得的审计证据也更可靠。

重大错报风险是指财务报表发生重大错报的可能性，一般情况下，公司财务指标相对于同行业类似企业的偏差越大，则重大错报风险越高，反之则越低。与以往的因果预测模型不同，重大错报风险与财务指标的异常变动和相对偏差并不是简单的因果关系，而是一枚硬币的两面：重大错报风险是硬币的一面，反映的是整体结果；财务数据和财务指标异常变动和相对偏差是硬币的另一面，反映的是具体表现。重大错报风险这一面是需要我们去识别和评估的对象，无法直接看到；财务数据和财务指标的异常变动和相对偏差却是可以通过分析程序分析和计算得到的。因此，采用配对样本的条件逻辑回归模型模拟分析程序通过财务指标的异常变动和相对偏差来识别和评估重大错报风险就转换为用硬币的一面来预测另一面，它既克服了现有研究采用因果模型或混合模型的不足，也克服了现有研究直接用财务指标识别和评估财务舞弊或重大错报风险的缺陷，在模型、方法和研究结论方面更稳定、更可靠。

2）相关财务指标

国内外学者有关公司会计信息舞弊和重大错报风险的研究获得了许多

对会计信息舞弊具有较强解释能力的财务指标，比如盈利能力指标、偿债能力指标等。鉴于重大错报类型与领域的变动性，为了不遗漏重要财务指标，本项研究在美国财务研究与分析中心（CFRA）异常波动指标分类体系的基础上从偿债能力、营运能力、盈利能力、现金创造能力、费用配比合理性、增长潜力、公司发展协调性7个类别共选择了22个财务指标，见表12-1。

表12-1　　　　　　　　　　　　　相关财务指标

指标类型	指标代码	指标名称	计算方法
偿债能力	x_1	资产负债率	负债/资产
	x_2	流动比率	流动资产/流动负债
	x_3	速动比率	速动资产/流动负债
	x_4	每股留存收益	留存收益/发行在外普通股股数
	x_5	长期债务营运资金比率	长期债务/营运资金
营运能力	x_6	存货周转率	销售成本/平均存货余额
	x_7	应收账款周转率	销售收入/应收账款平均余额
	x_8	总资产周转率	销售收入/平均总资产
	x_9	存货/资产	存货净额/资产
盈利能力	x_{10}	主营业务利润率	主营业务利润/主营业务收入
	x_{11}	销售净利率	净利润/销售收入
	x_{12}	总资产净利润率	净利润/资产
现金创造能力	x_{13}	现金流量比率	经营活动现金流量净额/流动负债
	x_{14}	主营业务收入现金流量比率	经营活动现金流量净额/主营业务收入
	x_{15}	总负债保障率	经营活动现金流量净额/负债总额
	x_{16}	资产现金回收率	经营活动现金流量净额/资产总额
费用配比合理性	x_{17}	销售期间费用率	（销售费用+财务费用+管理费用）/销售收入
	x_{18}	资产折旧费用率	折旧费用/总资产
增长潜力	x_{19}	总资产增长率	（各指标报告期数值-上一期数值）/上一期数值
	x_{20}	主营业务收入增长率	
公司发展协调性	x_{21}	△（应收账款/收入）	各指标报告期比率-上一期比率
	x_{22}	△存货周转率	

根据上述分析，提出如下假设：

H1：财务指标的相对偏差对重大错报风险有显著的表征作用。

12.3.3 重大错报风险与审计意见

在财务报表审计中，注册会计师按照审计准则和相关职业道德要求执行审计工作，对财务报表整体是否不存在由于舞弊或错误导致的重大错报获取合理保证，使之能够对财务报表是否在所有重大方面按照适用的财务报告编制基础编制并实现公允反映发表审计意见。根据审计准则，审计意见的类型和出具的条件见表12-2。

表12-2　　　　　　　　**审计意见类型及出具的条件**

审计意见类型		出具的条件
标准审计意见	无保留意见	在所有重大方面按照适用的财务报告编制基础编制并实现公允反映
非标准审计意见	带强调事项段的无保留意见	无保留意见+强调事项
	保留意见	错报单独或汇总起来对财务报表影响重大但不具有广泛性；或者无法获取充分、适当的审计证据以作为形成审计意见的基础，但认为未发现的错报对财务报表可能产生的影响重大但不具有广泛性
	否定意见	错报单独或汇总起来对财务报表的影响重大且具有广泛性
	无法表示意见	无法获取充分、适当的审计证据以作为形成审计意见的基础，但认为未发现的错报对财务报表可能产生的影响重大且具有广泛性

从审计意见类型与重大错报风险的关系来看，标准无保留意见表明注册会计师合理保证财务报表中没有重大错报，重大错报风险较低；非标准审计意见中的保留意见、否定意见和无法表示意见都表明已发现或未发现的错报对财务报表有重大影响，重大错报风险较高。因此，把审计意见划

分为标准审计意见和非标准审计意见两种类型，既是对财务报表质量的一种区分，也是对重大错报风险的衡量，它与重大错报风险的高低存在内在的一致性，所以，用审计意见类型（非标准和标准）作为重大错报风险高低的替代变量比是否被处罚等变量要可靠得多。对于带强调事项段的无保留意见，尽管看起来是无保留意见，但现有的研究表明在很多情况下注册会计师迫于客户的压力、同时又想规避渎职风险，往往基于风险和收益的权衡才出具带强调事项段的无保留意见以代替保留意见。而且，鉴于当前我国资本市场尚不完善，审计师的独立性往往得不到适当保证，上市公司每年被出具非标准审计意见的比例总体上相对于成熟资本市场来说偏低，所以，本项研究把带强调事项段的无保留意见也视为重大错报风险较高的非标准审计意见。

因此，本项研究以审计意见类型作为重大错报风险（RMM）的替代变量，当上市公司被出具非标审计意见时，就视为重大错报风险较高，RMM=1；当上市公司被出具标准审计意见时，就视为重大错报风险较低，RMM=0。

12.3.4　模型构建

为了有效控制年度、规模、公司所在行业的影响，获得稳健的模型和参数估计结果，同时考虑到成熟资本市场不同类型审计意见的结构[①]，按照1∶4的比例选取重大错报样本和相应的配对样本数据。同时，为了模拟应用分析程序通过财务指标相对偏差识别和评估重大错报风险的过程，构建配对样本的条件逻辑回归（Conditional Logistic Regression）模型。

$$p = \frac{\exp\left(\sum_{j=1}^{4}\sum_{k=1}^{K}\beta_k(x_{ijk} - x_{i0k})\right)}{1 + \exp\left(\sum_{j=1}^{4}\sum_{k=1}^{K}\beta_k(x_{ijk} - x_{i0k})\right)} \tag{1}$$

$$\text{Logit}(p) = \sum_{j=1}^{4}\sum_{k=1}^{K}\beta_k(x_{ijk} - x_{i0k}) \tag{2}$$

其中，i代表第i组配对样本（i=1，2，…，n），k代表自变量（k=1，

---

① 根据美国资本市场上市公司的数据，年度财务报表审计意见中非标准审计意见大约占20%。

2，…，K），j代表每个配对组中对照的样本（j=1，2，3，4），x_{ijk}代表第i组配对样本中第j个样本的第k个指标的值，x_{i0k}代表第i组中错报样本的第k个指标的值。

12.4 ———— 样本数据及回归结果 ————

12.4.1 样本数据

从2013—2015年度沪深两市A股上市公司中选取样本，并剔除金融保险类上市公司以及数据缺失的上市公司，把年报被出具非标准审计意见的上市公司作为重大错报风险高的样本，把年报被出具标准无保留意见的上市公司作为重大错报风险低的样本，同时按照会计年度、行业、规模进行配对。在配对比例上，如果按照我国上市公司实际非标审计意见比例来配对会低估重大错报风险，而按照习惯上的1∶1比例配对则会因为过度抽样而导致高估重大错报风险，所以，参考美国等成熟资本市场非标审计意见的比例按照1∶4的比例来配对。按照上述原则在2013—2015年度沪深两市A股上市公司中取得重大错报样本103个，配对样本412个，样本总量515个。数据主要来自深圳国泰安（CSMAR）数据库，缺失数据主要通过中国注册会计师协会网站、新浪财经、巨潮资讯网等网站查询得到，所用统计软件为STATA 17.0。

为了验证配对样本选择的可靠性，对重大错报公司及配对公司的资产规模的差异性进行显著性检验。K-S检验的结果为P＜0.05，表明样本的资产不服从正态分布，根据Mann-Whitney U检验方法进行的非参数检验，检验结果P=0.212，表明两类样本公司的规模不存在显著差异，样本配对正确。

12.4.2 描述性统计

相关变量的描述性统计结果见表12-3。

表12-3 描述性统计结果

Variable	RMM=1				RMM=0			
	Obs	Mean	Min	Max	Obs	Mean	Min	Max
x_1	103	1.240	0.0559	27.92	412	0.448	0.0224	1.411
x_2	103	0.880	0.00394	9.686	412	2.182	0.223	41.70
x_3	103	0.613	0.00394	8.862	412	1.627	0.0833	39.10
x_4	103	−1.390	−25.36	2.116	412	0.799	−2.863	5.127
x_5	103	−0.132	−5.819	3.269	412	0.317	−14.56	51.59
x_6	103	7.800	0.0161	156.3	412	8.425	0.000514	520.8
x_7	103	53.70	0.294	3 179	412	91.20	0.165	7 966
x_8	103	0.540	0.0147	2.304	412	0.789	0.00176	7.871
x_9	103	0.155	0	0.928	412	0.178	3.55e-05	0.926
x_{10}	103	0.122	−1.512	0.731	412	0.233	−0.0373	0.750
x_{11}	103	−0.396	−26.25	44.95	412	0.0147	−21.72	1.375
x_{12}	103	−0.121	−3.001	0.703	412	0.0441	−0.275	0.477
x_{13}	103	0.0422	−0.598	1.105	412	0.232	−0.935	7.976
x_{14}	103	−0.0393	−6.255	3.709	412	0.0645	−9.089	5.185
x_{15}	103	0.0308	−0.570	0.629	412	0.199	−0.862	3.963
x_{16}	103	0.0262	−0.204	0.914	412	0.0492	−0.436	0.728
x_{17}	103	0.610	0.0279	13.97	412	0.199	0.0111	9.548
x_{18}	103	0.0386	0.000122	0.232	412	0.0256	0.000249	0.104
x_{19}	103	−0.0709	−0.778	0.721	412	0.157	−0.379	2.440
x_{20}	103	0.220	−0.975	26.18	412	0.314	−0.976	58.36
x_{21}	103	−1.800	−184.3	0.612	412	0.0251	−0.416	4.144
x_{22}	103	0.962	−31.37	151.3	412	0.995	−212.1	466.6

根据统计结果可以看出，重大错报风险高的公司与重大错报风险低的公司之间在很多财务指标上存在较为明显的差异。重大错报风险高的公司在资产负债率、销售期间费用占比等指标上明显高于重大错报风险低的公司，在流动比率、速动比率、每股留存收益、营运能力、盈利能力、现金创造能力和增长潜力等指标上明显低于重大错报风险低的公司。

12.4.3　相关性检验

进一步通过相关性检验来辅助分析各个财务指标与重大错报风险之间的关系，以此来反映差异的产生是偶然的波动还是真实明显的差异。采用K-S方法的正态性检验表明，所有备选自变量都不服从正态分布，这一结果与国外学者的相关研究一致，考虑采用非参数检验的方法来检验显著性。根据Mann-Whitney U检验的结果，x_6（存货周转率）、x_7（应收账款周转率）和x_{22}（△存货周转率）在5%的水平上不显著，其余的19个指标都在5%水平上显著，将这三个不显著的指标剔除。非参数检验的结果进一步表明，重大错报风险高的公司与重大错报风险低的公司在财务指标上存在显著的差异。

12.4.4　多重共线性检验

为了确保Logistic模型的效度，对所选财务指标之间的多重共线性进行检验，检验结果表明x_2（流动比率）与x_3（速动比率）相关性较强，x_{13}（现金流量比率）与x_{15}（总负债保障率）相关性较强，放在模型中有可能会引起多重共线性，故将x_2和x_{15}剔除。

12.4.5　条件Logistic回归结果

根据初步筛选出的17个财务指标和配对样本采用STATA对条件Logistic回归模型进行估计和检验。因为自变量较多，采用逐步后退法（Backward：Conditional），模型回归结果见表12-4。

表12-4　　　　　　　　　　　　模型回归结果

x	Coef.	Std. Err.	Z	P>|z|	95% Conf.
	Number of obs = 515		Pseudo R^2 = 0.6802		
	Prob > chi2 = 0.0000		log likelihood = −53.00		
x_1	2.5465	1.1513	2.21	0.027	0.290056
x_3	0.1923	0.102941	1.87	0.062	−0.00945
x_4	−0.803	0.282395	−2.84	0.004	−1.35675
x_{12}	−9.044	2.520692	−3.59	0.000	−13.9845
x_{13}	−2.3423	1.19716	−1.96	0.05	−4.68877
x_{14}	2.1478	0.820161	2.62	0.009	0.540362
x_{17}	2.4972	0.842811	2.96	0.003	0.845344
x_{19}	−2.0890	1.082295	−1.93	0.054	−4.21033

注：x 表示对应财务指标变量的相对偏差形成的新变量。

从模型的总体拟合程度上看，Pseudo R^2 = 0.6802，模型拟合较好；从模型的显著性来看，P 值为 0.000，小于 0.05，模型总体统计上显著，共有 8 个财务指标是显著的，模型中的自变量对因变量有较好的解释作用。从模型总体来看，财务指标的相对偏差与重大错报风险具有显著的相关性，可以显著地表征重大错报风险的大小，从而可以用来识别和评估重大错报风险，假设 H1 得到验证。

但对于不同类别的财务指标来说，它们与重大错报风险的相关性是不同的，或者说并不是所有类别的财务指标都可以应用分析程序来识别和评估重大错报风险。

1）偿债能力指标

在回归模型中，x_1、x_3、x_4 的系数显著，x_2、x_5 的系数不显著，这说明资产负债率的相对偏差、速动比率的相对偏差和每股留存收益的相对偏差能够显著表征重大错报风险的大小。也就是说，一家公司的资产负债率、速动比率相对于同类型公司越低，发生重大错报的可能性就越大，重大错报风险就越高；而一家公司的每股留存收益相对于同类型公司越低，发生重大错报的可能性就越小，重大错报风险就越小。

从理论层面来看，如果没有非常充分和特别的理由，一家公司的资产负债率非常明显地低于同类型公司，则说明财务报表层次的重大错报风险较高。而对于每股留存收益来说，因为一家公司通常不会容许因为故意或非故意的错报而让自己公司的每股留存收益远低于同类型公司，所以，如果一家公司的每股留存收益非常明显地低于同类型公司，这种情况下财务报表发生重大错报的可能性反而较低。比较值得注意的是，如果一家公司的速动比率非常明显地低于同类型公司，重大错报风险反而较高，这是因为公司为了提高资金使用效率通常不会保持较高的速动比率，而为了确保适当的偿债能力又不得不保持适当的速动比率，因此很多情况下维持在行业平均水平附近，所以，如果一家公司的速动比率非常明显地低于同类型公司，则财务报表重大错报风险必然较高。

2）营运能力指标

x_6（存货周转率）、x_7（应收账款周转率）在配对样本之间没有显著差异，x_8、x_9的系数在回归模型中不显著，这说明这些营运能力指标的相对偏差不能显著表征重大错报风险的大小，或者说不能根据这些营运能力指标应用分析程序来识别和评估重大错报风险。可能的原因是营运能力指标在同行业和同类型企业间相对比较透明，财务报表在这些领域发生错报或舞弊比较容易被发现，相关外部风险较高，故企业会相对更加谨慎和小心，从而此领域较少发生错报或舞弊。

3）盈利能力指标

在回归模型中，x_{10}、x_{11}的系数不显著，x_{12}的系数显著，这说明：一方面，总资产净利润率的相对偏差能够显著表征重大错报风险的大小，也就是说，一家公司的总资产净利润率相对于同类型企业越低，发生重大错报的可能性就越小，重大错报风险就越低。总资产净利润率是一个更加综合的指标，包含了资产营运能力和产品盈利能力，一家公司通常不会容许因为故意或非故意的错报而让公司的总资产净利润率远低于同类型公司，所以，如果一家公司的总资产净利润率相对于同行业同类型公司越低，重大错报风险一般越低。

另一方面，一家公司的主营业务利润率的相对偏差和销售净利率的相对偏差不能显著表征重大错报风险的大小，主要是因为主营业务利润率和销售净利率在同行业和同类型企业间相对比较透明，这些领域的错报或舞弊比较容易被发现，相关外部风险较高，企业会相对更加谨慎和小心，不轻易在这些领域发生错报或舞弊。

4）现金创造能力指标

在回归模型中，x_{13}、x_{14} 的系数显著，x_{15}、x_{16} 的系数不显著，这说明现金流量比率的相对偏差和主营业务收入现金流量比率的相对偏差能够显著表征重大错报风险的大小，而总负债保障率的相对偏差和资产现金回收率的相对偏差不能显著表征重大错报风险的大小。也就是说，一家公司的现金流量比率相对于同类型公司越低，发生重大错报的可能性就越小，重大错报风险就越低；一家公司的主营业务收入现金流量比率相对于同类型公司越低，发生重大错报的可能性就越大，重大错报风险就越高。

现金流量比率属于现金创造能力类指标，表面看起来衡量现金创造能力，但从其计算公式（经营活动现金流量净额/流动负债）可以看出，这种现金创造能力是相对于流动负债而言的，所以更是衡量企业真实的偿债能力，无论是对企业还是对报表的使用者来说，现金流量比率都会是被非常关注的内容。一家公司通常不会容许因为故意或非故意的错报而让公司的现金流量比率远低于同类型公司，所以，如果一家公司的现金流量比率相对于同类型公司越低，财务报表的重大错报风险反而会越低。

而主营业务收入现金流量比率，尽管它也属于现金创造能力类指标，表面看起来也是衡量现金创造能力的，但从其计算公式（经营活动现金流量净额/主营业务收入）可以看出，这种现金创造能力是相对于主营业务收入而言的，主营业务收入产生的经营活动现金流量净额相对于同类型企业越少，主营业务收入存在重大错报的可能性就越大，重大错报风险就越高。

5）费用配比合理性指标

在回归模型中，x_{17} 的系数显著，x_{18} 的系数不显著，这表明销售期间费用率的相对偏差可以显著表征重大错报风险的大小，而资产折旧费用率的相对偏差不能显著表征重大错报风险的大小。也就是说，一家公司的销售期间费用率相对于同类型公司越低，发生重大错报的可能性就越高，重大错报风险就越高。

销售期间费用率衡量的是销售期间费用与销售收入的一致性，真实、准确的销售收入必然会引发相应的实际销售期间费用，而虚构的销售收入自然无法引发相应的实际销售期间费用，所以，如果一家公司的销售期间费用率远低于同类型企业，则销售收入存在重大错报的可能性就会很高，重大错报风险也就会很高。

6）增长潜力指标

在回归模型中，x_{19}的系数显著，x_{20}的系数不显著，这表明总资产增长率可以显著表征重大错报风险的大小，而主营业务收入增长率不能显著表征重大错报风险的大小。也就是说，一家公司的总资产增长率相对于同类型企业越低，发生重大错报的可能性就越小，重大错报风险就越低。

总资产增长率衡量的是公司当期相对于上一会计期间总资产的增长情况，公司通常不会容许因为故意或非故意的错报而让公司的总资产增长率远低于同类型公司，所以，如果一家公司的总资产增长率相对于同类型公司越低，财务报表存在重大错报的风险反而会越低。

7）公司发展协调性指标

在回归模型中，x_{21}、x_{22}的系数都不显著，这说明这些财务指标的相对偏差并不能显著表征重大错报风险的大小，或者说不能根据这些发展协调性指标应用分析程序来识别和评估重大错报风险。可能的原因是，发展协调性指标基本都涉及两个年度相对指标的变化，它们与当年财务报表错报的相关性较差。

12.5 研究结论、局限与展望

12.5.1 研究结论

综合上述研究过程和结果分析，可以得出以下结论：

1）对财务指标实施分析程序来识别和评估重大错报风险是可行的

从研究结果来看，对当前通用的财务指标体系来说，有些财务指标的相对偏差总体上与重大错报风险有显著的相关性，能够显著表征重大错报风险的大小。具体来看，偿债能力类、盈利能力类、现金创造能力类、费用配比合理性类和增长潜力类的部分财务指标，其相对偏差与重大错报风险存在显著的相关性，能够显著表征重大错报风险的大小。所以，在财务报表审计中通过对相关财务指标实施分析程序来识别和评估重大错报风险是可行的，也是可靠的。

2）财务报表发生重大错报的领域不是随机的，而是有选择性的

有些财务指标的相对偏差能够显著表征重大错报风险，而有些财务指标则不能，这有其内在的逻辑和必然性，也表明财务报表发生重大错报的领域不是随机的，而是有选择性的。

对于那些相对偏差能够显著表征重大错报风险的财务指标来说，它们涉及的业务领域都是公司或者报表使用者非常关注的，公司在主观上不希望在这些领域因为错报而导致财务报表呈现出偏差的财务状况、经营成果和偏低的现金流量，所以，这些领域总体上出现主观错报或客观错报的风险较低，具体来说，如果这些指标相对于同类型公司过低，则存在重大错报的可能性就会非常低。从研究结果来看，对当前通用的财务指标体系来说，有些财务指标的相对偏差与重大错报风险没有显著的相关性，不能显著表征重大错报风险的大小。比如常用的营运能力类、发展协调性类指标中的存货周转率、应收账款周转率、资产折旧费用率、主营业务收入增长率等，在模型的检验中并没有发现其相对偏差与重大错报风险有显著的相关性。可能的原因不外乎两个方面：一方面，利益相关者对这些业务领域的关注度较高，而且行业透明度高，可比性好，存在重大错报很容易被发现，所以，无论是主观舞弊的人为选择，还是客观错报的自然选择，在结果上都会避开这些领域；另一方面，在明知这些业务领域的重大错报容易被发现而又不得不在这些业务领域作出粉饰的时候，为了避免引起关注，降低被发现的风险，就会进行更谨慎、更严密的技术处理，尽量使相关财务指标不出现异常的变动。因此，从这个角度来说，财务报表发生重大错报的领域并不是随机的，而是有选择性的。

3）实施分析程序必须选择适当、相关的财务指标

从财务报表审计的角度来看，分析程序是了解被审计单位及其环境从而识别和评估重大错报风险必须实施的核心程序，但从上面的结果来看，又不是所有的财务指标都能通过分析程序为重大错报风险的识别和评估提供有价值的信息，比如，营运能力类、发展协调性类的一些财务指标的相对偏差对于识别和评估重大错报风险就没有显著的参考价值。所以，为了准确可靠地识别和评估重大错报风险，在实施分析程序时必须选择适当、相关的财务指标，才能获得可靠的评估结果。

12.5.2 研究的局限与展望

本项研究在综合评估和借鉴既有研究的基础上进行了多方面的探索和改进。根据成熟资本市场1∶4的审计意见结构选择配对样本，通过优化样本数据结构确保样本数据的真实性和可靠性，从而确保研究结论的可靠性，避免了既有研究采用全样本或1∶1配对样本的问题。根据规模、行业等因素形成配对样本而不是将其作为自变量纳入模型，既控制了这些因素可能的影响，又避免了将这些因素纳入模型所带来的缺陷。构建完全基于财务指标相对偏差的配对条件逻辑回归模型模拟分析程序，研究的是重大错报风险与财务指标相对偏差的关系，一方面避免了既有研究采用因果模型或混合模型的弊端，另一方面也避免了既有模型研究重大错报风险与财务指标的关系而存在的内在不一致。研究也获得了比较有价值的结论，通过财务指标实施分析程序来识别和评估重大错报风险是可行的，有其内在的逻辑和必然性，重大错报的发生不是随机的，而是有选择的，必须选择适当的财务指标来实施分析程序。

尽管我国资本市场上有几千家上市公司，但每年被出具否定意见、保留意见和无法表示意见的上市公司少之又少，只有几十家，从而导致样本数据的选择相对受限，样本规模偏小，尽管通过配对控制了相关因素的影响，但依然会对样本数据的质量产生影响，进而影响到研究结论。希望随着我国资本市场规模的扩大和监管的加强与完善，可以获得更大规模的样本，以提高样本数据的质量和研究结论的可靠性。

本项研究构建和检验的配对条件逻辑回归模型所用的样本数据是事先配对好的，从理论研究的角度来看，用于验证财务指标的相对偏差与重大错报风险的关系是可行的，也是符合逻辑的；但从实务应用的角度来看，如果根据一家公司的财务指标采用这个配对条件逻辑回归模型去预测重大错报风险却是不可行的，因为无法事前形成配对样本数据。然而，配对条件逻辑回归模型已经在理论上验证了财务指标的相对偏差与重大错报风险的关系，进一步的研究就是在此基础上构建出更具有适用性的模型，以用于通过财务指标直接识别和评估一家公司的重大错报风险。

12.6　──财务报告错报风险识别与评估的应用模型──

为了提高模型的适用性，基于上述研究结果根据配对样本均值调整的财务指标构建了识别和评估重大错报风险的一般逻辑回归模型，并根据合理保证的概念将预测结果划分为高、中、低三个风险等级，总体来看，模型具有良好的识别能力，识别准确率较高，适用性较好。

12.6.1　基于一般逻辑回归的识别与评估模型

通过采用条件 Logistic 回归模型有效地控制了影响重大错报风险的非处理因素，进而识别出对重大错报有显著影响的财务指标，但应用条件 Logistic 回归模型进行实际的识别和评估存在难以解决的问题：一是采用条件逻辑回归无法估计出模型的截距项，从而就无法计算出具体的概率；二是必须事先有已知的对照组，而在面对一个未知的总体时是无法事先确定这样的对照组的。

为了产生与条件 Logistic 回归大致相同的效果，确保模型的可靠性，兼顾模型的适用性，在采用一般 Logistic 回归模型的基础上对样本数据作出如下处理：对配对后的每组数据用均值调整，即用每个样本的原始数据减去这组配对样本数据的平均值作为模型的自变量，模型如下。

$$\ln\left(\frac{P}{1-P}\right) = \beta_0 + \beta_1\left(x_{i1} - \overline{x_i}\right)x + \beta_2\left(x_{i2} - \overline{x_i}\right) + \beta_3\left(x_{i3} - \overline{x_i}\right) + \beta_4\left(x_{i4} - \overline{x_i}\right) + \cdots +$$
$$\beta_k\left(x_{ik} - \overline{x_i}\right) + \varepsilon$$

对数据的处理过程与前面一样，根据正态性检验确定所有变量不服从正态分布，对单变量进行非参数检验，然后进行多重共线性检验。调整的一般逻辑回归模型回归结果见表12-5。

表12-5　　　　　　　　　　　模型回归结果

Number of obs = 515			Pseudo R^2 = 0.5951		
Prob > chi2 = 0.0000			log likelihood = −104.34		
RMM	Coef.	Std. Err.	Z	P>|z|	95% Conf.
x_1	3.484171	1.168157	2.98	0.003	1.194626
x_{13}	−1.57799	0.649275	−2.43	0.015	−2.85055
x_4	−1.02628	0.2809	−3.65	0.000	−1.57684
x_{14}	2.265272	0.752079	3.01	0.003	0.791223
x_{17}	2.730406	0.760598	3.59	0.000	1.239661
x_9	−2.62013	1.527863	−1.71	0.086	−5.61469
x_{19}	−2.22131	0.969558	−2.29	0.022	−4.12161
x_{12}	−10.1895	2.529944	−4.03	0.000	−15.1481
_cons	−2.64653	0.25667	−10.31	0.000	−3.1496

从模型的总体拟合程度上看，Pseudo R^2 = 0.5951，模型拟合较好；从模型的显著性来看，P值为0.000，小于0.05，模型总体统计上显著，模型中的自变量对因变量有较好的解释作用。

从具体的财务指标来看，与条件逻辑回归模型的回归结果相比，x_9（存货/资产）是新出现的显著变量，这与朱小平和余谦（2003）的研究结果一致，x_3（速动比率）不再显著，其余 x_1、x_4、x_{12}、x_{13}、x_{14}、x_{17}、x_{19} 依然显著。总体上来看，对数据进行均值调整后的 Logistic 回归模型与条件 Logistic 回归模型具有大致相同的结果。

根据参数估计结果，重大错报风险的识别与评估模型如下：

$$P(RMM=1) = \frac{\exp(-2.64 + 3.484x_1 - 1.026x_4 - 2.62x_9 - 10.189x_{12} - 1.577x_{13} + 2.265x_{14} + 2.73x_{17} - 2.221x_{19})}{1 + \exp(-2.64 + 3.484x_1 - 1.026x_4 - 2.62x_9 - 10.189x_{12} - 1.577x_{13} + 2.265x_{14} + 2.73x_{17} - 2.221x_{19})}$$

12.6.2 模型识别能力的评价

把训练样本的数据代入模型，判别结果见表12-6。

表12-6   **训练样本判别结果**

		预测值		合计	准确率
		RMM=0	RMM=1		
实际值	RMM=0	367	45	412	89.07%
	RMM=1	18	85	103	82.52%
				总体准确率	87.76%

注：使用重大错报样本在总样本中的比例0.2作为识别点。

从上述判别结果来看，对训练样本中无重大错报财务报表的识别准确率为89.07%，对重大错报财务报表的识别准确率为82.52%，总体识别准确率达到了87.76%，这表明模型具有良好的识别能力。

把检测样本的数据代入模型，判别结果见表12-7。

表12-7   **检测样本判别结果**

		预测值		合计	准确率
		RMM=0	RMM=1		
实际值	RMM=0	177	27	204	86.76%
	RMM=1	7	44	51	86.27%
				总体准确率	86.67%

注：使用重大错报样本在总样本中的比例0.2作为识别点。

从上述判别结果来看，对检测样本中无重大错报财务报表的识别准确率为86.76%，对重大错报财务报表的识别准确率为86.27%，模型总体识别准确率达到了86.67%，这表明模型对检测样本也具有较高的识别准确率。

综合训练样本和检测样本的判别结果可以看出，模型对非重大错报财务报表的识别准确率达到86%以上，对重大错报财务报表的识别准确率达到 82% 以上，综合准确率达到 86% 以上，这说明模型具有较好的识别能力，能够很好地识别有重大错报的财务报表。

12.6.3 重大错报风险的等级划分

从审计实务来看，注册会计师识别和评估重大错报风险通常不会把重大错报风险描述为一个具体的概率，而是划分为高、中、低三个等级。为了提高模型的适用性，根据特定的合理保证水平选择两个阈值，把模型的结果划分为三个风险区间，分别对应重大错报风险的高、中、低三个风险等级。下面分别根据 90% 和 95% 两个常规的合理保证水平确定相应的风险等级区间。

1）风险等级划分：90% 合理保证水平

通过训练样本对模型的测试，以 0.7 为判别点时，识别出重大错报的样本为 68 个，其中 63 个判断正确，准确率为 92.64%；以 0.3 为判别点时，识别出没有重大错报的样本为 405 个，其中 384 个判断正确，准确率为 94.81%。所以，若 P 值落在 [0.7，1] 这个区间，将其识别为存在重大错报有 92.64% 的概率是正确的；若 P 值落在（0，0.3] 这个区间，将其识别为不存在重大错报有 94.81% 的概率是正确的；若 P 值落在（0.3，0.7）区间时，有重大错报的为 19 家，没有重大错报的为 23 家，二者数量大致相当，有重大错报的概率为 45.24%。因此，在 90% 的合理保证水平下，重大错报风险高、中、低三个区间分别为 [0.7，1]，（0.3，0.7），（0，0.3]，如图 12-1 所示。

图12-1 重大错报风险等级划分（90%合理保证水平）

2）风险等级划分：95% 合理保证水平

以 0.8 为判别点时，识别出重大错报的样本为 60 个，其中 58 个判断正确，准确率为 96.67%；以 0.2 为判别点时，识别出没有重大错报的样本为 385 个，其中 367 个判断正确，准确率为 95.32%。所以，若 P 值落在 [0.8，1] 这个区间，将其识别为存在重大错报有 96.67% 的概率是正确的；若 P 值落在（0，0.2］这个区间，将其识别为不存在重大错报有95.32%的概率是正确的；若 P 值落在（0.2，0.8）这个区间，有重大错报的为 27 家，没有重大错报的为 43 家，有重大错报的概率为 38.57%。因此，在 95%的合理保证水平下，重大错报风险高、中、低三个区间分别为 ［0.8，1］，（0.2，0.8），（0，0.2］，如图 12-2 所示。

图12-2　重大错报风险等级划分（95%合理保证水平）

12.6.4　研究结论与展望

在现代风险导向审计中，重大错报风险的识别和评估处于核心地位，但以定性方法为主，缺少简便、可靠的定量方法。风险评估主要采用的分析程序是基于重大错报通常会导致财务指标发生异常变动和相对偏差，所以，可以通过财务指标相对偏差来识别和评估重大错报风险。本项研究根据分析程序的基本思想，采用基于年度、行业和规模的配对样本构建条件逻辑回归模型，以财务指标的相对偏差来识别和评估重大错报风险。研究结果表明，偿债能力、盈利能力等类别的一些财务指标与重大错报风险有显著的相关性，能够显著地表征重大错报风险的高低，而营运能力、发展协调性类的财务指标与重大错报风险没有显著的相关性。为了提高模型的适用性，基于上述研究结果，根据配对样本均值调整的财务指标构建了识别和评估重大错报风险的一般逻辑回归模型，模型具有良好的识别能力，识别准确率较高；同时，与审计实务相结合，根据合理保证的概念将识别结果划分为高、中、低三个风险等级区间，提高模型的适用性。

此外，鉴于客观条件的限制，本项研究在财务指标的选择、重大错报风险替代变量的选择方面尚存在一些不够严谨的地方，还需要待相关研究条件具备后加以改进。

财务报告内部控制有效性的定量评估

当前，财务报告内部控制有效性评价的模式和方法不能提供及时的信息，利用财务指标预测财务报告内部控制的有效性不但在理论上具有可行性，而且得到了财务困境预测模型等相关研究的佐证。本项研究采用中国在美上市公司年度财务报告内部控制审计的结果组成配对样本，通过非参数检验初步识别相关财务指标，构建财务报告内部控制有效性的条件逻辑回归模型。研究表明，财务报告内部控制有效性不同的公司在财务指标上存在显著差异，某些财务指标对财务报告内部控制的有效性有显著的表征作用，财务报告内部控制失效具有选择性。

13.1 ——————研究背景与问题的提出——————

2002年，美国颁布实施SOX法案以后，上市公司内部控制的定期评价和审计在各国逐渐成为一种强制性要求，中国在发布了《企业内部控制基本规范》和配套指引之后，也要求上市公司实施内部控制的评价和审计。无论是公司评价内部控制，还是注册会计师审计内部控制，其实质都是评估内部控制的有效性，并针对内部控制是否有效给出结论，因此，如何有效评估内部控制并提供及时的评价结论信息成为一个关键性问题。

　　在 SOX 法案实施之前，上市公司的内部控制评价是自愿的，注册会计师评价内部控制主要是为了识别重大错报风险，并不对内部控制单独出具审计意见。无论是公司管理层，还是注册会计师，主要是参考 COSO 发布的内部控制整合框架及评价工具，针对内部控制框架每一构成要素的主要方面结合企业的实际情况进行评估，既可以发现具体的内部控制缺陷，又可以对企业内部控制的有效性进行整体评估。这种定性要素评估模式需要公司管理层或注册会计师对公司的内部控制作出全面的了解和测试才能完成，需要高度的专业判断能力。但这种模式在实际应用中发生了变异，他们把对内部控制构成要素主要方面定性综合评估直接转化为对具体制度、结构、职能等的量化评估，提炼出所谓的关键控制，用简单的"核对表式"比较代替了需要高度专业判断的综合定性评估。由于上市公司内部控制有效性的评价是自愿的，注册会计师也不需要专门出具审计意见，所以，这一问题并没有引起太多的关注。

　　SOX 法案实施后，上市公司内部控制的评价和审计不但变成了强制性要求，而且必须给出内部控制是否有效的明确的评价结论和审计意见，这引发了诸多批评：评价和审计内部控制的成本费用非常高，而由此产生的效益却几乎看不到，这种模式没有关注公司面临的风险，只是把公司的内部控制与框架比较；没有关注风险应对的效果，只是简单地核对所谓的关键控制是否存在；没有考虑特定公司业务与内部控制的具体特点；分别评估各要素，割裂了内部控制各构成要素之间的有机联系；对内部控制的评价和审计只是为了遵守监管要求，评价结论的信息价值不大。所以，实施 SOX 法案后的几年中，以 SEC、PCAOB 为首的监管机构以及会计师事务所、学术界都在努力改进内部控制评价与审计的方法，试图提高内部控制评估的效率和效益。2007 年，SEC 和 PCAOB 分别发布了评价内部控制的指引和新的内部控制审计准则，它们都强调采用自上而下、风险基础的模式，抛弃了"核对表"法，以提高内部控制评价和审计的效率以及与企业经营的相关性，促进企业风险管理水平的提高，其他国家发布的内部控制监管要求和指引也基本遵循了这一理念和模式。

　　但是，当前的评价和审计模式并不能有效解决内部控制评价的效率和评价信息的及时性问题。按照现行的要求，上市公司对内部控制进行评价或注册会计师对内部控制进行审计，必须深入企业、结合企业的业务和流程，采用记录控制运行情况、了解企业内部控制、评价内部控制设计、测试控制的运行、评估控制缺陷等诸多程序，形成证据，需要耗费很多时间、人力和物力才能形成评价结论，与年度报告一起报出。表面上看起来，这种模式在满足监管要求、确保评价结论的可靠性上是没有问题的，但由于评价或审计程序的繁琐和高成本，只能进行年度的评价和审计，提供一年一次的评价结论和审计结论，除此之外，相关各方并不能及时地获得内部控制有效性的信息。在评价结论或审计结论出来之前，企业管理层不能有效、及时地获知企业内部控制的整体有效性，从而无法及时采取系统性改进和完善措施；注册会计师不能有效地评估内部控制的整体有效性，不但缺乏内部控制审计定价的依据，更难以有效安排内部控制审计工作；投资者以及其他利益相关者更是难以对企业内部控制有效性获得一个相对可靠的总体评估，从而也无法判断企业的风险管理状况。因此，在常规的评价和审计模式之外，设计一种有效的评价方法，既能有一定的可靠性、又能及时提供内部控制有效性的信息，成为解决这一问题的关键。这种评价方法要满足以下条件：①不依赖于企业的业务和流程，直接利用公开的数据和资料，确保可验证性和客观性；②评价过程简便、快捷，无需繁杂的程序和大量的时间、人力及物力，确保及时性。

为了有效解决评价的可靠性和信息的及时性，本项研究基于目标导向、风险基础的理念，在财务舞弊识别、财务风险识别等相关研究的基础上，以中国在美上市公司2008—2012年财务报告内部控制评价结果组成配对样本，采用相关样本非参数检验等多种方法识别能够表征财务报告内部控制有效性的财务指标，采用条件逻辑回归方法构建基于财务指标的财务报告内部控制有效性识别模型。本项研究的创新之处在于：①不同于传统的依赖于企业具体业务流程、耗时耗力、程序繁杂的评价模式，利用企业公开的财务数据和预测模型，便捷、客观地评估企业财务报告内部控制的有效性，满足利益相关者信息及时性的需求；②采用中国在美上市公司的财务报告内部控制审计结果及财务数据，不但数据可靠性更好，而且对我国国内的上市公司更有借鉴价值；③在配对数据的基础上采用条件逻辑回归方法构建和估计模型，预测结果更可靠；④基于风险导向的理念，将预测结果划分为四个判别区间，具有非常好的实用性和可操作性。

　　由于财务报表的实时性越来越好，不但有年报、半年报，还有季报、月报等动态、及时的财务数据，从而，采用基于财务指标的企业财务报告内部控制有效性识别模型，可以很好地弥补现有评价模式和评价方法的缺陷，提高财务报告内部控制评价的效率和财务报告内部控制有效性信息的及时性和可靠性。公司管理层可以适时评估财务报告内部控制的整体有效性，及时发现重大缺陷和采取纠正措施，注册会计师可以据以有效评估财务报告内部控制审计的风险，合理确定审计费用和安排审计计划；监管部门可以据以识别财务报告内部控制高风险公司，确定监管重点；投资者可以方便、快捷、及时地评估上市公司的财务报告内部控制，有效判断财务报告的质量，作出合理的投资决策。

13.2　　　　　　　　研究现状

　　从国内外相关文献的研究来看，尽管 Franklin（2007）提出应当像 Altman 开发财务困境预警模型（ZETA 模型）一样开发内部控制重大缺陷的预测模型，但尚没有通过财务指标识别和预测财务报告内部控制有效性的相关研究，可以参考的文献主要有两个方面：一个是利用财务指标预测财务危机（困境）的研究，另一个是财务报告内部控制有效性与财务指标异常波动的研究。

13.2.1　财务指标与财务危机（困境）预测

　　Beaver（1966）提出了单一比率模型，即利用单一的财务比率来预测企业的财务失败，这也是财务失败预测中进行得最早的研究。Altman（1968）首次将多元线性判别方法引入到财务困境预测领域，提出了著名的 Z-Score 模型以及后来的 Z 模型。Deakin（1972）尝试构造二次式函数的多元判别模型，构建了著名的 Zeta 模型。Edmister（1972）用 Tobit 模型建立了包含 7 个财务比率线性回归的财务预警 Tobit 模型，预测精度在 90% 以上。Edmiste 认为多元线性回归方法（MDA）是"黑—灰—白"方法，"灰区"的企业是被误判的，而线性概率模型（LPM）方法得到的是破产概率，将财务比率通过模型转化为破产概率，使得结果具有实际意义。由于 Tobit 模型无法保证结果在（0，1）区间，因此运用 Probit 函数和 Logisti 函数对 LPM 变换，则得到 Probit 模型和 Logit 模型，其中的 Logit 模型逐渐成为主流方法之一。Logit 模型是 McFadden 于 1973 年首次提出，其采用的是 Logistic 概率分布函数。

1980 年，Ohlson 将逻辑回归方法引入财务危机预警领域，逻辑回归分析方法使财务预警得到了重大改进，克服了传统判别分析中的许多问题，包括变量属于正态分布的假设以及破产和非破产企业具有同一协方差矩阵的假设。多元逻辑回归（Logistic）被引入财务风险预测研究之后，财务危机预测即简化为已知公司具有某些财务特征而计算其在一段时间内陷入财务危机的概率问题。如果算出的概率大于设定的分割点，则判定该公司将陷入财务风险。由于多元逻辑回归不要求数据的正态分布，因而其参数估计也比多元线性回归方法更加稳健，国内外的后续研究大多在此基础上进行改进和完善，但基本思路和方法没有根本性变化。

从具体的方法来看，尽管逻辑回归模型明显优于多元线性回归模型，但还是存在一些问题：①样本配对大多采用非随机方式，以失败公司与正常公司 1：1 配对，然而此种抽样方式易产生选取的偏误（Choice-based Sample Biases），可采用非配对的随机样本；②财务数据之间经济联系密切，一般均会导致模型产生多重共线性问题，影响模型参数的估计；③采用配对样本数据的情况下，简单的二项逻辑回归模型不能控制公司所在行业、公司财务年度、公司规模等其他因素的影响，模型和参数估计偏差较大，影响结论的可靠性。

13.2.2　财务报告内部控制有效性与财务指标异常波动

美国财务研究与分析中心（CFRA）把异常波动指标分为纵向和横向两种类型，其中纵向分析是寻求报表中的结构性变化，而横向分析则突出销售增长与相关资产、费用、现金流增长之间的关系。其研究表明，这些指标的异常波动基本上都是因为会计处理出现错误或舞弊，相应的会计报表必然出现错报，财务报告内部控制必然存在某种程度的失效。

国外学者根据会计信息失真的特征和表现，在研究过程中获得了许多对会计信息失真具有较高指示作用的特征变量，并发现这些特征变量主要集中在企业综合绩效、盈利水平、成长能力、负债结构以及企业规模等方面（Beasley，1996；Bell et al.，2000；Beneish et al.，1997）。

Chan（2005）以122家披露自身未能维持有效内部控制的公司作为样本，对其自主性应计项目及其绝对值进行了分析，发现存在内部控制缺陷的样本公司应计项目的质量显著劣于其他公司；内部控制存在重大缺陷的公司有较多正的自主性应计项目，应计项目的质量随着内部控制缺陷的改善而逐渐提高。与那些前期报告内部控制有缺陷而本期没有修正的公司相比，前期内部控制缺陷经审计师确认本期已经修正的公司，其应计项目质量较高。

Hogan（2005）通过研究282个在2003年11月1日到2004年11月30日期间报告自身存在显著性缺陷的公司的相关财务信息，发现其自主性应计项目的绝对值和所有应计项目在报告前五年内的标准差都显著高于其他公司，同时发现样本公司的审计费用在平均水平上显著高于那些没有内控不足报告的公司。Ashbaugh-Skaife（2006）研究内部控制缺陷与应计项目质量的关系，发现在观测期内报告存在内控缺陷的样本公司的应计账户噪声更多，存在内控缺陷的样本公司的应计项目最终转化为真实现金流的比例显著低于控制样本公司，认为内部控制存在缺陷的公司有显著较大的正或负的异常应计项目，应计项目质量较低。Doyle和Mev（2007）以705家2002—2005年披露内部控制缺陷的公司为样本，对其内部控制缺陷的披露与应计项目质量之间的相关性进行了实证研究，发现披露内部控制缺陷的公司应计项目质量较低，且较低的应计内容不在会计账户层面体现，而主要分布在公司层面，因而难以被审计师发现。

Altamuro（2006）对内部控制和盈余特征的关系进行了研究，发现相较于其他银行，在《萨班斯-奥克斯利法案》颁布之前已提高内部控制水平的银行，其盈余持久性、盈余相关性、盈余对未来现金流识别能力等方面有显著的提高。Franklin（2007）将偿债能力、流动性和累计盈利能力等指标对内部控制重大缺陷的指示能力进行了研究，通过非参数检验发现，内部控制有效性与利息保障倍数、累计盈利能力显著正相关。

Ashbaugh-Skaife（2009）认为，在内部控制有效性较差的企业，管理层凌驾于内部控制之上相对更加容易，这增大了会计人员提供虚假会计信息的可能性，进而造成会计信息质量的下降。Mei等（2012）研究了财务报告内部控制失效对企业运营的影响，通过对与存货相关的失效的财务报告内部控制的研究，他们发现财务报告内部控制失效的企业存货周转率较低，但会随着内部控制的改善而提高；缺乏必要内部控制政策和程序造成的财务报告内部控制失效会对企业的运营产生重大的负面影响。

13.2.3　国内的相关研究

国内学者的研究成果也非常相似，认为我国上市公司的会计信息失真主要表现在企业偿债能力、资产管理能力、盈利能力、现金创造能力、费用配比合理性、公司增长潜力以及公司的协调发展性等七个方面（黄世忠，2004；蔡志岳，2006；张玲，2006）。贺欣（2007）通过调查问卷的方式考察了内部控制有效性与财务报告可靠性的关系，他的实证研究结果显示，内部控制有效性与财务报告可靠性之间存在显著的正相关关系。方春生（2008）也通过问卷调查研究了实施内部控制制度对财务报告可靠性的影响。关于财务报表的不同类型、财务报告可靠性的各个特征、报表使用者的不同行为的检验结果表明，实施内部控制制度后财务报告的可靠性会有显著的提高。鲁清仿（2009）的实证研究发现，净资产收益率与公司内部控制缺陷的相关性高于其他财务指标。

当前，国内实务中在用的内部控制评价方法还有调查问卷法和内部控制指数法，但这些方法都无法满足内部控制有效性信息可靠性和及时性的要求。调查问卷法是一种传统的获取信息的方法，通过发放调查问卷评价内部控制质量，这种方式获得的信息量较少，信息的可靠性不够。内部控制指数评价法是基于内部控制的要素框架设计指标计算内部控制指数来衡量内部控制质量的方法，从内部控制指数的形成过程来看，它是"核对表式"要素评价模式的一种变形，不能避免这种模式本身的缺陷，同时通过报告等搜集内部控制的信息需要耗费大量时间、人力和物力，不能保证信息的及时性。而且，把内部控制有效性的评价结果做成指数并在不同公司间进行比较和排序，更是违背了内部控制的基本原理。还有一些研究采用了与内部控制指数类似的方法。王立勇（2004）根据可靠性理论和数理统计分析方法，构建了一个内部控制评价的数学模型，并提出管理层在进行内部控制系统的设计和评价时，应以企业业务流程图为蓝本，构造内部控制系统可靠性的框架图；周春喜（2006）应用模糊数学综合评价模型对定性指标进行了定量化处理，并利用层次分析法（AHP）构建了多层次的内部会计控制评价指标体系，运用该评价体系对企业内部会计控制进行了综合评价；林钟高（2007）用实证方法检验了内部控制与企业价值之间的相关性，构建了涵盖内部控制五要素的上市公司内部控制综合评价指数体系。

13.3 理论框架：财务指标与财务报告内部控制有效性

根据内部控制的基本理论，财务报告内部控制的目标是合理保证财务报告的可靠性，如果财务报告内部控制能够为财务报告的可靠性提供合理保证，则它是有效的；如果不能为财务报告的可靠性提供合理保证，则它是无效的。因此，如果财务报告内部控制是无效的，就意味着财务报告的可靠性得不到合理保证，财务报告就很可能存在重大错报。理论上的分析和既有的实证研究都已经证明，这些错报无论是客观错误造成的，还是主观舞弊造成的，通常都会引起财务数据和财务指标的异常波动，财务报告内部控制的有效性是可以通过财务数据和财务指标的异常波动体现出来。从财务报表审计的实务来看，注册会计师在进行财务报告重大错报风险的评估时，也是从观察和分析财务指标的波动入手的，财务指标的异常波动往往蕴含着一定的重大错报风险。

既有的财务风险、财务危机（困境）预测模型的研究，无论是用单一指标模型、多元线性回归模型，还是用逻辑回归模型，都足以证明通过财务指标这种选择特征变量来预测财务危机发生的概率具有非常好的可行性和可靠性。同样，财务指标对财务报告内部控制有效性有显著的表征作用，财务指标异动与财务报告内部控制有效性有内在的一致性，利用财务指标来预测财务报告内部控制的有效性也是可行的。

从财务报告内部控制的作用来看，财务报告内部控制无效，财务报告发生重大错报的风险就高，从而就可能导致财务指标出现异常波动，产生明显的相对偏差。从财务报告内部控制的结果来看，如果财务指标异常波动，出现显著的相对偏差，财务报告重大错报的风险就较高，财务报告内部控制失效的风险就较高。其基本的逻辑如图13-1所示。

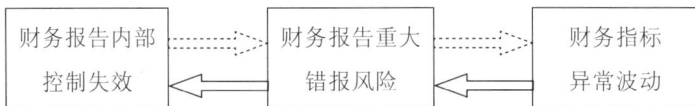

图 13-1　财务报告内部控制与财务指标异常波动

13.4　财务报告内部控制有效性的定量评估模型

根据前面关于通过财务指标的相对偏差识别和评估财务报告重大错报风险的研究，可以通过财务指标的相对偏差来评估财务报告内部控制的有效性，具体步骤如下：

第一步，利用均值调整的一般逻辑回归模型评估财务报告重大错报风险。

$$\ln\left(\frac{P}{1-P}\right) = \beta_0 + \beta_1\left(x_{i1} - \overline{x}_i\right)x + \beta_2\left(x_{i2} - \overline{x}_i\right) + \beta_3\left(x_{i3} - \overline{x}_i\right) + \beta_4\left(x_{i4} - \overline{x}_i\right) + \cdots + \beta_k\left(x_{ik} - \overline{x}_i\right) + \varepsilon$$

$$P = \frac{\exp\left(\beta_0 + \beta_1 x_1 + \beta_2 x_2 + \cdots + \beta_k x_k\right)}{1 + \exp\left(\beta_0 + \beta_1 x_1 + \beta_2 x_2 + \cdots + \beta_k x_k\right)}$$

选取我国资本市场2013—2015年被出具非标审计意见（仅包含否定意见、无法表示意见、保留意见）的69家上市公司，依据时间、行业和规模按1∶4进行配对，形成包含276家上市公司的配对样本。采用与前面章节相同的研究方法进行模型的估计和P值的计算。

第二步，测试和设定判断财务报告内部控制是否有效的阈值。

$$E = \begin{cases} 0, & P < P_0 \\ 1, & P \geqslant P_0 \end{cases}$$

其中，P_0 为确定财务报告内部控制是否有效的阈值，$P_0 \in (0, 1)$。

如果财务报告重大错报风险大于等于P_0，则财务报告重大错报风险较大，财务报告内部控制没有为财务报告的可靠性提供合理保证，财务报告内部控制就是无效的；如果财务报告重大错报风险小于P_0，则财务报告重大错报风险较小，财务报告内部控制为财务报告的可靠性提供了合理保证，财务报告内部控制就是有效的。

根据相关样本数据和P值，阈值的测算见表13-1。

表13-1　　　　　　　　　　　重大错报风险阈值测试

P_0	观测		预测		单向预测准确率
			有效	无效	
0.1	有效	276	181	95	100.00%
	无效	69	0	69	
0.25	有效	276	240	36	92.66%
	无效	69	19	50	
0.3	有效	276	249	27	91.54%
	无效	69	23	46	
0.4	有效	276	261	15	91.58%
	无效	69	24	45	
0.5	有效	276	265	11	90.75%
	无效	69	27	42	79.25%
0.6	有效	276	268	8	
	无效	69	35	34	80.95%
0.7	有效	276	273	3	
	无效	69	42	27	90.00%
0.8	有效	276	275	1	
	无效	69	49	20	95.24%
0.85	有效	276	275	1	
	无效	69	52	17	94.44%
0.9	有效	276	276	0	
	无效	69	54	15	100.00%

　　根据计算出的单向预测准确率，可以看出财务报告内部控制有效和无效的单向预测准确率基本是在 P_0 为 0.5 时最小，在 0.5 向 0 减小时，财务报告内部控制有效的预测准确率逐渐增大；在 0.5 向 1 增加时，财务报告内部控制无效的预测准确率逐渐增大。根据这一变化规律，基于合理保证（90%）的理念确定如下判别区间：

　　（1）财务报告内部控制有效的区间

　　如果仅识别财务报告内部控制有效的上市公司，则 P_0 为 0.25，财务报告内部控制有效的区间为 [0, 0.25]，即利用模型估计的 P 小于等于 0.25 时，直接判定财务报告内部控制为有效，准确率在 92.66% 以上。

　　（2）财务报告内部控制无效的区间

　　如果仅识别财务报告内部控制无效的上市公司，则 P_0 为 0.8，财务报告内部控制的无效区间为 [0.8, 1]，即利用模型估计的 P 大于等于 0.8 时，直接判定财务报告内部控制为无效，准确率在 95.24% 以上。

　　（3）财务报告内部控制疑似有效的区间

　　如果 $0.25 < P < 0.5$，直接判定财务报告内部控制有效的准确率为 90.75%~92.66%，疑似有效区间为（0.25，0.5）。

　　（4）财务报告内部控制疑似无效的区间

　　如果 $0.5 \leqslant P < 0.8$，直接判定财务报告内部控制无效的准确率为 72.4%~87.5%，疑似无效区间为 [0.5，0.8）。

内部控制审计收费的影响因素

本章以在美国上市的中国内地企业为样本,研究了财务报告内部控制审计收费的影响因素及影响方式。研究发现,公司规模、会计师事务所的声誉与审计收费显著正相关;公司财务报告内部控制的复杂性与审计收费正相关,而且,在会计师事务所看来,相对于有传统的常规业务流程的公司,没有传统的常规业务流程的公司的财务报告内部控制更复杂。研究还发现,由于风险导向审计模式的应用、《萨班斯-奥克斯利法案》特定的制度安排以及财务报告内部控制的特性,公司财务报告内部控制失效的风险与审计收费之间并不是以往研究结论和常识中的正相关,而是显著负相关,即上一年披露了财务报告内部控制重大缺陷的公司的审计收费反而低,产生了"极反效应"。[①]

14.1 ————— 研究背景与问题的提出 —————

2002 年,美国国会通过了《萨班斯-奥克斯利法案》(Sarbanes-Oxley Act,SOX),SOX 404 条款要求上市公司管理层每年评价财务报告内部控制、出具评价报告,并要求实施财务报表审计的审计师发表审计意见、出

---

① 张宜霞. 财务报告内部控制审计收费的影响因素——基于中国内地在美上市公司的实证研究 [J]. 会计研究,2011(12):70-77,97.

具审计报告。SOX 强化了上市公司对内部控制的责任，同时也因其过高的执行成本而饱受争议，许多机构和学者都对 SOX 引发的相关费用进行了初步的统计，分析费用的变化和原因。在 SOX 引发的相关费用中，审计费用的增加也引起了极大的关注，Eldridge 和 Kealey（2005）以财富榜上前 1 000 家公司为研究样本，检验了其审计费用，发现 2004 年的平均审计费用比 2003 年增加了 230 万美元，主要是由新 SOX 审计的要求引起的；Iliev（2007）发现后 SOX 时代公司支付的平均审计费用相比以前增长了一倍多（从 374 000 美元/年增长到 884 000 美元/年）。尽管美国公众公司会计监督委员会（PCAOB）在 2007 年通过发布第 5 号审计准则改进了内部控制审计的方法，但目前的相关研究并没有对影响财务报告内部控制审计收费的因素及其相互关系进行充分研究，并不能为改进内部控制审计方法、提高审计效率、降低审计费用提供充分的支持。与美国相比，我国内部控制规范体系的建设起步较晚，2010 年 4 月，财政部等五部委联合发布了企业内部控制配套指引，这标志着我国企业内部控制规范体系的建立。

根据相关文件，在境内外同时上市的公司自 2011 年起开始施行内部控制的审计，上交所和深交所主板上市公司自 2012 年开始实施，内部控制审计与财务报表审计一样，成为上市公司的一项法定责任，内部控制审计收费也成为社会关注的一个问题。从国内的相关文献来看，由于我国的上市公司目前还没有真正开始内部控制审计，所以，我国的理论和实务界对内部控制审计费用的研究还处于初始阶段。为了对我国具有更好的借鉴意义，本章以在美国上市的中国内地企业为样本，识别和分析内部控制审计收费的影响因素，通过实证的方法确定其影响方式，以期对内部控制审计市场价格的判定以及完善相关法律法规和监管措施提供理论依据。

14.2 文献综述

由于 SOX 404 条款要求上市公司将财务报告内部控制审计与财务报表审计整合进行，且上市公司在年报中披露的审计费用组成不尽相同，自愿披露内部控制审计费用的公司很少（Eldridge and Kealey，2005），这就给内部控制审计费用影响因素的研究带来了困难。国外的文献大多采用的是SOX审计费用（包括财务报表审计费用和内部控制审计费用）的概念，并没有单独对内部控制审计费用的研究，国内的研究和数据更少，因此，本研究主要参考了SOX审计费用的影响因素以及财务报表审计费用影响因素两方面的文献。

（1）SOX审计费用的影响因素

Eldridge和Kealey（2005）以财富榜上前1 000家公司为研究样本，检验了其审计费用，发现新SOX审计成本受公司规模、资产增长率、内部控制有效性及2003年财务报表审计费用的影响。Krishnan等（2008）以2003年1月至2005年9月期间自愿披露SOX404条款执行成本信息的公司为样本，发现公司规模与是否存在重大缺陷是SOX404条款审计费用的影响因素。部分学者特别检验了SOX审计费用与内部控制缺陷之间的关系，得到了不完全相同的结论。Raghunandan和Rama（2006）检验了审计费用与依照SOX404条款披露的内部控制缺陷之间的关系，他们发现，样本公司2004年审计费用的均值比2003年高86%，2004年披露重大缺陷公司的审计费用比未披露重大缺陷的公司高43%。他们还发现审计费用与重大缺陷之间的关系并不因重大缺陷的类型（系统的或非系统的）不同而变化。Hogan和Wilkins（2008）检验了事务所对内部控制的反应，发现有内部控制缺陷的公司的审计费用更高，并且审计费用随着缺陷严重程度的增加而增加。Rani Hoitash和Udi Hoitash（2008）也检验了上市公司的审计费用与其根据SOX404条款要求披露的财务报告内部控制（ICFR）缺陷之间的关系，发现审计费用与ICFR存在的缺陷正相关，审计费用与财务报告内部控制缺陷的严重程度正相关。

（2）财务报表审计收费影响因素

对财务报表审计收费影响因素的研究开始于Simunic（1980）审计收费的多元回归模型，他认为审计收费由风险状况、损失分担机制、会计师事务所的投入产出函数和会计师事务所的规模等因素决定。对风险的衡量采用公司规模（总资产）、复杂性水平（客户经营所涉及的行业和国外子公司资产所占的比例）、风险资产的比例（应收账款和存货占总资产的比例）和被审计单位所处的行业这些指标。对损失分担机制的衡量则采用净资产收益率、客户在过去三年是否发生过亏损、是否收到过保留意见的审计报告这些指标。对事务所生产函数的衡量采用事务所为客户提供审计服务的连续年限。对事务所规模则用是否为"八大"事务所进行衡量。Simunic（1980）的研究发现，公司规模是审计收费最主要的决定因素，在其余的控制变量中，仅有收益率和审计服务的连续年限两个变量不显著，另外，"八大"存在规模经济，并通过降低收费的方式将这部分利益转移给了客户，Simunic模型的解释力达到了46%。此后，不少学者运用Simunic的模型研究了不同国家、不同时期、不同审计子市场的审计收费情况（Taylor and Baker，1981；Francis，1984；Firth，1985；Palmrose，1989；Philip Chen and Ezzamel，1991），他们在模型中加入了一些新的变量（如客户的参与程度、客户的所有权结构、审计合同的类型、客户所处的地域等）进行分析，尽管得出的结论并不完全一致，但几乎所有的研究都发现被审计单位的资产规模和子公司个数是影响审计收费的重要因素。

我国目前的研究基本上也都沿用了Simunic的模型，伍利娜（2003）、刘斌等（2003）、韩厚军和周生春（2003）、朱小平和余谦（2004）、刘成立（2005）、耿建新和房巧玲（2006）等学者都对我国上市公司财务报表审计收费的影响因素进行了研究。研究的因素包括客户规模、经营复杂度、公司治理、事务所特征、风险大小等，解释变量的选择与国外研究相似。几乎所有研究也都发现被审计单位的资产规模和子公司个数是影响审计收费的两大重要因素，但资产负债率、应收款项所占比重、审计意见类型、审计任期、会计师事务所规模等因素对审计收费的影响，并没有形成一致结论。

14.3 ———— 理论分析与研究假设 ————

根据经典的经济学理论，商品的价格是由商品的市场供给与需求决定的，导致商品供给减少的因素会导致价格上升，反之亦然；导致需求增加的因素会导致价格上升，反之亦然。同样，财务报告内部控制审计作为一种服务，也是一种商品，它的价格（即审计收费）也是由市场的供给与需求决定的。从财务报告内部控制审计服务市场来看，影响审计服务供给的主要是审计成本，影响审计服务需求的主要是审计服务的价值。会计师事务所提供财务报告内部控制审计服务的成本主要受被审计公司的规模、被审计公司内部控制的复杂性、被审计公司内部控制的质量、会计师事务所的单位人工成本等因素的影响。由于财务报告内部控制审计业务是技术和劳动密集型业务，被审计公司的规模、被审计公司内部控制的复杂性、被审计公司内部控制的质量会直接影响所需要的工时，会计师事务所单位人工成本会直接影响审计服务的人工成本。由于审计服务市场的竞争和上市公司内部控制审计报告的同质化，财务报告内部控制审计服务的价值主要体现在提供审计服务的会计师事务所的声誉上，规模大、声誉好的会计师事务所为上市公司提供的内部控制审计服务通常可以为其内部控制带来更高的可信度，从而，市场对该事务所提供的财务报告内部控制审计服务的需求就大，它们的收费就越高。

关于公司的规模，被审计公司的规模越大，其人员往往就越多，岗位设置和业务流程就越多，业务量就越大，财务报告内部控制流程和控制活动也越多，注册会计师需要评估和测试的范围就越大，实施财务报告内部控制审计所需要的工时就越多，审计成本就越高，从而，审计收费就越高。因此，提出假设14-1：

H14-1：财务报告内部控制审计收费与公司规模正相关。

关于公司经营的复杂性，现有的关于财务报表审计收费的研究大多认为公司经营的复杂程度越高，审计收费就越高。公司经营和业务越复杂，会计系统、业务流程与内部控制系统就越会呈现多样性与复杂性，会增加财务报表审计的难度，直接增加审计的费用。同样，财务报告内部控制越复杂，财务报告内部控制审计就越需要更高的专业判断，会计师事务所就越需要安排更高级别的审计人员，审计成本就越高，从而审计收费就越高。因此，提出假设14-2：

H14-2：财务报告内部控制审计收费与公司财务报告内部控制的复杂性正相关。

Eldridge 和 Kealey（2005）、Raghunandan 和 Rama（2006）、Hogan 和 Wilkins（2008）、Hoitash 等（2008）都发现，当年披露内部控制重大缺陷

公司的审计费用更高，他们认为重大缺陷的存在增加了注册会计师的额外工作量，他们需要花费更多的时间测试与修改审计计划、与管理层讨论、判断缺陷的类型。根据SOX 302条款的规定，在美国资本市场上市的公司必须披露所有的重大缺陷，由于内部控制评价是一个包括设计、记录、评估、测试、修复异常、报告缺陷的迭代过程（BDO et al.，2004；Glass Lewis，2004），而整合审计导致管理层的评估报告可能滞后于实际内部控制审计的实施，因此，特定年度的内部控制审计开始时往往会参考以前年度内部控制披露的资料。根据SOX 302条款，上市公司相关高级管理层要向公司的审计师及董事会的审计委员会披露所有的重要缺陷（significant deficiency），并向公司的审计师指出内部控制的所有重大缺陷（material weakness）。而且，上市公司的相关高级管理层要在报告中指明，在他们评价内部控制的日期之后，内部控制或其他能够对内部控制产生重大影响的因素是否发生了重大变化，包括对内部控制重要缺陷或重大缺陷的更正措施。因此，在确定财务报告内部控制审计收费之前，注册会计师可以（也只能）根据公司上一年度披露的所有财务报告内部控制缺陷的相关情况来评估其当年财务报告内部控制失效的风险，并将其体现在审计收费中。按照风险导向审计的逻辑以及内部控制自身的特性，上一年披露的财务报告内部控制越好，本年财务报告内部控制失效的风险就越小，本年的审计收费越低；上一年披露的财务报告内部控制越差，本年财务报告内部控制失效的风险就越大，审计收费就越高。因此，提出假设14-3：

H14-3：财务报告内部控制审计收费与公司财务报告内部控制失效的风险正相关。

会计师事务所提供的审计服务是技术和劳动密集型业务，主要经营成本就是人工成本，主要表现为注册会计师的薪酬。注册会计师薪酬水平越高，会计师事务所的人工成本就越高，财务报告内部控制审计的成本就越大，审计收费就越高。因此，提出假设14-4：

H14-4：财务报告内部控制审计收费与会计师事务所的人工成本正相关。

由于审计服务市场的竞争和上市公司内部控制审计报告的同质化，从审计服务的需求方来看，财务报告内部控制审计服务的价值主要体现在提供审计服务的会计师事务所的声誉上，规模大、声誉好的会计师事务所为上市公司提供的财务报告内部控制审计服务通常可以为其内部控制带来更高的可信度，市场对该事务所提供的财务报告内部控制审计服务的需求就越大，它们的收费就越高。从审计服务的供给方来看，规模大、声誉好的事务所为了维护自己的声誉更倾向于提供高质量的审计服务，审计成本相对较高，从而会收取更高的审计费用。因此，提出假设14-5：

H14-5：财务报告内部控制审计收费与会计师事务所声誉正相关。

14.4　　变量设定与模型

研究中涉及的相关变量的含义以及所采用的模型如下。

1）变量设定

根据相关假设，本研究所涉及变量的含义和设定如下。

（1）财务报告内部控制审计收费

由于按照美国SOX法案的要求，财务报表审计与财务报告内部控制审计是整合在一起进行的，很多情况下无法直接获得财务报告内部控制审计的费用，因此，借鉴Eldridge和Kealey（2005）的研究方法，本研究用以下方法得到财务内部控制审计收费（Internal Control Audit Fees，ICAF）的数据：首先，确定上市公司首次进行财务报告内部控制审计的年份（以下称当年）。然后收集当年与上一年公司年度报告中披露的审计费用信息，若公司于年度报告中直接披露了当年的"内部控制审计收费"，则可以直接获得ICAF；否则就用当年包含了财务报告内部控制审计费用的总审计费用（$FEES_2$）减去上一年的审计费用（$FEES_1$）的数额表示当年的ICAF。由于大量的文献表明公司规模是影响审计费用的最主要因素，为了降低公司业务规模变化对财务报告审计费用变化的影响，更加准确地估计ICAF，在用$FEES_2$和$FEES_1$计算ICAF时，我们用如下公式进行修正：

$$ICAF = FEES_2 - FEES_1 \times \frac{Z_2}{Z_1} \qquad （公式14.1）$$

其中，$\dfrac{Z_2}{Z_1}$ 为规模调整系数，Z_1 与 Z_2 分别为用主成分分析法得到的上年规模的第一个主成分与当年规模的第一个主成分（具体过程见本章 14.5 部分）。同时，为了对数据进行标准化处理，本研究用 ICAF 的自然对数，即 ln（ICAF）表示财务报告内部控制审计收费。

（2）公司规模

关于公司的规模，已有的研究中衡量被审计单位规模的指标较多，比如资产总额、营业收入总额、利润总额、人员总数、股本市值等，鉴于会计师事务所审计收费的实际情况以及研究的简便需要，为了尽可能全面地反映公司规模信息，本研究从企业生产投入与产出两个角度选择了资产总额（Total Assets，TA）与营业收入总额（Total Revenues，TR）两个变量，采用主成分分析法，萃取出涵盖两个变量大部分信息的第一个主成分 Z，用主成分 Z 作为被审计单位规模（SIZE）的替代变量（具体过程见本章 14.5 部分），SIZE 的计算公式如下：

$$SIZE = Z = a \times TA + b \times TR \qquad\qquad (公式14.2)$$

其中，a、b 分别为主成分分析得到的 TA 与 TR 的因子得分系数。根据公式（14.2）一方面可以计算出公式（14.1）所需要的 Z_1、Z_2，另一方面可以得到公司首次进行财务报告内部控制审计当年的规模，并取自然对数进行标准化得到 ln（$SIZE_2$），作为规模的替代变量。本研究中用到了公司财务报告内部控制审计上一年的规模和审计当年的规模，分别用 $SIZE_1$ 和 $SIZE_2$ 表示。

（3）公司财务报告内部控制的复杂性

已有的研究都认为公司经营的复杂性对财务报表审计收费有显著影响，选用的替代变量是公司拥有的子公司数量、公司经营所涉及的行业数量、子公司分布是否广泛等因素，因为这些因素会直接影响财务报表编制的难度。但从财务报告内部控制的角度来看，无论是公司子公司的数量，还是公司经营所涉及行业的数量，都已经比较充分地反映在公司的规模这个因素中，因此，本研究没有选择这些变量，而是选择了公司业务流程的特征，即通过看公司是否拥有传统的常规业务流程来衡量公司财务报告内部控制的复杂性（COMPLEXITY），若公司的经营有传统的常规业务流程，则 COMPLEXITY 为 0，否则为 1。但需要注意的是，从现有的研究来看，并不能确定在会计师事务所看来哪种业务流程的公司的财务报告内部控制更复杂。

（4）公司财务报告内部控制失效的风险

根据 Eldridge and Kealey（2005）的研究，管理层对财务报告内部控制有效性的评估结论可以作为公司内部控制质量的衡量变量。本研究用公司上一年披露的内部控制评价结论作为注册会计师对当年财务报告内部控制失效风险（RISK）评估结果的替代变量。若上一年披露的内部控制为无效，则 RISK 为 1，否则为 0。另外，根据 SEC 对非加速申报（non-accelerated filers）公司的规定，部分公司开始内部控制审计上一年有可能无须出具管理层对内部控制的评估报告，但根据美国证券交易委员会（SEC）的要求，上市公司需要评估和披露其"披露控制与程序"，在这种情况下，若上一年公司披露了重大控制缺陷，则 RISK 为 1，否则为 0。

261

（5）会计师事务所的人工成本

关于会计师事务所的人工成本，衡量人工成本的直接变量是注册会计师的薪酬，在不考虑事务所的规模、声誉的情况下，其主要的影响因素是会计师事务所所处地区的生活成本和生活水平。由于样本数据中会计师事务所分布于不同的国家或地区，难以获取可靠、可比的注册会计师薪资数据，为了便于研究，本研究用事务所所在地（ALOCATE）来替代会计师事务所的人工成本。通常的情况下，境外的事务所比境内的事务所的人工成本高，相应的审计收费也高，所以，如果事务所处于中国大陆境外，则 ALOCATE 为 1，否则为 0。

（6）会计师事务所声誉

关于会计师事务所的声誉，已有的研究大多采用"四大"和"非四大"的分类方法，从国际范围来看，"四大"会计师事务所已经形成了自己的品牌和声誉，也得到了美国资本市场的认可。从本研究的研究对象来看，用会计师事务所是否属于"四大"（TOP4）来表示事务所的声誉特征也是比较恰当的，若事务所为"四大"，则 TOP4 为 1，否则为 0。

2）模型设计

基于上面的假设和分析，本研究构建如下模型，并运用OLS回归分析方法分析财务报告内部控制审计收费的影响因素及关系：

$$\ln(\text{ICAF}) = \beta_0 + \beta_1 \ln(\text{SIZE}) + \beta_2 \text{COPLEXITY} + \beta_3 \text{RISK} + \beta_4 \text{ALOCATE} +$$
$$\beta_5 \text{TOP4} + \varepsilon$$

（公式14.3）

14.5 ————样本数据与实证结果————

1）数据样本的选择与描述

本研究选择在美国上市的中国内地企业为原始研究样本，截至2011年4月30日，在美国上市（包括纽约交易所、纳斯达克交易市场和美国证券交易所）的中国内地企业共有239家。为了确保数据的可靠性以及研究的一致性，对已有的239家公司，我们考虑以下因素进行剔除：①公司资料缺失的（9家）；②至2010年末未开始内部控制审计的（119家）；③更换了会计师事务所的（5家）；④首次进行财务报告内部控制审计当年审计费用小于上年审计费用的（15家）。最终样本为91个。研究所需数据均由相应上市公司在SEC备案的年报整理得到，若公司年报的数据为外币，则按报告日人民币对该外币汇率进行折算，采用的分析软件为SPSS20.0。

（1）对公司规模的主成分分析

对首次实行财务报告内部控制审计公司当年的资产总额（TA_2）与营业收入总额（TR_2）进行主成分分析，得到的因子负荷矩阵见表14-1，因子得分系数矩阵见表14-2。第一个主成分对TA与TR的载荷比重都很大，均为0.953，且该主成分对两个变量的方差贡献率达到了90.858%，第一个主成分包含了TA与TR大部分信息，因此，$Z_2 = 0.525\,\text{TA}_2 + 0.525\,\text{TR}_2$。通过同样的方法可以得到 $Z_1 = 0.522\,\text{TA}_1 + 0.522\,\text{TR}_1$。对公司规模进行主成分分析，一方面可以得到计算财务报告内部控制审计费用时所用到的规模调整系数（Z_2/Z_1），另一方面可以得到财务报告内部控制审计当年标准化后的公司规模ln（SIZE_2）。

表14-1　　　　　　　　　　因子负荷矩阵

	Component	
	1	2
当年资产总额（TA_2）	0.9530	0.3020
当年营业收入总额（TR_2）	0.9530	−0.3020

表14-2　　　　　　　　　　因子得分系数矩阵

	Component	
	1	2
当年资产总额（TA_2）	0.5250	1.6540
当年营业收入总额（TR_2）	0.5250	−1.6540

（2）描述性统计

表14-3和表14-4列示了模型各变量的描述性统计情况。ln（ICAF）的最大值为18.3010，最小值为12.6010，均值为14.7569，标准差为1.2233。91家公司中，首次实行财务报告内部控制审计前一年内部控制为无效的公司有21家，占到全部样本总数的23.08%。60%以上的上市公司选择了"四大"会计师事务所和境外的事务所。

表14-3　　　　　　　连续型变量描述性统计

变量	样本数	最小值	最大值	均值	标准差
ln（ICAF）	91	12.6010	18.3010	14.7569	1.2233
ln（$SIZE_2$）	91	19.6704	27.5074	21.8986	1.8309

表14-4　　　　　　　虚拟变量描述性统计

变量	样本数	取值为1的样本	
		公司数	占样本总数的比重
COMPLEXITY	91	36	39.56%
RISK	91	21	23.08%
ALOCATE	91	60	65.93%
TOP4	91	63	69.23%

2）回归分析与检验

我们首先对全部样本进行了回归，剔除了1个学生化残差值大于3的异常点，实际有效样本为90个。多元线性回归分析的结果见表14-5，回归模型的F值为36.368，回归方程总体显著，调整后的R^2为66.5%，表明回归模型的拟合优度较好。根据残差图，残差服从均值为0的正态分布，异方差程度较低，Durbin-Watson检验结果为1.899，残差序列自相关程度较低，模型中各变量的VIF值均接近于1，多重共线性较弱。

表14-5　　　　　财务报告内部控制审计收费影响因素的回归结果

变量	预期符号	系数	P值
ln（$SIZE_2$）	＋	0.407	0.000
COMPLEXITY	？	0.729	0.000
RISK	＋	−0.411	0.027
ALOCATE	＋	0.112	0.639
TOP4	＋	0.588	0.030
C		5.200	0.000
R^2		0.684	
Adjusted R^2		0.665	
F值		36.368***	
Durbin-Watson		1.899	

注：***表示模型在1%的水平上显著，样本N=90。

从自变量的回归结果来看：

（1）公司规模

公司规模（ln（$SIZE_2$））的回归系数为0.407，P值为0，在1%的水平上显著，与预期一致，这表明公司规模与财务报告内部控制审计收费显著正相关，公司规模越大，会计师事务所的审计收费就越高，假设14-1得到验证，这也与以往的大多数研究结论一致。

（2）公司财务报告内部控制的复杂性

公司财务报告内部控制的复杂性（COMPLEXITY）的回归系数为

0.729，P 值为 0，在 1% 的水平上显著，这表明公司财务报告内部控制越复杂，财务报告内部控制审计收费就越高，假设 14-2 得到验证。同时，由于本研究设定如果公司有传统的常规业务流程，则 COMPLEXITY 为 0，否则为 1，而回归系数显著为正，这说明，对于会计师事务所来说，在财务报告内部控制审计中，没有传统常规业务流程的公司的财务报告内部控制比有传统常规业务流程的公司的财务报告内部控制复杂，更倾向于向前者收取更多的审计费用。

（3）公司财务报告内部控制失效的风险

公司财务报告内部控制失效的风险（RISK）的回归系数为 -0.411，P值为 0.027，在 5% 的水平上显著，与预期相反，这表明，公司财务报告内部控制失效的风险与会计师事务所的审计收费显著负相关，即公司上一年披露财务报告内部控制存在重大缺陷（或者无效），会计师事务所的审计收费低，公司上一年披露的内部控制没有重大缺陷（或者有效），会计师事务所的审计收费反而高，这个结论与假设 14-3 恰好相反，也与 RR（2006）、Eldridge 和 Kealey（2005）等人的研究结论相反。可能的解释是，在风险导向审计理论下，会计师事务所会根据事前评估的审计风险的大小相应调整审计收费，但在美国上市公司财务报告内部控制审计中，风险导向审计模式的应用以及 SOX 法案特定的制度安排恰好打破了这一常识。根据 SOX 法案以及美国证券交易委员会的要求，上市公司的相关高级管理层要向公司的审计师及董事会的审计委员会披露所有的重要缺陷，并向公司的审计师指出内部控制的所有重大缺陷。如果公司上一年披露了财务报告内部控制的重大缺陷（或者披露财务报告内部控制无效），加之财务报告内部控制具有不同于财务报表的稳定性和延续性，注册会计师在本年实施审计前就可以非常直接、简便地获知本年度财务报告内部控制失效风险较高的领域，大大提高了风险评估的效率，降低了审计成本，从而，会计师事务所收取的审计费用反而低。相反，对于那些没有披露重大缺陷（或披露财务报告内部控制有效）的公司来说，会计师事务所由于不能事先通过上一年的披露直接、简便地获知财务报告内部控制失效风险较高的领域，只能按照相关审计准则的要求实施风险评估和测试，审计成本反而相对较高，从而使得会计师事务所的收费反而较高。

单纯从财务报告内部控制的风险导向审计本身来看，如果注册会计师不能通过公司上一年的披露直接获知存在的重大缺陷，而只是根据相关情况评估公司财务报告内部控制失效的风险较高，那么，会计师事务所的收费还是会根据风险作出调整，即其他条件相同的情况下，审计风险越高，审计收费越高，审计收费与审计风险正相关。但是，一旦注册会计师可以事先直接获知公司财务报告内部控制的重大缺陷，加之财务报告内部控制的稳定性和延续性，相对于公司上一年披露内部控制有效性来说，注册会计师反而可以提高审计效率，降低审计成本，从而，审计收费反而可以降低。这种效应既与风险导向审计理论相关，又不同于风险导向理论的一般常识，是风险导向审计中风险评估阶段可以获知的信息达到极端（直接获知财务报告内部控制的重大缺陷）时才会出现的效应，作者称之为"极反效应"，即达到极致之后产生的一种不同于常规的反向效应。这种效应的产生来自于美国 SOX 法案要求上市公司不但对财务报告内部控制出具是否有效的结论，还要披露财务报告内部控制缺陷的具体规则，它不但约束了上市公司，还影响了财务报告内部控制的审计费用。

（4）会计师事务所的人工成本

会计师事务所的人工成本（ALOCATE）的回归系数为 0.112，符号与预期一致，这说明会计师事务所的人工成本与财务报告内部控制审计收费正相关，但不显著，假设 14-4 没有得到验证。这一结果可能有两种解释：第一，这表明会计师事务所位于境外还是位于境内对财务报告内部控制审计收费没有显著影响，进一步来说就是会计师事务所的人工成本对财务报告内部控制审计收费没有显著影响；第二，本研究用事务所所在地来简单地衡量会计师事务所人工成本不够恰当、不够准确，从而导致回归结果不显著。

（5）会计师事务所的声誉

会计师事务所的声誉（TOP4）的回归系数为 0.588，P 值为 0.030，在 5% 的水平上显著，与预期一致，这表明会计师事务所的声誉与财务报告内部控制审计收费显著正相关，会计师事务所规模越大，声誉越好，财务报告内部控制审计的收费就越高，假设 14-5 得到验证，这也与以往的大多数研究结论一致。

14.6 研究结论

为了给将来中国上市公司财务报告内部控制审计收费提供理论借鉴，本研究以在美国上市的中国内地企业为样本，研究了财务报告内部控制审计收费的影响因素及影响方式。公司规模、会计师事务所的声誉与财务报告内部控制审计收费显著正相关，这与以往的研究结论基本一致，也表明这些影响财务报表审计收费的因素同时也会影响财务报告内部控制审计收费。公司财务报告内部控制的复杂性与财务报告内部控制审计收费显著正相关，这与以往公司经营的复杂性与财务报表审计收费显著正相关的研究结论基本一致，同时由于本研究采用了公司是否有传统的常规业务流程作为财务报告内部控制复杂性的替代变量，这一研究结果还表明，在会计师事务所看来，没有传统的常规业务流程的公司的财务报告内部控制比有传统的常规业务流程的公司更复杂。与以往研究结论不同的是，由于风险导向审计模式的应用、SOX 法案特定的制度安排和财务报告内部控制的特性，公司财务报告内部控制失效的风险与审计收费显著负相关，即公司上一年披露财务报告内部控制存在重大缺陷，会计师事务所的审计收费会低，相反，公司上一年披露财务报告内部控制有效，会计师事务所的审计收费反而会高。这种效应不同于传统的风险导向审计理论，是风险评估时可以获知的信息达到极端（直接获知财务报告内部控制的重大缺陷）时才会出现的效应，可以称之为"极反效应"，即达到极致之后产生的一种不同于常规的反向效应。关于会计师事务所的人工成本，回归系数符号与预期一致，但不显著，这既可能是因为会计师事务所位于境外还是位于境内对财务报告内部控制审计收费没有显著影响，或者说会计师事务所的人工成本对财务报告内部控制审计收费没有显著影响；也可能是因为用事务所所在地来简单地来衡量会计师事务所人工成本不够恰当、不够准确，从而导致回归结果不显著，需要收集更准确的数据进行验证。

参 考 文 献

[1] BELL T B, CARCELLO J V. A decision aid for assessing the likelihood of fraudulent financial reporting [J]. Auditing: A Journal of Practice & Theory, 2000, 19 (1): 169–184.

[2] BENEISH M D. The detection of earnings manipulation [J]. Financial Analysts Journal, 1999, 55: 24–36.

[3] BLAY A D, SNEATHEN L D, KIZIRIAN T. The effects of fraud and going-concern risk on auditors' assessments of the risk of material misstatement and resulting audit procedures [J]. International Journal of Auditing, 2007, 11 (3): 149–163.

[4] BRAZEL J F, JONES K L, ZIMBELMAN M F. Using nonfinancial measures to assess fraud risk [J]. Journal of Accounting Research, 2009, 47 (5): 1135–1166.

[5] BUSINESS ACCOUNTING COUNCIL. On the setting of the standards and practice standards for management assessment and audit concerning internal control over financial reporting (Council Opinions) [R]. Tokyo, 2007.

[6] COSO. Enterprise Risk Management-Integrated Framework [S]. 2004.

[7] COSO. Enterprise Risk Management-Integrating with Strategy and Performance [S]. 2017.

[8] COSO. Fraudulent Financial Reporting:

1987–1997 ［S］. 1999.

［9］ COSO.Internal Control – Integrated Framework ［S］. 1992.

［10］ COSO.Internal Control – Integrated Framework ［S］. 2013.

［11］ DECHOW P M，GE W，LARSON C R，et al.Predicting material accounting misstatements ［J］. Contemporary Accounting Research，2011，28（1）：17–82.

［12］ EFENDI J，SRIVASTAVA A，SWANSON E P.Why do corporate managers misstate financial statements? The role of option compensation and other factors ［J］. Journal of Financial Economics，2007，85（3）：667–708.

［13］ ELDRIDGE S W，KEALEY B T. SOX costs：auditor attestation under section 404 ［R］. Working Paper. Omaha：University of Nebraska，2005.

［14］ ETTREDGE M，SUN L，LEE P，et al.Do deferred tax data signal earnings fraud ［R］. Working Paper. Lawrence：University of Kansas，2006.

［15］ FRC. Guidance on risk management internal control and related reporting ［R］. London，2014.

［16］ FRC.Corporate governance code guidance ［R］. London，2024.

［17］ FRC.Internal control–revised guidance for directors on the combined code ［R］. London，2005.

［18］ FRC. International standard on auditing（uk and ireland）315—identifying and assessing the risks of material misstatement through understanding the entity and its environment ［R］. London，2016.

［19］ FRC.UK Corporate Governance Code ［R］. London，2024.

［20］ HARTMAN T E.The cost of being public in the era of Sarbanes–Oxley ［R］. Chicago，2006：23–32.

［21］ HOGAN C，WILKINS M.Do internal control weaknesses result in lower earnings quality? Implications and evidence from the audit risk model ［R］. Working Paper.Dallas：Southern Methodist University，2005.

［22］ HOITASH R，HOITASH U，BEDARD J C . Internal control quality and audit pricing under the Sarbanes–Oxley Act ［J］. Auditing A

Journal of Practice & Theory，2008，27（1）：105-126.

[23] ILIEV P.The Effect of Section 404 [J]. The Journal of Finance，2010，65（3）：1163-1196.

[24] KRISHNAN J，RAMA D，ZHANG Y.Costs to comply with SOX Section 404 [J]. Auditing A Journal of Practice & Theory，2008，27（1）：169-186.

[25] LEE T A，INGRAM R W，HOWARD T P .The difference between earnings and operating cash flow as an indicator of financial reporting fraud [J]. Contemporary Accounting Research，1999，16（4）：749-786.

[26] LIN J W ，HWANG M I ，BECKER J D .A fuzzy neural networks for assessing the risk of fraudulent financial reporting [J]. Managerial Auditing Journal，2003，18（8）：657-665.

[27] PCAOB. An audit of internal control over financial reporting performed in conjunciton with an audit of financial statements [R]. New York，2004.

[28] RAGHUNANDAN K，RAMA D V. SOX Section 404 material weakness disclosures and audit fees [J]. Auditing A Journal of Practice & Theory，2006，25（1）：99-114.

[29] Sarbanes-Oxley Act（SOX）[S]. 2005：107-204.

[30] SEC. Commission guidance regarding management's report on internal control over financial reporting under Section 13（a）or 15（d）of the Securities Exchange Act of 1934 [R]. New York，2007.

[31] SEC. Internal control over financial reporting in Exchange Act Periodic reports of non-accelerated fillers [R]. [Release No.33-9072；34-60813；File No.S7-06-03]. New York，2009，27：105-126.

[32] SEC. Final rule：Management's reports on internal control over financial reporting and certification of disclosure in Exchange Act periodic reports [R]. New York，2003.

[33] SIMUNIC D A.The pricing of audit services：Theory and evidence [J]. Journal of Accounting research，1980，18：1-3.

［34］TACKETT J A，WOLF F，CLAYPOOL G A. Internal control under Sarbanes-Oxley：A critical examination ［J］. Managerial Auditing Journal，2006，21（3）：317-323.

［35］TURNBULL REVIEW GROUP.Review of the turnbull guidance on internal control ［M］. Washington，D.C.：Government Printing Office.2002.

［36］安东尼，戈文达拉扬. 管理控制系统 ［M］. 赵玉涛，刘寅龙，杜晓阳，译. 11版. 北京：机械工业出版社，2004.

［37］财政部. 企业内部控制基本规范 ［S］. 2008.

［38］财政部. 企业内部控制评价指引 ［S］. 2010.

［39］财政部. 企业内部控制审计指引 ［S］. 2010.

［40］财政部. 企业内部控制应用指引 ［S］. 2010.

［41］蔡宁，梁丽珍. 公司治理与财务舞弊关系的经验分析 ［J］. 财经理论与实践，2003（6）：80-84.

［42］陈汉文，张宜霞. 企业内部控制的有效性及其评价方法 ［J］. 审计研究，2008（3）：48-54.

［43］韩厚军，周生春. 中国证券市场会计师报酬研究——上市公司实证数据分析 ［J］. 管理世界，2003（2）：15-22.

［44］胡继荣，王耀明. 论CPA不确定性审计意见预测——基于重大疑虑事项的持续经营 ［J］. 会计研究，2009（6）：81-87.

［45］经济合作与发展组织. OECD公司治理原则（2004年）［M］. 张政军，译. 北京：中国财政经济出版社，2004.

［46］李晓慧，孙蔓莉. 业绩归因分析在审计风险识别中的运用研究 ［J］. 会计研究，2012（9）：82-88，97.

［47］连竑彬. 中国上市公司财务报表舞弊现状分析及甄别模型研究 ［D］. 厦门：厦门大学，2008.

［48］林斌，林东杰，胡为民，等. 目标导向的内部控制指数研究 ［J］. 会计研究，2014（8）：16-24，96.

［49］刘斌，叶建中，廖莹毅. 我国上市公司审计收费影响因素的实证研究——深沪市2001年报的经验证据 ［J］. 审计研究，2003（1）：44-47.

［50］刘明辉，张宜霞．内部控制的经济学思考［J］．会计研究，2002（8）：54-56．

［51］路云峰，刘国常．公司治理特征与审计重大错报风险——来自中国证券市场的经验证据［J］．审计与经济研究，2008（2）：102-108．

［52］邱学文，吴群．现代风险导向下重大错报风险与审计定价［J］．中国工业经济，2010（11）：149-158．

［53］桑德．会计与控制理论［M］．方红星，王鹏，李红霞，译．大连：东北财经大学出版社，2000．

［54］王翠琳，何其恩．基于LM算法BP神经网络的审计重大错报风险识别［J］．财会月刊，2012（21）：60-62．

［55］王会金．基于动态模糊评价的审计风险综合评价模型及其应用［J］．会计研究，2011（9）：89-95．

［56］王泽霞，黎良燕．注册会计师应关注的重大错报风险：管理舞弊［J］．商业经济，2008（16）：41-43；74．

［57］吴革，叶陈刚．财务报告舞弊的特征指标研究：来自A股上市公司的经验数据［J］．审计研究，2008（6）：34-41．

［58］伍利娜．审计定价影响因素研究——来自中国上市公司首次审计费用披露的证据［J］．中国会计评论，2003（1）：113-128．

［59］张龙平，陈作习，宋浩．美国内部控制审计的制度变迁及其启示［J］．会计研究，2009（2）：75-80，94．

［60］张宜霞，郭玉．财务报告重大错报风险的定量识别与评估——基于财务指标相对偏差的逻辑回归模型［J］．财务研究，2015（6）：74-80．

［61］张宜霞，舒惠好．内部控制国际比较研究［M］．北京：中国财政经济出版社，2006．

［62］张宜霞．财务报告内部控制审计收费的影响因素——基于中国内地在美上市公司的实证研究［J］．会计研究，2011（12）：70-77；97．

［63］张宜霞，刘明辉．企业风险管理整合框架及其评价［J］．财务与会计，2005（11）：22-25．

［64］张宜霞．企业内部控制论［M］．大连：东北财经大学出版社，

2009.

[65] 张宜霞.企业内部控制：内涵与框架体系［J］.东北财经大学学报，2004（1）：30-32.

[66] 张宜霞.内部控制——基于企业本质的研究［M］.北京：中国财政经济出版社，2004。

[67] 张宜霞，文远怀.促进我国企业内部控制的建设［J］.国有资产管理，2008（2）：26-29.

[68] 张宜霞.企业内部控制评价的标准及设计［J］.会计之友，2007（7）：28-31.

[69] 张宜霞.企业内部控制的范围、性质与概念体系——基于系统和整体效率视角的研究［J］.会计研究，2007（7）：36-43；96.

[70] 张宜霞.企业内部控制的有效性与有效的企业内部控制［J］.中国注册会计师，2008（3）：79-81.

[71] 中国注册会计师协会.《中国注册会计师审计准则第1211号——重大错报风险的识别和评估》应用指南［S］.2022.

[72] 中国注册会计师协会.中国注册会计师审计准则第1211号——重大错报风险的识别和评估［S］.2022.

[73] 中国注册会计师协会.中国注册会计师审计准则第1221号——计划和执行审计工作时的重要性［S］.2022.

[74] 朱小平，余谦.上市公司的财务指标与审计意见类型相关性的实证分析［J］.中国会计评论，2003（7）：29-48.

[75] 朱小平，余谦.我国审计收费影响因素之实证分析［J］.中国会计评论，2004（2）：64-68.